Anton Pelinka

ISRAEL

Ausnahme- oder Normalstaat

Anton Pelinka

ISRAEL

Ausnahme- oder Normalstaat

braumüller

Bibliografische Information der Deutschen Nationalbibliothek
Die Deutsche Nationalbibliothek verzeichnet diese Publikation in der
Deutschen Nationalbibliografie; detaillierte bibliografische Daten
sind im Internet über http: // dnb.d-nb.de abrufbar.

Printed in Austria

1. Auflage 2015
© 2015 by Braumüller GmbH
Servitengasse 5, A-1090 Wien

www.braumueller.at

Satz: Palli & Palli OG, A-6020 Innsbruck
Coverillustration unter Verwendung von Bildmaterial (Public Domain)
von wikimedia commons (David Ben Gurion, Benjamin Netanyahu und Theodor
Herzl) sowie pixabay.com (Hintergrund)
Druck: Druckerei Theiss GmbH, A-9431 St. Stefan im Lavanttal
ISBN 978-3-99100-163-8

INHALT

VORWORT

Dieses Buch versucht, Israel in einen vergleichenden Bezug zu anderen Staaten zu setzen. Das Motiv ist nicht, die Besonderheit Israels infrage zu stellen – diese ist unbestreitbar. Doch Israel ist keine Insel, sondern ein dynamisches Staatswesen, eine komplexe Gesellschaft, umgeben von einer weitgehend feindseligen Umwelt. Die Begründung der Feindseligkeit gegenüber Israel ist, dass Israel spezifisch ist: Produkt einer Landnahme und einer Vertreibung, ein Staat, der auf einer quasi rassistischen Segregation der Gesellschaft errichtet ist. Die Begründung für eine uneingeschränkt positive Einstellung zu Israel unterstreicht ebenfalls die Besonderheit des Landes: Aufgebaut von den Opfern antisemitischer Gewalt und Überlebenden des Holocaust, demonstriert Israel die heroische Überlebensfähigkeit des jüdischen Volkes.

Jede dieser Wahrnehmungen ist nicht falsch – jedenfalls nicht zur Gänze. Aber jede ist einseitig auf ihre Art. Das Buch ist der Versuch, durch einen Vergleich der Gesellschaft, Politik und Wirtschaft mit anderen Ländern dieses Land als „normal" zu zeichnen. Die Stärken Israels sind ebenso wenig einmalig wie seine Schwächen und Fehler. Unter Nutzung der Ergebnisse sozialwissenschaftlich fundierter Vergleiche kann und soll Israel entmystifiziert und damit auch entdämonisiert werden.

Das Buch ist auch das Ergebnis persönlicher Erfahrungen. Zum Beispiel Februar 1980: Zum ersten Mal in meinem Leben wurde ich vom Ruf eines Muezzins geweckt. Dessen Stimme erschallte von einem Minarett – vermutlich in Form einer Tonkassette. Der Ort? Tel Aviv. Wer kann in Riad erwarten, vom Geläute einer Kirchenglocke geweckt zu werden?

Immer wieder traf ich in Europa auf das Argument, Israel müsse es eigentlich besser wissen. Die Überlebenden des Holocaust und deren Nachfahren sollten doch gelernt haben. Und die Behandlung der Palästinenser durch die israelischen Behörden käme doch schon sehr nahe an das heran, was Nazi-Deutschland „den Juden" angetan hätte.

Ganz abgesehen von der naiven und gleichzeitig unerträglichen tendenziellen Gleichsetzung der israelischen Besatzungspolitik mit der deutschen Ausmordungspolitik – warum sollten gerade die Opfer des Holocaust und deren Nachfahren besondere Lehren aus der Shoa ziehen und nicht die Täter und deren Nachfahren, etwa in Deutschland und Österreich?

Als Israel bald nach dem Sieg von 1967 mit der Siedlungspolitik begann, hielt ich das für einen Fehler. Als Israel auf die erste Intifada mit einer verschärften Sicherheitspolitik in den besetzten Gebieten antwortete, war ich verunsichert. Erst die Lektüre von Tom Friedmans „From Beirut to Jerusalem" verhalf mir zu einer nüchtern-realistischen Beurteilung: Israel macht Fehler, verletzt die Rechte von Menschen. Aber wer in der Umgebung Israels wäre qualifiziert, in Selbstgerechtigkeit Israel als Unrechtsstaat zu kritisieren? Das Syrien der Assad-Diktatur? Oder der absolutistisch regierte Gottesstaat Saudi-Arabien?

Meine Besuche in Israel, insbesondere meine Gastprofessuren an der Hebrew University am Mount Scopus in Jerusalem, vermittelten mir einen tiefen Einblick in die Buntheit, in die Vielfalt, aber natürlich auch in die Widersprüche des Landes. Jerusalem ist in seiner Einzigartigkeit das, was die Stadt der Städte genannt werden muss: voll von archäologischen Schätzen aus mehreren Jahrtausenden, voll von Erinnerungen an die jüdische und römische, christliche und arabische, osmanische und britische und zionistische Geschichte; und voll von Friedhöfen, die jeweils ein Puzzlestück der insgesamt so besonderen Geschichte dieser Stadt sind.

Israel schlägt immer wieder eine Doppelmoral entgegen, für die offenkundig vor allem Menschen in Europa anfällig sind. Nein, natürlich sind das keine Personen, die etwa den Holocaust leugnen oder „die Juden" für eine besondere, a priori negativ punzierte „Rasse" halten würden. Aber viele Kritikerinnen und Kritiker Israels messen diesen Staat an Maßstäben, die speziell für Israel und nur für Israel gelten. Die Behandlung der kurdischen Minderheiten in Israels Nachbarschaft durch die Türkei, den Iran, den Irak? Die

Freiheitsbeschränkungen aller religiösen Gemeinschaften außerhalb des sunnitischen Islam in Saudi-Arabien? Die Diskriminierung von Christen in Ägypten und die mehr oder weniger offene Frauenfeindlichkeit im gesamten arabischen Raum – und auch im Iran? Das alles wird zwar nicht einfach unkritisch hingenommen, aber dieselben, die zum Boykott israelischer Waren und israelischer Universitäten aufrufen, sind gegenüber der Unterdrückung religiöser und politischer Freiheiten in allen arabischen Staaten meistens viel verständnisvoller als gegenüber den Einschränkungen, die Palästinenser in den von Israel besetzten Gebieten erfahren. Und: Wer kritisiert die engen Grenzen politischer Freizügigkeit in Ramallah und Gaza und vergleicht sie mit den politischen Freiheiten, die arabische Israelis etwa in Nazareth genießen?

An Israel, an Israels Existenz und Politik, gehen die meisten Menschen mit besonders großen Emotionen heran, negativen wie positiven. Die Israel-Debatten führen meistens sehr rasch zu einem „schwarz" gegen „weiß" und lassen kaum Differenzierungen zu. Eine Diskussion über Israel wird schnell zu einer emotionalen Auseinandersetzung, in der es um den Gegensatz zwischen „politischen Religionen" geht, die nichts mit Islam, Judentum oder Christentum zu tun haben, sondern mit Voreingenommenheit. Israel polarisiert – ungleich mehr als Ägypten oder Italien oder Japan. Gegenüber Israel, einem Staat, der weniger Einwohner hat als Schanghai oder Sao Paulo, ist kaum jemand nüchtern. Zu Israel haben so viele Menschen bereits feste Meinungen, ohne sich mit der Wirklichkeit dieses Staates auseinanderzusetzen.

Das Buch ist ein Versuch, ein Bild Israels frei von solchen Emotionen, frei von Voreingenommenheiten zu zeichnen. Israel soll sich, so das Argument, als Normalstaat sehen – und auch von anderen als Normalstaat akzeptiert werden. Ein solcher zu sein war Israel bisher nicht möglich, nicht erlaubt. Israel zu entmystifizieren – das ist die Motivation, die hinter diesem Buch steht. Israel hätte jeden Grund, sich als Normalstaat zu sehen; wie jeder andere mit Fehlern und Defiziten, aber auch in diesen nicht wirklich anders als die anderen.

Das Buch ist der Versuch eines Plädoyers, Israel nicht mit den Verengungen eines Tunnelblicks oder mit denen eines Mikroskops zu sehen. Es gibt gerade in Europa die Neigung, Israel Fehler in einem kritischen Ton vorzuhalten, der bei den Fehlern anderer so nicht verwendet wird. Und es gibt ebenso die Neigung, jede Kritik an Israel als Antisemitismus zu qualifizieren. Das Buch geht keinen „Mittelweg", weil ein solcher ja diese vereinfachenden Parteinahmen als Rahmen akzeptieren würde. Das Buch ist ein möglichst nüchterner Blick auf eine Gesellschaft und einen Staat, die ungewöhnlich dynamisch sind – und deren Dynamik in verschiedene, auch gegenläufige Richtungen weist. Aber auch diesbezüglich ist Israel nicht so anders als die anderen.

Zu danken ist der guten Zusammenarbeit mit dem Braumüller Verlag. Zu danken ist aber vor allem Ellen Palli, die in gewohnter, aber nicht selbstverständlicher Perfektion für den Satz verantwortlich war.

Anton Pelinka
Budapest, Wien, Innsbruck, Sommer 2015

VERZEICHNIS DER TABELLEN

1. ISRAEL: DREI ZUGÄNGE

Israels Geschichte und Gegenwart haben eine Vorgeschichte, die etwa drei Jahrtausende umfasst. Die Vertreibungen der Jüdinnen und Juden nach Ägypten, Babylon, Persien zählen ebenso dazu wie die Rückkehr Israels in das Land, das heute Israel und Palästina ausmacht. Die Vertreibung durch die Römer im zweiten Jahrhundert der Periode, der „nach Christus", führte zu einer Zerstreuung der Jüdinnen und Juden – zunächst auf weite Teile Europas, Asiens, Afrikas. Die Erfahrungen während der fast zwei Jahrtausende andauernden Diaspora begründete den Zionismus, der sich als Rückkehrbewegung in die angestammte Heimat definierte. Das „jüdische Volk" sollte nach Israel zurückkehren, kehrte auch zurück, um dort wieder einen Staat zu gründen.

Der Staat Israel wurde 1948 gegründet. Die Grundlagen des Staates, seiner Entstehung und seiner weiteren Entwicklung waren vielfältig:

Eine sich über Jahrtausende erstreckende jüdische Präsenz in der Region zwischen dem Mittelmeer und dem Jordan; eine Präsenz, die nach den Vertreibungen durch die Römer freilich minimal war, überlagert von einer ab dem 7. Jahrhundert bestehenden islamisch-arabischen Mehrheit.

Die nach der Wende zum zweiten Jahrtausend erfolgte Besetzung Palästinas und benachbarter Gebiete durch europäische Ritterheere („Kreuzzüge") und die Gründung christlich-europäischer Staaten, die sich sowohl gegen jüdische als auch gegen muslimische Ansprüche richteten.

In der zweiten Hälfte des zweiten Jahrtausends etablierte sich in diesem Raum die Herrschaft des Osmanischen Reiches, religiös mit der arabisch-muslimischen Mehrheit Palästinas verbunden, dennoch aber von dieser zumindest phasenweise als Fremdherrschaft wahrgenommen.

Die kurze Militärintervention Napoleons 1799, im Rahmen von dessen ägyptischem Feldzug, wurde gerade auch von den Bewohnern Palästinas als Neuauflage der Kreuzzüge und als Ausdruck besonderer europäisch-christlicher Ansprüche gesehen.

Eine gegen Ende des 19. Jahrhunderts einsetzende jüdische Zuwanderung (Aliyah) in den Teil des Osmanischen Reiches, der Palästina genannt wurde. Die Zuwanderung war das Produkt des europäischen Antisemitismus und der daraus resultierenden, wachsenden Selbstdefinition der Juden als „Volk"; als Nation auf der Suche nach einem Staat.

Das Bestreben des sich am Ende des 19. Jahrhunderts konstituierenden Zionismus, als jüdische Nationalbewegung in Palästina ein zunächst vage „Heimstätte" genanntes, auch politisch organisiertes Gemeinwesen aufzubauen – bemüht um Absprache mit den osmanischen Behörden.

Die Balfour-Deklaration, das 1917 von der britischen Regierung vor allem auch aus geopolitischen Gründen erklärte Versprechen, nach dem Ende des Ersten Weltkrieges in Palästina eine solche „Heimstätte" zu ermöglichen. Diese Erklärung stand freilich in zumindest teilweisem Widerspruch zu Versprechungen der britischen Regierung gegenüber arabischen Akteuren.

Die nach 1918 verstärkte jüdische Zuwanderung in das nun unter britischer Mandatsherrschaft stehende Palästina, eine Zuwanderung, mit der umzugehen die britische Regierung Schwierigkeiten hatte – insbesondere, als infolge der nationalsozialistischen Machtergreifung die Zuwanderung den Charakter einer Massenflucht annahm.

Die arabische Bevölkerungsmehrheit in Palästina wandte sich gegen die jüdische Zuwanderung, weil sie allen Grund hatte, darin eine Landnahme zu sehen, die – nach dem ja grundsätzlich beabsichtigten Abzug der Mandatsmacht – in Konkurrenz zu den arabisch-palästinensischen Ansprüchen stehen würde.

Im Zweiten Weltkrieg unterstützten jüdische Kräfte aus Palästina die britischen Anstrengungen, sich gegen die aus Libyen vordringenden Achsenmächte zu verteidigen und vor allem auch, 1942, die der

Kollaboration des Vichy-Regimes verpflichtete französische Kontrolle Syriens auszuhebeln.

Der 1947 von der Generalversammlung der Vereinten Nationen beschlossene Plan einer Teilung Palästinas in einen jüdischen und einen arabischen Staat, der von den jüdischen Vertretern akzeptiert, von den arabischen aber abgelehnt wurde.

Der noch vor dem für Mai 1948 festgelegten Abzug der Briten zunächst als Kleinkrieg begonnene, gewaltsame Konflikt zwischen Juden und Arabern, der sich 1948 nach der formellen Staatsgründung Israels als Folge der militärischen Intervention arabischer Staaten zu einem offenen Krieg ausweitete.

Dieser Krieg wurde durch einen 1949 unterzeichneten Waffenstillstand beendet, dem kein Friedensvertrag folgte – und damit auch keine Anerkennung Israels durch die arabischen Staaten. Damit waren auch die Grenzen Israels nur vorläufig, nicht aber dauerhaft geklärt.

Der Krieg von 1967, der die Westbank einschließlich Ostjerusalems (bis dahin Teil Jordaniens), des Gazastreifens (zunächst von Ägypten verwaltet) und des Golan (davor zu Syrien gehördend) unter israelische Kontrolle brachte. Der jordanische Teil Ostjerusalems und der Golan wurden von Israel annektiert, die (übrige) Westbank und Gaza okkupiert.

Friedensverträge mit Ägypten (1979) und Jordanien (1994) lockerten die regionale Isolierung Israels, und die 1993 in Oslo und Washington geschlossene Vereinbarung mit der Palästinensischen Befreiungsorganisation PLO weckte Hoffnungen auf einen dauerhaften Frieden, Hoffnungen, die aber in den folgenden Jahrzehnten enttäuscht wurden.

1.1 Die speziell jüdische Betroffenheit

Ohne die nationalsozialistische Herrschaft und deren zunächst auf Vertreibung, dann auf Ausmordung gerichtete antijüdische

Politik hätte die Zuwanderung nach Palästina kaum eine so kritische Dimension erreicht, die eine Voraussetzung der Staatsgründung war. Ohne die Erfahrung des Holocaust, die sich erst allmählich 1945 und danach in das globale Bewusstsein festsetzte, hätte die öffentliche Meinung bei den letztlich entscheidenden Akteuren (vor allem den USA) kaum eine proisraelische Politik zugelassen. Eine solche Politik wurde zum Vorteil Israels zunächst vor allem von Frankreich und dann zunehmend von den USA verwirklicht – in Form vielfältiger Unterstützung für den Yishuv, der jüdischen Selbstverwaltung, die 1948 zur Regierung des Staates wurde.

In dieser Phase, zwischen dem Ende des Zweiten Weltkriegs und der Staatsgründung 1948, zeigte sich die britische Politik weitgehend antizionistisch. Die Labour-Regierung, allen voran Außenminister Ernest Bevin, bremste die Entstehung Israels, wo immer sie konnte. Die Briten enthielten sich auch bei der Abstimmung in der UN-Generalversammlung über die Teilung Palästinas der Stimme, während die USA, Frankreich und auch die UdSSR dem UN-Teilungsplan zustimmten und so halfen, die Staatsgründung Israels zu legitimieren. Aus allen möglichen Gründen opponierte die abziehende Mandatsmacht gegen die Mehrheitsmeinung in den Vereinten Nationen, wie sie auch die Einwanderung von Holocaust-Überlebenden ab 1945 zu unterbinden versucht hatte; dabei freilich auch auf die Interessenlage der arabischen Bevölkerung und der arabischen Staaten reagierend.

Israel ist auch und vor allem ein Produkt des Holocaust, jenes laut Yehuda Bauer erstmaligen (nicht einmaligen) Verbrechens gegen die Menschheit. Der Holocaust war dafür verantwortlich, dass der Anspruch des Zionismus, für die Juden einen Staat zu schaffen, eine ethische Dimension erhielt. Diese ethische Dimension beeinflusste vor allem die Haltung Europas und Nordamerikas und half mit, dass Israel in seinem Ringen um seine Existenz nicht allein blieb. Diese ethische Dimension war aber auch für den nationalen Konsens in Israel selbst verantwortlich. Nach dem Schock, der für die Überlebenden des Holocaust in und außerhalb Palästinas zunächst bestimmend war, setzte erst allmählich eine politische Reaktion ein – ausgelöst durch Ereignisse wie den Eichmann-Prozess 1961, untermauert von wissenschaftlichen Dokumentationen wie die in Yad Vashem in Jerusalem zur Schau gestellten Dokumente.

Es ist auch die Folge dieses kausalen Zusammenhanges zwischen Holocaust und Israel, dass Gegner der bloßen Existenz Israels – wie etwa die iranische Regierung nach 1979, aber auch neonazistische Gruppen in Nordamerika und Europa – den Holocaust als Erfindung oder zumindest als hochgespieltes Propagandainstrument des Zionismus „entlarven" wollen. Der Holocaust war und ist eine so schreckliche Erfahrung der Menschheit, dass dieser erstmalige „Zivilisationsbruch" die Existenz Israels ermöglicht und gestärkt hat. Ebendeshalb müssen die entschiedenen Gegner Israels den Holocaust leugnen oder zumindest relativieren.

Auf dieser Grundlage weltweiter Betroffenheit schuf sich Israel Freunde: Nachdem in den ersten Jahren vor allem Frankreich Israel durch Waffenlieferungen unterstützt hatte, übernahmen ab 1956 – nach dem politischen Fehlschlag der israelisch-britisch-französischen Intervention in Ägypten – mehr und mehr die USA die Rolle eines machtvollen Alliierten Israels. Dies stand auch im Zusammenhang mit dem Kalten Krieg: Die UdSSR hatte zu diesem Zeitpunkt ja die Rolle einer Schutzmacht, eines Alliierten arabischer Staaten (Ägypten, Syrien) übernommen. Aber das geostrategische Interesse der USA, dem sowjetischen Einfluss etwas entgegenzustellen, wurde durch eine proisraelische Sympathie in der US-amerikanischen Öffentlichkeit ermöglicht und unterstützt.

Und auch mit der Bundesrepublik Deutschland entstand ein Kontakt, der – von der israelischen Rechten zunächst und auch von den deutschen Rechtsextremisten dauerhaft scharf abgelehnt – nicht nur auf der persönlichen Beziehung zwischen David Ben-Gurion und Konrad Adenauer aufbauen konnte, sondern auch auf einer sich ins Bewusstsein der deutschen Gesellschaft eingrabenden, spezifischen Verantwortung für den Staat der Juden. Jeder deutsche Bundeskanzler (einschließlich des früheren NSDAP-Parteimitglieds Kurt Georg Kiesinger), bis zu der aus der DDR stammenden Kanzlerin Angela

Merkel, hat die besondere Verpflichtung Deutschlands gegenüber Israel betont. In Europa ist kein anderer Staat ein verlässlicherer Freund als Deutschland.

Dass diese globale (freilich vor allem europäische und nordamerikanische) Betroffenheit auch noch sieben Jahrzehnte nach dem Ende des Holocaust weiterexistiert, insbesondere ab den 1970er-Jahren – ausgedrückt im Bau von Holocaust-Gedenkzentren in aller Welt und der Entwicklung von Holocaust-Curricula, vor allem in den USA, aber auch in Europa –, ist die Folge der Ungeheuerlichkeit des Verbrechens. Es brauchte etwa eine Generation, auch in Israel, um das Spezifische des Verbrechens der Shoah voll im Bewusstsein und Gedächtnis zu verankern. Der verbrecherische Charakter des Hitler-Regimes wurde nicht blasser in der Abfolge der Generationen, er trat vielmehr deutlicher hervor.

Doch wird dies auch noch nach zwei weiteren Generationen so sein? In der wissenschaftlich gestützten Wahrnehmung zweifellos. Der Holocaust – immer besser erforscht, immer besser dokumentiert – wird die zentrale Erfahrung des 20. Jahrhunderts bleiben, auch tief ins 21. und auch ins 22. Jahrhundert hinein. Für die politisch mobilisierbare Wahrnehmung ist dies freilich nicht so ohne Weiteres zu sagen.

Zu beobachten ist eine Israel betreffende, auf den ersten Blick paradoxe Opfer-Täter-Umkehr in gesellschaftlichen Milieus Europas und Nordamerikas. An Universitäten – auch in den USA, vor allem aber im „linken" Milieu europäischer Universitäten – zeigt sich eine „antizionistische" Welle, die nicht nur Palästinenser als Opfer und Israel als Täter sieht. Das ist eine einseitige, aber nicht a priori absurde Sichtweise – auch wenn sie Israel an Maßstäben misst, die etwa gegenüber den arabischen Staaten in der Region oder auch gegenüber der Menschenrechtssituation in den von Palästinensern selbst verwalteten Gebieten nicht berücksichtigt werden. Dieser alt-neue Antizionismus bedient sich manchmal antijüdischer Klischees, etwa in Form der Gleichsetzung von Kapitalismus und Judentum, ausgedrückt in dem Goldenen Kalb, das, mit einem Davidstern versehen, bei gelegentlichen Anti-Globalisierungsdemonstrationen auftaucht.

Dieser Antizionismus, der sich vor allem auf der Linken, zumeist (aber nicht nur) außerhalb der sozialdemokratischen „gemäßigten" Linken hörbar macht, propagiert die Politik des Boykotts: gegenüber israelischen Waren, gegenüber israelischen Universitäten. Da analoge Boykottaufrufe gegenüber anderen Staaten der Region, deren Menschenrechtsbilanz deutlich negativer ist als die Israels, so nicht wahrzunehmen sind, hat dieser Antizionismus jedenfalls einen antijüdischen, einen antisemitischen Beigeschmack. Und auch wenn die Boykottaufrufe keineswegs Israel existenziell treffen, so müssen sie auch als Teil eines Versuches gesehen werden, Israel zu delegitimieren; Israel als einzigen Akteur oder zumindest einzig Schuldigen zu benennen, der für Unterdrückung und Unfrieden im gesamten Nahen Osten verantwortlich ist.

Da die Boykottaufrufe in den meisten Fällen frei von Versuchen sind, den Holocaust zu relativieren oder gar zu leugnen, zeigt diese Welle von Antizionismus ein partielles Nachlassen der gegenüber Israel ethisch verpflichtenden, politisch relevanten Wirkung des Holocaust. Und damit ist der Holocaust als Grundlage für eine generelle Einstellung zu Israel in diesem linken, vor allem akademischen Milieu nicht mehr ausreichend. Der Holocaust kann nicht (mehr) als selbstverständlich akzeptierte Begründung für das Existenzrecht Israels in alle Zukunft angesehen werden.

Er ist damit als entscheidende Erfahrung des 20. Jahrhunderts nicht an das Ende seiner Bedeutung für das Bewusstsein für heute und morgen angekommen. Es gibt einen Trend, den Holocaust in seiner erstmaligen Qualität immer mehr und immer breiter zu erkennen, aber dies nicht mehr unbedingt als Legitimationsgrundlage Israels anzuerkennen. Der Holocaust als Erfahrung und Israel als Realität driften auseinander.

1.2. Jenseits von Philo- und Antisemitismus

Der Staat Israel ist das Produkt einer ethischen Verantwortung für die Überlebenden des Holocaust. Die westliche Welt – vor allem Europa (auf dessen Boden ja die Voraussetzungen des Holocaust entstanden waren) – hat die Unterstützung Israels in den ersten Jahren von dessen Existenz auch als eine Art Wiedergutmachung für die fast perfekte Ausmordung des europäischen Judentums verstanden. Europa (und insbesondere Deutschland) sah sich in die moralische Pflicht genommen, Israel zu unterstützen, mit Israel zu sympathisieren. Dazu zählte und zählt noch immer – gelegentlich – die Neigung, als Absage an den Antisemitismus alles Jüdische mit positiver Voreingenommenheit zu sehen. Nach Jahrzehnten der negativen Punzierung jüdischen Lebens, jüdischer Kultur, jüdischer Erfolge vor allem in Europa, schlug – als Antithese – die dem Holocaust folgende, intellektuelle und moralische (keineswegs aber immer reale) Absage an den Antisemitismus bei vielen in Europa und Nordamerika in eine tendenziell unkritische, projüdische Einstellung um, die sich auch in einer proisraelischen Einstellung äußern kann.

Dieser Philosemitismus ist die Kehrseite des Antisemitismus. Letzterer konstruiert „den Juden" als quasi genetisch gezeichneten Bösewicht. Ersterer konstruiert, als ethisch und politisch an sich verständliche Antwort auf den Antisemitismus, „den Juden" als permanentes Opfer, aber auch als des Bösen unfähig. Beiden ist gemeinsam, ein apriorisches Bild „des Juden" zu haben, das der Wirklichkeit absolut widerspricht. „Der Jude", von seiner vor allem christlichen Umgebung über die Jahrhunderte als „Gottesmörder" und ab dem 19. Jahrhundert als Mitglied einer „Rasse" erfunden, die als Sündenbock für Kapitalismus und Bolschewismus verantwortlich gemacht wurde, wird vom Philosemitismus positiv gesehen und gleichsam umarmt. „Der Jude" aber bleibt immer ein Konstrukt, das mehr über die Befindlichkeit der Anti- und der Philosemiten als über die der Juden aussagt. „Den Juden" schlechthin gibt es nicht – nicht in der negativen Konnotation des Antisemitismus, aber auch nicht in der positiven des Philosemitismus.

Es ist natürlich verständlich, dass der Zionismus und der Staat Israel als Antwort auf den sie bedrohenden Antisemitismus den Philosemitismus politisch instrumentieren. Es ist verständlich, dass Israel die Erinnerung an den Holocaust lebendig hält – aus intellektuellen, aus ethischen, aber auch aus politischen, immer nachvollziehbaren Gründen. Die von manchen als „Holocaust-Industrie" verunglimpfte Nutzung des Holocaust für politische Zwecke macht Sinn – für Israel, für die Gegenwart und die Zukunft. Aber diese Funktionalisierung des Philosemitismus baut auf einer Vereinfachung auf.

David Ben-Gurion hat einmal gesagt, erst wenn sich in Israel eine Berufskriminalität à la Mafia entwickelt hat, erst wenn in Tel Aviv Rotlicht-Bezirke existieren wie in Amsterdam oder Paris, erst dann ist Israel stabil, weil normal; erst dann ist es kein Ausnahme-, sondern ein Normalstaat. Und ohne Daten einer vergleichenden Kriminalsoziologie bemühen zu müssen: Israel hat diese Voraussetzungen für seine Stabilität und Normalität längst schon hergestellt.

Thomas Friedman hat in seinem 1989, also nach dem Friedensschluss mit Ägypten und vor dem Oslo-Abkommen veröffentlichten Buch „From Beirut to Jerusalem" einen schlüssigen Versuch angestellt, Israels Normalität hervorzukehren; zu erklären, dass eine permanente Betonung der historischen Opferrolle des Judentums für Israel zwiespältig ist. Israel braucht nicht den Holocaust zu bemühen, um seine Existenz zu rechtfertigen. Es ist mindestens so wichtig wie an die NS-Zeit zu erinnern, dass darauf verwiesen wird, dass politische Opposition von arabischer Seite innerhalb Syriens und Ägyptens, aber auch in Gaza und in der Westbank – anders als in Israel – a priori unterdrückt wird. Nicht, dass die Politik Israels gegen den Widerstand in der Westbank nicht auch als Unterdrückung verstanden werden kann – aber die Grund- und Freiheitsrechte der arabischen Bürgerinnen und Bürger Israels sind jedenfalls deutlich besser gestützt als sonstwo in der Region.

Durch die Berufung auf den Holocaust stellt Israel – verständlich und historisch begründbar – einen Anspruch auf eine Sonderrolle. Aber dieser Anspruch ist ambivalent. Er verleitet dazu, dass der nach wie vor vorhandene, latente, aber nicht „salonfähige" Antisemitismus in Europa und Nordamerika sich antizionistisch geriert und dem Staat der Juden eine in seiner Sonderrolle ausgedrückte Arroganz vorhält. Diese beanspruchte Sonderrolle erlaubt die Argumentation, dass Israel den Holocaust benützt, um eine Art koloniale Herrschaft über die „indigene" Bevölkerung in den besetzten Gebieten zu rechtfertigen.

Es ist der Sonderstatus Israels, der als Deckmantel für den intellektuell unakzeptablen Doppelstandard herhalten muss, der vor allem in Europa zu beobachten ist. Wenn Israel nicht als Ausnahme-, sondern als Normalstaat gesehen wird, bleibt keine einzige in sich schlüssige Argumentation übrig, dass sich Menschen in Europa über die Behandlung der Palästinenser in den besetzen Gebieten besonders erregen – mehr als über die Menschenrechtsverletzungen in allen arabischen Staaten. Es bleibt kein Vorwand, sich über die in jeder Hinsicht, qualitativ und quantitativ, nach allen nur denkbaren Maßstäben viel schlimmere Unterdrückung und Vertreibung der Bewohner in der westsudanesischen Region Darfur nicht in vergleichbarer Weise zu erregen.

Sudan ist Mitglied der Arabischen Liga. Israel ist, umgeben von arabischen Nachbarstaaten, isoliert. Gegen Israel gibt es laufend Demonstrationen – in London und Paris, in Rom und Berlin. Was ist mit dieser humanistischen Protestenergie, wenn es sich um genozidale Vorgänge im Sudan handelt, wenn Sunniten und Schiiten einander in Syrien oder im Jemen abschlachten, wenn in Saudi-Arabien und im Iran Menschen wegen ihrer sexuellen Orientierung hingerichtet werden? Der Sonderstatus Israels wird zum Nachteil Israels, weil er dazu verleitet, Israel grundsätzlich anders als die anderen zu bewerten.

Es ist, jedenfalls langfristig, für die im dritten Jahrtausend aufwachsenden Generationen alles andere als selbstverständlich, aus der intellektuellen Einsicht in die Schrecknisse des Holocaust eine bestimmte politische Haltung gegenüber Israel abzuleiten. Es ist für diese Generationen jedoch einsichtig, die gesellschaftliche Rolle der Frauen, die Freiheit der Religionsausübung, die legale Möglichkeit zu politischer Opposition, die rechtsstaatliche Selbstbindung von Regierungen und vieles andere an Grund- und Freiheitsrechten für einen Vergleich zwischen Israel und seinen Nachbarn heranzuziehen. Israel wird bei solchen Vergleichen nicht schlecht abschneiden.

Es ist die im Philosemitismus positiv, im Antisemitismus negativ konnotierte Sonderrolle Israels, die sich – auch – gegen Israel wendet. Israel braucht keinen Sonderstatus mehr, um seine Existenzberechtigung zu begründen. Israel kann auf seine Legitimierung durch die Vereinten Nationen ebenso verweisen wie darauf, dass die meisten Staaten der Welt mit Israel diplomatische Beziehungen haben und damit Israels Existenz anerkennen. Israel kann auf seine wissenschaftlichen und wirtschaftlichen und, ja, auch militärischen Erfolge verweisen. Israel hat jeden Grund für ein selbstbewusstes Auftreten – jenseits des Holocaust.

1.3. Der Holocaust ist Geschichte – ist er das?

Das NS-Regime verfolgte und ermordete keine gesellschaftliche Gruppe mit mehr Konsequenz und Effizienz als das Judentum. Nur noch die Verfolgung und massenhafte Ermordung der Roma und Sinti drückte eine – fast – analoge Vernichtungsenergie aus. Die Unterdrückung der Völker slawischer Sprache war grundsätzlich auf deren Ausbeutung in einem umfassenden System der Sklaverei ausgerichtet, und die Unterdrückung der west- und nordeuropäischen Völker zielte auf deren Satellisierung. Nur Jüdinnen und Juden wurden konsequent mit industrialisiertem Massenmord überzogen. Für das Europa, das von Germania aus regiert werden sollte, gab es für Jüdinnen und Juden überhaupt keinen Platz und keine Rolle – auch nicht die von Sklaven. Für das NS-Regime hatte das Judentum keine Nützlichkeit. Daher sollte es ausgemordet werden.

Dem Holocaust folgten nach 1945 Massenmorde, die der Qualität und Quantität des Holocaust nahekamen. Vor allem die als Klassenkampf etikettierte, mörderische Herrschaft der Roten Khmer in Kambodscha, von 1975 bis 1979, und der Genozid an den Tutsis, 1993 in Ruanda, waren Verbrechen gegen die Menschheit, die – ohne mit dem Holocaust gleichgesetzt werden zu können – dennoch aber mit diesem in einer Gruppe der größten Verbrechen gegen die Menschheit genannt werden müssen. Gerade die Bewertung des Holocaust als „erstmalig", aber nicht „einmalig" erfährt so eine schreckliche Bestätigung.

Inzwischen ist der Massenmord am europäischen Judentum von der Forschung weitgehend ausgeleuchtet. Die geradezu idealistische Konsequenz der von einer „Weltanschauung" getriebenen Mörder war keineswegs nur auf die Mitglieder der SS beschränkt, und die Täter waren nicht nur Deutsche (oder Österreicher). Die am Beispiel Adolf Eichmanns von Hannah Arendt schon 1961 diagnostizierte „Banalität des Bösen" ist eine sozialanthropologische Beschreibung der finstersten Potenziale menschlicher Existenz. Wären Hitler und Himmler und Eichmann nur psychopathische Monster gewesen, wäre der Holocaust nicht diese (bisher) schrecklichste aller schrecklichen Erfahrungen der Geschichte.

Der Holocaust bleibt dieses zentrale Merkmal der Menschheitsgeschichte, der Geschichte Europas, der Geschichte des Judentums. Und weil der Holocaust zwar nicht „zufällig" Jüdinnen und Juden zu Opfern gemacht hatte, sondern erst „den Juden" als absoluten Feind, ja als zu vernichtendes Ungeziefer erfinden musste, ist der Holocaust zwar primär, aber nicht ausschließlich eine Erfahrung des Judentums. Mit anderen Worten: Der Holocaust „gehört" nicht (nur) den Juden.

Die allgemeine Signifikanz des Holocaust verringert aber tendenziell dessen besondere, legitimierende Rolle für Israel. Mit dem bevorstehenden Tod der letzten überlebenden Opfer, aber auch der letzten überlebenden Täterinnen und Täter, wird die Erfahrung des Holocaust zunehmend entpersonalisiert und damit auch entethnisiert.

Wenn der Holocaust immer weniger (nur) „den Juden" gehört, wenn die Täter eben nicht nur Deutsche waren, wenn die Einsicht in die Erstmaligkeit des Holocaust für alle, die zu denken in der Lage sind, unumstößlich ist, dann verliert auch Israel als ein Produkt des Holocaust eine spezifische Legitimation. Erstmaligkeit – das heißt, dass der Holocaust in seiner schrecklichen Dimension neu und zu diesem Zeitpunkt auch einmalig war; dass er aber eben wiederholbar ist.

Die unmittelbare Verbindung zwischen dem Holocaust und dem heutigen Israel führte gerade außerhalb Israels zu einer Art paternalistischem Mitleid gegenüber „den Juden". Diese müssen ständig Opfer bleiben, um sich diese auch politisch relevante Empathie zu verdienen. Sobald Israel aber mächtig ist, sobald die Opferrolle nicht mehr nur den Enkeln der Holocaust-Überlebenden zusteht, sobald die Opferrolle von den Kindern in Gaza ebenfalls beansprucht wird, sobald Israel als militärische Macht und geleitet von nationalen Interessen handelt, kehrt sich das Opfer-Täter Bild vollständig um.

Das paternalistische Mitleid mit den „den Juden" (in seiner Art dem Mitleid mit „den Palästinensern" nicht so unähnlich) führt gerade in Europa zu einer Widersprüchlichkeit zwischen zwei Seiten ein- und derselben Realität. Die herrschende Meinung in Europa und Nordamerika, in Ländern also, die man zum „Westen" zählt, ist die mit erheblicher Verspätung ins Bewusstsein gedrungene und nicht mehr ernsthaft bezweifelte Wahrnehmung von der Ungeheuerlichkeit des Massenmordes am europäischen Judentum. „Holocaust" wurde erst in den 1970er-Jahren zu einem allgemein verständlichen Begriff – bis dahin deckte der Begriff „Kriegsverbrechen" das Spezifische am Judenmord zu. Die Opfer von Babi Jar und Treblinka verschmolzen so mit den Opfern der Belagerung von Leningrad, der Zerstörung von Warschau, aber auch der Bombardements von Dresden und Hiroshima.

Diese Unschärfe der Begrifflichkeit ist vorbei. In der Welt von heute, jedenfalls in Europa und Nordamerika, wird der Holocaust von der herrschenden Meinung und von der herrschenden Politik nicht geleugnet und auch nicht relativiert. Für den durch

Forschungsergebnisse abgestützten Diskurs ist der Holocaust kein Kriegsverbrechen, weil er mit der Kriegsführung in keinem erkennbaren, rational nachvollziehbaren Zusammenhang stand. Der Holocaust wird heute als ein Verbrechen gegen die Menschheit und als solches als Verbrechen sui generis gesehen.

Gleichzeitig wird aber vielfach wohl gerade deshalb Israel mit besonderen Maßstäben gemessen. Die Einsicht in die Erstmaligkeit des Holocaust geht mit den besonderen Maßstäben Hand in Hand, die offenbar nur oder vor allem für Israel gelten. Es ist üblich geworden, sich vor den Opfern des Holocaust zu verneigen – und gleichzeitig Israel Menschenrechtsverletzungen vorzuhalten; Menschenrechtsverletzungen, die Israels Nachbarn nicht oder zumindest nicht mit der gleichen Intensität vorgehalten werden. Menschenrechtsverletzungen, die – wenn sie Israel zugeschrieben werden können – zu allen möglichen Vergleichen bis hin zu Gleichsetzungen mit dem Holocaust führen.

Henryk Broder hat in seinem Buch „Vergesst Auschwitz!" Deutschland einen „Erinnerungswahn" vorgeworfen, der eine philosemitische Einstellung mit einer extrem israelkritischen verbindet. Die toten Jüdinnen und Juden von Auschwitz sind quasi gute Juden, und sich derer zu erinnern wird man nicht müde. Ganz Deutschland klopft sich in der herrschenden Erinnerungskultur ständig an die Brust – und keineswegs nur aus Pflichtgefühl. Aber dieser Erinnerungswahn schlägt, wenn es um die lebenden Jüdinnen und Juden Israels geht, geradezu ins Gegenteil um. Dieses Umschlagen bezieht sich nicht so sehr auf die Politik der deutschen Bundesregierung, die – beginnend mit Konrad Adenauer – sich immer als relativ verlässlicher Freund Israels gezeigt hat. Die Verbindung von Erinnerungswahn und einseitiger Israelkritik findet sich im Diskurs an Universitäten und in Medien; ein Diskurs, der eine Holocaust-Betroffenheit mit einer Israel-Feindseligkeit verknüpft.

Diese kognitive Dissonanz zwischen einer mit dem Namen Auschwitz verbundenen Gedenkkultur und einer scharfen Israel-Kritik ist keine deutsche Besonderheit. Sie findet sich in Großbritannien und

Frankreich ebenso wie in Österreich und Italien, in den Niederlanden und in Schweden. Diese Diskrepanz ist erklärbar, aber deshalb nicht gerechtfertigt. Sie beruht auf der Betonung einer jüdischen Ausnahmerolle. Auf der einen Seite wird die spezifische jüdische Opferrolle anerkannt – auf der anderen Seite ist ein überkritisches Teleskop auf Israel und auf Israel allein gerichtet.

Dass die eine Wahrnehmung, die der jüdischen Opferrolle, auf einer Einsicht in die historische Wirklichkeit beruht – und die andere, die der Hyperkritik an Israel, auf einer verzerrten, vereinfachenden Sicht auf die aktuelle Wirklichkeit, steht offenbar in kausalem Zusammenhang. Die Einsicht in die historischen Abläufe, die zu Auschwitz geführt haben, führt zu einer Betroffenheit, mit der im Alltag zu leben ganz offensichtlich belastend ist. Diese Belastung wird durch die einseitige Sicht auf Israel emotional erleichtert: Seht her, „die Juden" in Israel sind auch nicht besser als wir. Als ob es die Aufgabe Israels wäre, einen besonderen ethischen Standard deshalb zu entwickeln, um moralisch „besser" zu sein.

Israel immer nur unter der Perspektive des Holocaust zu sehen, das wird der Wirklichkeit Israels nicht gerecht. Israel ist zwar ohne den (vor allem europäischen) Antisemitismus und dessen Höhepunkt, der mit dem Begriff Auschwitz verbunden ist, historisch nicht vorstellbar. Aber der Gegenwart Israels, und erst recht der Zukunft dieses Staates ist durch die ständige Erinnerung an Auschwitz nicht gedient.

Israel braucht Freunde, die aus Eigeninteresse Israel unterstützen – und nicht Freunde, die Jüdinnen und Juden immer nur in Verbindung mit Auschwitz sehen wollen. Israel ist gut beraten, sich von der Einseitigkeit einer permanenten Erinnerung an den Holocaust frei zu machen. Israel ist gut beraten, seinen Sonderstatus als wachsende Belastung zu sehen und den Status eines Normalstaates zu akzeptieren, der Gleicher unter Gleichen sein will und daher auch denselben Kriterien und Standards unterstellt ist wie andere Staaten auch.

Israels Sonderstatus ist ja nur die Fortsetzung des Sonderstatus, der „den Juden" vom europäischen Antisemitismus vorgeschrieben wurde und der zu den Nürnberger Gesetzen und damit zum Holocaust geführt hat. Es liegt im Interesse Israels, diesen historisch so ungeheuerlich belasteten Sonderstatus nicht auf Dauer in Anspruch zu nehmen.

Der Holocaust darf nicht vergessen werden, und er wird auch nicht vergessen. Aber seine historische Rolle bei der Staatswerdung und Legitimierung Israels nähert sich seinem Ende. An den Holocaust muss erinnert werden – aber nicht nur in Israel, und nicht nur als Aufgabe des Judentums.

2. ISRAELS NORMALITÄT – ISRAELS BESONDERHEIT

Die Debatte über die demokratische Qualität Israels ist immer auch eine Debatte über Israels Existenzrecht. Israels Demokratie steht auf dem Prüfstand. Auf diesem ist die entscheidende Frage, woran Israels Demokratie gemessen wird: an der Demokratiequalität der britischen Westminster-Demokratie oder der Schweizer Konkordanzdemokratie oder aber an der seiner Nachbarstaaten? In der Region, in der Israel nach Jahrzehnten einer zionistischen Zuwanderung 1948 entstand, gibt es keinen Staat, dessen Demokratiequalität an die Israels heranreichen könnte. Das Scheitern des Arabischen Frühlings in Ägypten und der Bürgerkrieg in Syrien sind ein dramatischer Beleg dafür.

Israel entspricht den Standards, die an eine Demokratie geknüpft sind – jedenfalls an eine Demokratie, die als „Minimaldemokratie" bezeichnet wird: Freie Wahlen mit Wettbewerbscharakter entscheiden darüber, wer regiert – auf Zeit und unter Kontrolle. Israel ist eine Demokratie im Sinne eines pluralistischen Wettbewerbs um die Stimmen der Wählerinnen und Wähler. Israel ist eine Demokratie, ein Mehrparteiensystem, in der die Regierung der Kontrolle und der Kritik einer Opposition und einer freien Berichterstattung in Medien und auch einer Rechtsprechung ausgesetzt ist. Israel ist eine Demokratie, in der die Vielfalt der gesellschaftlichen Interessen sich im Parlament, der Knesset, spiegelt.

Freilich: Israels Demokratie weist Besonderheiten auf, die, auch und vor allem aus den historischen und geopolitischen Rahmenbedingungen, zwar verständlich sind, die aber nicht einem Demokratieverständnis, wie es etwa im Konzept Robert Dahls entwickelt wurde, entsprechen: Ein erheblicher Teil der Menschen, die in dem von Israels Regierung kontrollierten Gebiet leben, sind von der Wahl des israelischen Parlaments und damit von der Mitbestimmung über die Politik der Regierung ausgeschlossen.

Israel ist eine Demokratie. Ob diese Demokratie allerdings allen Kriterien entsprechen würde, die etwa von der Europäischen Union 1993 in Kopenhagen als eine Bedingung für die Aufnahme in die EU formuliert wurden, kann und muss diskutiert werden.

Israel ist kein Kandidat für die Mitgliedschaft in der EU. Israel hat nie ein Interesse an einer Mitgliedschaft ausgedrückt. Das liegt aber nicht daran, dass Israel sich nicht als ausreichend demokratisch sehen würde, um in die Union aufgenommen zu werden. Israel sieht seine Zukunft nicht in der EU, weil es seine Sicherheitsinteressen nicht an die Europäische Sicherheits- und Verteidigungspolitik binden, weil es in Sachen Sicherheit seine Souveränität auch nicht ansatzweise aufgeben will.

Israels Demokratie entspricht zweifellos mehr den demokratischen Standards als die politischen Systeme im gesamten nahöstlichen Raum. Feudale und religiös fundamentalistische Regime (etwa auf der arabischen Halbinsel), Militärdiktaturen (Ägypten, Syrien), immer wieder von Bürgerkriegen unterbrochene, fragile Demokratien (Libanon), feudale Monarchien mit nicht unwesentlichen demokratischen Elementen (Jordanien) – Länder mit solchen Erfahrungen umgeben Israel. Gemessen an den Demokratiemängeln seiner Nachbarstaaten ist Israel eine stabile Demokratie, die seit 1948 politische Freiheit und soziale Stabilität garantiert.

Gemessen an der Demokratie außerhalb des Nahen Ostens, an den Demokratien des „Westens", sieht das Bild freilich komplexer aus. Theokratische Bestandteile (die auch formell abgesicherte Hegemonie eines primär religiös definierten Judentums) verbinden sich mit einer faktischen (nicht rechtlichen) Diskriminierung der nichtjüdischen (moslemisch-arabischen) Minderheit in Israel selbst. Vor allem aber ist der Status der besetzten Gebiete auf der Westbank der entscheidende Faktor, der das demokratische Erscheinungsbild Israels relativiert.

2.1. Eine Demokratie – mit Mängeln

Israels Politik ist pluralistisch. Parteien der Rechten (vor allem der aus der Cherut-Partei Menachem Begins entstandene Likud) und der Linken (vor allem die aus Ben-Gurions Mapai hervorgegangene Arbeiterpartei) stehen miteinander im Wettstreit um Wählerstimmen. Israels Politik ist von einer geradezu extremen Parteienzersplitterung bestimmt. Immer wieder entstehen neue Parteien, immer wieder schließen sich bestehende Parteien zusammen – oder Teile bestehender Parteien spalten sich ab. Und immer wieder spielen kleine Parteien die Rolle des Züngleins an der Waage und entscheiden über die Mehrheitsbildung in der Knesset und damit über Bildung oder Sturz einer Regierung. Israels Parteiensystem ist fragmentiert – ähnlich den Parteiensystemen der Dritten und Vierten Französischen Republik oder auch Italiens.

Eine besondere Rolle kommt in Israel den religiösen Parteien zu, die wieder in sich gespalten sind – in Parteien, die vor allem „orientalische" Wählerinnen und Wähler ansprechen, die ihre Wurzeln in den jüdischen Gemeinden Nordafrikas oder auch den arabischen Staaten des Nahen Ostens (oder auch des Iran) haben; und solche Parteien, die in der Tradition der (ost)europäischen Ashkenazim stehen. Religiöse Parteien neigen dazu, sich auf ein Thema zu konzentrieren, auf die Durchsetzung religiöser Normen in der israelischen Gesellschaft, von Fragen der Eheschließung bis hin zu den Diätvorschriften in Hotels und Restaurants und auf die Frage, wer unter welchen Bedingungen zum Judentum konvertieren kann. Die religiösen Parteien Israels sind „Ein-Themen-Parteien", sie neigen aber – jenseits ihres zentralen Themas, der Umsetzung religiöser Normen in die Politik – grundsätzlich eher zu Bündnissen mit den Parteien der Rechten. In der Ära Ben-Gurion freilich, in den ersten beiden Jahrzehnten staatlicher Unabhängigkeit, war es der Arbeiterpartei gelungen, immer auch zumindest eine religiöse Partei in der Regierungskoalition zu haben und so die Konflikte zwischen dem religiösen und dem säkularen israelischen Judentum zu entschärfen.

Eine potenziell besondere Rolle kommt aber auch den Parteien zu, die sich auf die Vertretung der israelischen Staatsbürger und -bürgerinnen arabischer Muttersprache konzentrieren – den „arabischen" Parteien. In den Anfangsjahren Israels bemühte sich die Kommunistische Partei, arabische und jüdische Stimmen gleichermaßen zu gewinnen. Mit der spätestens 1967 einsetzenden Frontstellung der UdSSR gegen Israel endete dieser Versuch einer Integration, moskautreue Kommunisten in relevanter Zahl fanden sich nur mehr unter den arabischen Israelis.

Die arabischen Parteien agieren manchmal geschlossen – wie bei der Wahl 2015. Doch die arabischen Parteien sind Außenseiterparteien, die sich zwar in der Knesset zu Wort melden und bei Beschlüssen mitwirken, aber nicht wirklich in das parlamentarische Spiel der Mehrheitsbildung kommen. Die arabischen Parteien sind permanente Oppositionsparteien. Denn die jüdischen (zionistischen) Parteien gehen von einem ungeschriebenen Konsens aus, dass es eine zionistische Mehrheit braucht, um regieren zu können – also eine Mehrheit ohne die Stimmen arabischer Abgeordneter. Eine gewisse Ausnahme gab es schon – nach der Knesset-Wahl von 1992, da stützte sich eine linke Koalitionsregierung auf die Duldung arabischer Abgeordneter, die so eine linke Minderheitsregierung, der sie selbst nicht angehörten, ermöglichten.

Die Wahlen in Israel werden nach den Grundsätzen der Verhältniswahl durchgeführt, die Sperrklausel ist niedrig – 2015 betrug sie 3,25 Prozent der abgegebenen Stimmen. Wegen der fast perfekten Proportionalität des Wahlsystems ist das Parlament, die Knesset, pluralistisch und zersplittert. Regierungen sind immer komplizierte Koalitionsregierungen. Wechselnde Mehrheiten führen zu Regierungswechseln.

Die Ergebnisse der Parlamentswahlen und die damit verbundenen Koalitions- und Regierungsbildungen, also die immer wieder wechselnden parlamentarischen Mehrheitsbildungen, wurden seit 1948 immer von allen Parteien anerkannt. Trotz parlamentarischer Polarisierung ist ein belastungsfähiger demokratischer Konsens vorhanden.

Tabelle 1

Wahlen in die 20. Knesset, 17. März 2015

	Sitzver-teilung
A. Parteien, die sich nach der Wahl zu einer Regierungs-koalition zusammengeschlossen haben	
Likud (national-konservativ)	30
Kulanu (konservativ)	10
haBajit haJehudi (national-religiös)	8
Schas (ultraorthodox, vor allem orientalisch)	7
Vereinigte Thora – Judentum (religiös)	6
B. Parteien in der Opposition	
Zionistische Union (Awoda – Arbeiterpartei und zentristische Kadima)	24
Vereinigte Liste (vor allem arabisch)	13
Jesch Atid (liberal)	11
Jisra'el Beitenu (nationalistisch)	6
Meretz (links-zionistisch)	5

Auch wenn die regierende Mehrheit in der 2015 gewählten Knesset hauchdünn ist – sie stützt sich auf 61 von 120 Abgeordneten –, bestätigt diese Mehrheit dennoch einen Rechtsdrift in Israels Politik. In den ersten Jahrzehnten dominierte die gemäßigte Linke (Mapai und andere) und ihre zentrale Persönlichkeit, David Ben-Gurion und bestimmte auch die israelische Politik. Ab den 1970er-Jahren wurde die Rechte immer stärker – die Jahre der Likud geführten Regierungen begannen mit Menachem Begin. 2015 hat sich die historische Schwäche der Linken bestätigt, da zu den Oppositionsfraktionen die eindeutig jüdisch-nationalistische und damit „rechte" Fraktion des früheren Außenministers Avigdor Lieberman (Jisra'el Beitenu) zählt. Die Regierung mit dem Likud Benjamin Netanjahus an der Spitze verfügt also nur über eine knappe Mehrheit, die linke Opposition kann aber dennoch keine geschlossene Alternative offerieren.

Ben-Gurion und seine Partei, Mapai, sahen in den ersten beiden Jahrzehnten ihren wichtigsten Konkurrenten in der Cherut-Partei, der „Mutterpartei" des Likud. In der Tradition Vladimir Zeev Jabotinskys traten Cherut und Menachem Begin für ein Großisrael ein, das jedenfalls alle von Jordanien 1948 besetzten Gebiete umfassen sollte. Ben-Gurion trachtete hingegen danach, pragmatisch, das 1948 – im Jahr der Staatsgründung – Erworbene innerhalb der Waffenstillstandslinien zu stabilisieren.

Begins Partei und verschiedene ihr nahestehende Gruppierungen hatten schon zwischen 1945 und 1948 entgegen der Politik Ben-Gurions und der von ihm geführten Yishuv, der faktisch autonomen Verwaltung der palästinensischen Juden, die britische Mandatsmacht als Hauptgegner gesehen. Die Irgun und andere „rechte" jüdische Milizen organisierten Terroranschläge, die sich vor allem gegen britische Einrichtungen richteten. Zum prominentesten Ziel dieses Terrors von zionistischer Seite wurde das King David Hotel mitten in Jerusalem, Sitz der britischen Mandatsverwaltung. Das King David Hotel wurde durch ein Bombenattentat am 22. Juli 1946 von Irgun-Agenten weitgehend zerstört, 91 Personen verloren ihr Leben – Briten, Araber, Juden.

Ben-Gurions Pragmatismus und seine Frontstellung gegen Begin erklären auch, dass er den religiösen Gruppierungen, die in verschiedenen kleineren Parteien organisiert waren, die Definitionsmacht über den Einfluss des religiösen Judentums auf den und im Staat Israel überließ. Damit erreichte er, dass in den ersten Jahren und Jahrzehnten die religiösen Parteien zumeist verlässliche Bündnispartner der Arbeiterpartei waren und so mithalfen, Begin und die Cherut bzw. dann den Likud von der Regierungsmacht fernzuhalten. So erklärt sich die starke Stellung der jüdischen Orthodoxie in einem Lande, dessen Mehrheit aus mehr oder weniger säkularen Jüdinnen und Juden sowie zumeist muslimischen Araberinnen und Arabern besteht.

Israel hat eine unabhängige Justiz. Israelische Gerichte entscheiden oft auch gegen die Interessen der Regierung. Das Problem ist freilich, dass Israels Verfassung nicht aus einem Dokument besteht, sondern aus einem Mix aus Bestimmungen, die noch von der britischen Mandatsmacht stammen, Einzelgesetzen und Gewohnheitsrecht. Das ist zwar – für eine Demokratie – ungewöhnlich, aber nicht einmalig: Die Verfassung des Vereinigten Königreiches von Großbritannien und Nordirland ist in ihrem Kern ebenfalls ungeschrieben. Eine solche Verfassung, die aus verschiedenen Bruchstücken besteht, kann sehr wohl ihre Funktion erfüllen, die Grundregeln der Politik festzulegen. In Israel führt dieser Zustand dazu, dass entscheidende Fragen, etwa zum Verhältnis von Religion und Staat, nicht ungelöst, aber ständig interpretationsbedürftig und deshalb auch strittig sind.

Dass die Staatsgründung Israels nicht von einem Beschluss über ein Verfassungsdokument begleitet wurde, ist auch die Folge des Pragmatismus, den vor allem Ben-Gurion vertrat. Eine Debatte über eine Verfassung hätte die unter der Oberfläche schlummernden Konflikte über den jüdischen, insbesondere auch über den religiös-jüdischen Charakter des Staates, an die Oberfläche gebracht und den für die Stabilisierung Israels notwendigen Konsens zumindest bedroht, wenn nicht zerstört. Israel lebt mit einer Verfassung, die aus Bruchstücken besteht – und erspart sich damit die Verschärfung ohnehin vorhandener Widersprüche.

Die wirklichen Mängel israelischer Demokratie sind eine Folge des Mangels an Frieden. Israel ist international anerkannt, durch den Beschluss der Vereinten Nationen von 1947 und durch diplomatische Beziehungen mit den meisten Staaten der Welt. Doch das, was Israel territorial ausmacht, ist nicht eindeutig zu definieren: Israels Grenzen sind umstritten. Zwar gibt es einen breiten internationalen Konsens, dass Israel innerhalb der Grenzen der Waffenstillstandslinie von 1949 legitim existiert. Aber die Mehrzahl der arabischen Staaten bestreitet diese Legitimität – wie auch palästinensische Kräfte (Hamas) und die Regionalmacht Iran. Und auch in Israel gibt es eine Tradition, diese Grenzen des Waffenstillstandes von 1949 nicht als endgültig zu akzeptieren: Die Annexion Ostjerusalems und des Golan ist für Israel legitim, nicht aber für das, was vage die „internationale Gemeinschaft" heißt. Eine allgemein akzeptierte Klärung der Grenzfrage kann nur durch einen Friedensvertrag zwischen Israel und den Palästinensern und damit mit der arabischen Welt zustande kommen.

Aus der Tradition Vladimir Zeev Jabotinskys und der „Revisionisten" kommt der Anspruch, Israel sei mit ganz Palästina gleichzusetzen. In dieser Tradition stand Begins Cherut und stehen nach wie vor wesentliche Kräfte des gegenwärtigen Parteienspektrums in Israel. Die Waffenstillstandslinie von 1949 als faktische Grenze anzuerkennen, war für Israel Teil einer pragmatischen Politik, die deshalb nicht zu einer formellen Politik werden sollte, weil Israel zunächst keinen Partner auf arabischer Seite fand. Im Gegenteil: Der vor allem von Gamal Abdel Nasser vertretene Panarabismus ging von der prinzipiellen Illegitimität der gesamten Existenz des „zionistischen Gebildes" namens Israel aus.

Das änderte sich in der Zwischenzeit. Das Ägypten Anwar Sadats schloss mit Israel 1979 einen Friedensvertrag, der umso mehr Gewicht hatte, weil sein Gegenüber Menachem Begin war. Sadats Schritt der Legitimierung Israels löste nur zögerlich und – beschränkt auf Jordanien – eine entsprechende, positive, analoge Reaktion im arabischen Raum aus. Sadat wurde auch innerarabisch bestraft: Ägypten wurde aus der Arabischen Liga ausgeschlossen, Sadat 1981 ermordet. Und für den Frieden zwischen Ägypten und Israel wurde danach nicht zufällig der Begriff „Kalter Friede" geprägt. Die ägyptischen Regierungen nach Sadat bekannten sich zwar zum Friedensvertrag, aber sie demonstrierten eine kühle Distanz zu Israel – offenbar eine Voraussetzung für die Versöhnung Ägyptens mit der Arabischen Liga.

Das Übereinkommen von Oslo, unterzeichnet 1993 in Washington, war ein weiterer Schritt zur Legitimierung Israels im Nahen Osten. Die Palästinensische Befreiungsorganisation PLO akzeptierte Israel als Staat, und Israel akzeptierte im Gegenzug die prinzipielle Legitimität eines Staates der Palästinenser. Die Zweistaatenlösung, die schon Jahrzehnte davor – durch Vorschläge der britischen Mandatsmacht und 1947 durch einen Beschluss der Generalversammlung der Vereinten Nationen – in Grundrissen auf dem Tisch lag, wurde nun Bestandteil der israelischen Politik. Doch es blieb die Ablehnung des Oslo-Vertrages durch die Hamas und andere Kräfte innerhalb

Palästinas, und es blieb eine analoge Reserve gegenüber dieser Lösung innerhalb der israelischen Rechten.

Israel ist eine parlamentarische Demokratie, im Einklang mit den Standards des weltweit herrschenden Demokratieverständnisses – aber mit einer wichtigen Ausnahme.

Die demokratische Normalität Israels besteht in der Existenz eines Mehrparteiensystems, der Rechtsstaatlichkeit und der liberalen Grundfreiheiten. Freie Wahlen entscheiden über die Zusammensetzung der Knesset, des Parlaments; und der Premierminister und sein Kabinett sind von der Mehrheit im Parlament abhängig. Friedliche Mehrheits- und damit Regierungswechsel sind nicht nur möglich, sie finden auch statt. Eine unabhängige Justiz sichert die Bindung der Regierung an die Gesetze. Israels Demokratie entspricht, jedenfalls für den Staat innerhalb der Waffenstillstandslinien von 1949 und den annektierten Gebieten (Ostjerusalem, Golan), den von der EU in Kopenhagen, 1993, formulierten Kriterien, die Voraussetzung für eine Mitgliedschaft in der EU wären: eine liberale Demokratie, Rechtsstaatlichkeit, Marktwirtschaft.

Der Faktor, der Israel zur Ausnahme in den Demokratien macht, sind die besetzten Gebiete. In diesen Gebieten sind die Kriterien der Demokratie nicht erfüllt: Während die arabisch-palästinensische Bevölkerung in Israel selbst Bürgerrechte hat und das Wahlrecht besitzt – und zwar auch in den annektierten Gebieten von (Ost-) Jerusalem und auf dem Golan –, erlaubt das Besatzungsregime in der Westbank zwar eine Autonomie, die sich auch in Wahlen zu den Vertretungskörperschaften auf den Ebenen der Gemeinden und der Westbank insgesamt äußert, aber die Hauptlinien der Politik werden von Parlament und Regierung in Jerusalem festgelegt – und darauf haben die Millionen Menschen in den besetzten Gebieten keinen Einfluss. Seit 1967 bestimmt eine politische Autorität die Lebensverhältnisse in der Westbank, ohne dass die dort Wohnenden die Möglichkeit zur Mitbestimmung hätten.

Doch eine Minderheit in der Westbank hat die Mitbestimmungsrechte, die zu den Minimalkriterien einer Demokratie gehören: das

Recht, sich an den direkten Wahlen zum Parlament, der Knesset, zu beteiligen und damit indirekt an der Bestellung der Regierung mitzuwirken. Es sind die jüdischen Siedler, die auf der Westbank als Bürgerinnen und Bürger Israels dieses Recht nützen können. Es ist – neben der Besatzungspolitik insgesamt – auch die Siedlungspolitik, die Israels Demokratie mit einem Makel versieht.

Diese Siedlungspolitik ist die Konsequenz mehrerer Faktoren:

- 1949 wurde ein Waffenstillstand geschlossen, der die Westbank und Ostjerusalem zum Teil Jordaniens machte, den Gazastreifen unter ägyptische Kontrolle brachte und den Golan als Teil Syriens akzeptierte. Dieser Waffenstillstand war kein Friedensschluss – vor allem, weil die Gegner Israels einen Frieden als Anerkennung der Existenzrechte Israels sahen, eine Anerkennung, die zu geben sie nicht bereit waren. 1967 wäre die Chance gewesen, aus dem Waffenstillstand von 1949 einen Frieden zu machen. Und Israel wäre zu diesem Zeitpunkt des militärischen Triumphes wohl zur Räumung der durch die Kriegserfolge besetzten Gebiete der Westbank, des Gazastreifens und des Golan bereit gewesen – freilich nicht Ostjerusalems. Doch die arabischen Staaten verweigerten sich einem solchen Friedensschluss.

- In Israel selbst gab es Kräfte, die – vor allem in der Tradition Vladimir Jabotinskys – Palästina in seiner Gesamtheit, wie es von der britischen Mandatsmacht bis 1948 verwaltet wurde, als jüdische Heimstätte interpretierten. Diese Kräfte auf der politisch rechten Seite Israels sahen im Sieg von 1967 die Chance, ihre Vorstellung von einem Israel zwischen der Mittelmeerküste und dem Jordantal zu verwirklichen. Die Anhänger Jabotinskys waren in der Herut-Partei und danach im Likud organisiert, Parteien, die bis in die 1970er-Jahre in der Opposition zu Koalitionsregierungen standen, die von der sozialdemokratischen Mapai geführt wurden. Israels offizielle Position war und ist, dass die Grenzen des Staates erst verbindlich in einem umfassenden

Friedensabkommen festgelegt werden könnten; eine Position, die zwar nicht direkt der Jabotinsky-Position entspricht, aber dieser auch nicht widerspricht.

- Diese Pattstellung – zwischen der israelischen Besatzungsmacht und der arabischen Verweigerung – öffnete der Siedlungspolitik die Tore. Noch unter den Mitte-Links-Regierungen setzte fast unmittelbar nach dem Sieg von 1967 die Besiedlung zunächst kleiner Teile der Westbank ein. Ostjerusalem war schon angeschlossen, der Golan sollte folgen. Es war eine Politik „Jabotinsky light" – nur ein (geografisch) kleiner Teil der 1967 besetzten Gebiete wurde in Israel integriert, die dort lebende arabische Bevölkerung erhielt den Status von Bürgerinnen und Bürgern Israels. Für die Bevölkerung der Westbank und des Gazastreifens galt dies nicht – deren politischer Status ist formal in Schwebe und könnte erst durch eine umfassende Friedenslösung geklärt werden.

- Die israelische Siedlungspolitik hatte und hat mehrere Funktionen: Sie stellte (und stellt) den Expansionismus der heute vor allem vom Likud vertretenen Tradition teilweise ruhig, indem sie diesem Expansionismus Raum gibt. Und die Siedlungstätigkeit sollte Israels arabische Nachbarn zu einem Frieden bereit machen, nach dem Motto „Wenn ihr nicht einlenkt, dann ist es mehr als Ostjerusalem, was ihr verlieren werdet." Was jedoch geschah, war, dass Jordanien seine Ansprüche auf die Gebiete aufgab, die zwischen 1949 und 1967 integrierter Teil des Königreiches waren, und dass auch Ägypten das Schicksal des Gazastreifens in die Hände einer „palästinensischen Nation" legte. Diese gab es davor insofern nicht, als dass die arabische Bevölkerung Palästinas sich als Teil einer arabischen Nation verstand, die 1948 militärisch mit dem Anspruch gehandelt hatte, die Interessen aller Araber in Palästina zu vertreten und in Form der kriegerischen Intervention Ägyptens, Jordaniens, Syriens und des Irak auch entsprechend gehandelt hatte.

- Die Siedlungspolitik musste eine Eigendynamik entwickeln, weil sie die Aufgabe, einen Frieden herbeizuzwingen, nicht erreichen konnte. Ansätze zur Erfüllung dieser Funktion gab es – in Oslo und Washington 1993, in Camp David und Taba 2000 und 2001. Und Israel hatte auch vorgemacht, dass es für einen Friedensschluss bereit wäre, die Siedlungspolitik zu revidieren: Als Folge des Friedens mit Ägypten räumte Israel die jüdischen Siedlungen auf dem Sinai, und im Zuge des Wandels Ariel Sharons, von einem kriegerischen Falken zu einer politischen Taube, räumte Israel – gegen heftigen Widerstand in den eigenen Reihen – auch die Siedlungen im Gazastreifen. Doch es ist klar, dass die quantitative Dimension der Siedlungen auf der Westbank (im Westjordanland) und die historische Verbundenheit des jüdischen Narrativs mit Städten wie Hebron (Abrahams Grabstätte) eine völlige Räumung der Westbank nur schwer vorstellbar, eine Räumung Ostjerusalems unvorstellbar machen.

Israel bezeichnet offiziell die Westbank als umstrittene Gebiete („disputed territories"), als Gebiete, deren Status erst geklärt werden müsste. Und deshalb sei das Fehlen demokratischer Mitbestimmungsrechte für die (arabisch-palästinensische) Bevölkerung dieser Gebiete nur ein vorübergehendes Problem in einer militärisch-politisch nicht einvernehmlich geregelten Zone. Allerdings besteht dieses Problem schon seit (fast) einem halben Jahrhundert und kann daher immer weniger überzeugend als „vorübergehend" eingestuft werden.

Doch für eine Lösung dieses Dilemmas braucht es einen stabilen innerisraelischen Konsens – und einen Partner auf der „anderen", der palästinensisch-arabischen Seite. Beides schien mehrere Male in erreichbarer Nähe. Aber Anwar Sadat wurde ebenso ermordet wie Jitzchak Rabin – und beide von jemandem aus den „eigenen" Reihen; Sadat, nachdem die Arabische Liga Ägypten wegen des Friedensschlusses mit Israel aus ihren Reihen verstoßen hatte; Rabin, weil er von einem Teil der israelischen Rechten als Verräter gebrandmarkt worden war.

Das (bisherige) Scheitern der im Oslo-Abkommen als nicht zu fernes Ziel vereinbarten Zweistaatenlösung liegt in der Verantwortung beider Seiten. Die Vorstellung, den größten Teil der jüdischen Siedlungen nötigenfalls unter Einsatz militärischer Gewalt räumen zu müssen und anzuerkennen; dass Hebron – die Stadt, wo der Tradition entsprechend Abrahams Grab liegt – nicht Teil Israels ist, überfordert die Friedensbereitschaft einer relevanten Minderheit und vielleicht einer schweigenden Mehrheit Israels. Und die Perspektive, den Staat Israel jedenfalls in seinen Grenzen von 1949 endgültig anzuerkennen und auf das Rückkehrrecht der Flüchtlinge zu verzichten, ist ebenso wenig von einem stabilen Konsens auf der palästinensischen Seite getragen. Nach dem Tod Rabins und dem Scheitern der Verhandlungen zwischen Ehud Barak und Yasser Arafat, 2001, hat es jedenfalls keine signifikanten Fortschritte in Richtung Zweistaatenlösung gegeben. Gescheitert sind jedenfalls auch die US-Friedensinitiativen, die von Barack Obama ausgingen. Der seit 1967 herrschende Status quo scheint jedenfalls fest zementiert zu sein – mit Ausnahme der ständig zunehmenden jüdischen Siedlungstätigkeit im Westjordanland, die Tatsachen schafft, die nur schwer auf dem Verhandlungsweg rückgängig zu machen sind.

Israel kann auf die unterentwickelte Autorität der palästinensischen Regierung (der Autonomiebehörde) verweisen. Dass immer wieder Raketen von Gaza auf Israel gefeuert werden, weist entweder auf die mangelnde Handschlagqualität der PLO-Führung, oder aber auf ihre mangelnde Fähigkeit, sich gegenüber der Hamas und anderen palästinensischen Fraktionen und Bewegungen durchzusetzen, die Israels Existenz grundsätzlich ablehnen. Israel fehlt ein berechenbarer Verhandlungspartner, der ein internes Machtmonopol in der Westbank und im Gazastreifen besitzt. Und der palästinensischen Seite fehlt ein Verhandlungspartner, der einen gesamtisraelischen Konsens vertreten könnte. Dadurch werden aber die innerisraelischen Gegner der Zweistaatenlösung gestärkt: Sie haben so einen Grund mehr, den in Oslo begonnenen Prozess als gescheitert zu sehen. Und ebenso gestärkt werden die Kräfte auf der arabisch-palästinensischen

Seite, die in der nicht unberechtigten Annahme, dass die Zeit gegen Israel arbeite, die Konzessionen ablehnen, die auf ihrer Seite für einen Frieden notwendig wären.

Die Gegner der Zweistaatenlösung auf beiden Seiten spielen einander in die Hände. Der eine Extremismus schließt den anderen zwar komplett aus, aber gemeinsam ist ihnen, dass sie die Zweistaatenlösung blockieren. Die israelische Rechte (und nicht nur die Extremisten) geht davon aus, dass es keinem Juden, keiner Jüdin verboten sein darf, sich in Judäa oder Samaria (und damit im Westjordanland, der Westbank) anzusiedeln. Sie liefert damit den prinzipiellen Gegnern der Existenz Israels auf der palästinensisch-arabischen Seite den Vorwand, eine Zweistaatenlösung als Etappe auf dem Weg Israels zu einem Land der Juden zwischen Jordan und dem Mittelmeer zu sehen – und damit jede palästinensische Staatlichkeit zu verhindern. Und die von der palästinensischen Seite vertretenen Prinzipien – eine Teilung Jerusalems und das Rückkehrrecht der 1948 Vertriebenen und Geflohenen (samt ihren Nachkommen) – stärkt auf israelischer Seite den Eindruck, dass es die PLO, trotz Oslo, mit der Ankerkennung Israels letztlich nicht ernst meinen könnte.

Die Zweistaatenlösung bleibt ein fernes Ziel, an dessen Erreichbarkeit immer mehr gezweifelt wird. Und damit bleibt der demokratische Mangel Israels weiter bestehen. Dieser Mangel kann mit dem Hinweis auf die viel gravierenderen Demokratiemängel in den meisten anderen Staaten der Region zwar relativiert, nicht aber aufgehoben werden. Die Demokratie Israels leidet unter dem Fehlen einer mit der Demokratie kompatiblen Lösung des Status der besetzten Gebiete.

Auch eine „Pax Americana", an der vor allem Bill Clinton, aber auch Barack Obama in Form der Bemühungen John Kerrys interessiert waren, ließ sich nicht durchsetzen. Es war und ist klar, dass beide Seiten den Status quo dem Frieden vorziehen, dessen Konturen ja grundsätzlich feststehen. Israel nimmt so in Kauf, fast vier Jahrzehnte nach dem Ende des Krieges von 1967 ein Besatzungsregime aufrecht erhalten zu müssen, dessen Vereinbarkeit mit dem

Völkerrecht diskutabel, dessen Widerspruch zu jedem denkbaren Demokratieverständnis aber eindeutig ist. Und Israels berechtigte Verweise auf die Verweigerungshaltung der „anderen" Seite ändern daran nichts, dass diese „andere" Seite auf eine analoge Verweigerungshaltung Israels verweisen kann.

Israel setzte seine Siedlungspolitik fort – ein Affront für die palästinensische Seite. Und die Raketen, die aus dem Gazastreifen – bald nach Abzug der israelischen Besatzung – auf Israel fielen, zerstörten die Grundlagen der Kräfte in Israel, die in der Tradition Rabins an der Implementierung der Zweistaatenlösung zu arbeiten bereit waren. Jede Seite lieferte der anderen Gründe, um den 1993 begonnenen Friedensprozess nicht fortsetzen zu müssen.

Deshalb wird auf vorhersehbare Zeit der einzige relevante Demokratiemangel Israels Ansehen als „einzige Demokratie im Nahen Osten" weiterhin belasten. Deshalb wird die Siedlungspolitik auch weitergehen, deshalb werden die Palästinenser und Palästinenserinnen der Westbank in einer Situation wesentlich reduzierter Lebensperspektiven weiterleben müssen, deshalb werden aber auch die jüdischen Siedlungen in einer feindseligen Umwelt und in einem nicht endgültig geklärten Status weiterzuexistieren gezwungen sein.

2.2. Eine „ethnische" Demokratie?

Für Israel und seine Entwicklungsdynamik ist von vielen – nicht zuletzt von Jimmy Carter – das böse Wort vom „Apartheid-Staat" verwendet worden. Diese Qualifikation Israels ist, wenn man sie konkret auf Südafrika vor 1994 bezieht, ungerecht und falsch. Aber diese Qualifikation ist auch verständlich, denn Israel versteht sich als Staat der Juden – in dem Nichtjuden entweder die politischen Rechte einer an der Demokratie beteiligten Minderheit genießen (wie die arabischen Staatsbürger Israels), oder aber (wie die palästinensische Bevölkerung des Westbank) von demokratischer Mitsprache ausgeschlossen sind.

Israel ist kein „Apartheid-Staat". Israel beruht nicht auf der menschenrechtswidrigen Annahme, dass Menschen einer bestimmten Hautfarbe („Rasse") minderwertig, jedenfalls nicht gleichwertig sind. Israel respektiert die arabische Sprache als zweite Sprache des Landes – auch wenn im israelischen Alltag von dieser Zweisprachigkeit zumeist wenig wahrzunehmen ist. Und die arabischen Staatsbürger Israels leben auch nicht in einem „Bantustan", wo – wie im Südafrika der Vergangenheit – ein Teil der Bevölkerung gettoisiert und als billige Arbeitskräfte ohne demokratische Grundrechte ausgebeutet wird.

Ein Bantustan ist freilich – in Ansätzen – in Form der besetzten (umstrittenen) Gebiete der Westbank gegeben, auch wenn die ökonomische Ausbeutung der dort wohnenden Menschen allein schon aus Sicherheitsgründen keine bestimmende Motivation der israelischen Politik ist. Doch es ist, anders als das nunmehr historische Bantustan (die mit minimaler Selbstverwaltung ausgestatteten Gettos der „Schwarzen" im Südafrika bis 1994), eine systematische Ungleichheit als Provisorium. Das äußert sich auch in dem israelischen Diskurs, ob die Westbank nicht (wie Ostjerusalem, wie der Golan) annektiert werden sollte. Ein solcher Anschluss würde den Status der Westbank-Palästinenser und Palästinserinnen auf den der arabischen Bevölkerung in Ostjerusalem oder auch in Galiläa heben und grundsätzlich den Demokratiemangel Israels beseitigen helfen, denn die Palästinenser der Westbank würde ja neben israelischen Pässen auch das Wahlrecht für die Wahl der Knesset erhalten.

Eine solche Lösung ist real nicht zu erwarten. Und sie würde auch nur als abstraktes Ziel den demokratischen Mangel Israels beheben. Denn eine solche Annexion müsste ja gegen den Widerstand der palästinensischen Bevölkerung beschlossen und durchgesetzt werden; und ein solcher Anschluss, gegen den Willen der Betroffenen, wird wohl nicht als demokratische Weichenstellung verstanden werden können. Der Anschluss der Westbank ist weder realistisch noch als demokratische Geste vorstellbar.

Eine solche Annexion, die ja auch nicht zufällig von Israels äußerster politischen Rechten immer wieder zur Diskussion gestellt wird – im Sinne eines „Eretz Israel" zwischen dem Jordan und dem Mittelmeer – hätte vor allem mit zwei Problemen zu kämpfen:

- Ein solcher „Anschluss" würde nur gegen den erklärten Willen der (palästinensischen) Mehrheitsbevölkerung in der Westbank selbst erfolgen können. Die arabisch-palästinensische Gesellschaft des Westjordanlandes würde einen solchen Schritt nur als Verewigung einer Fremdbestimmung sehen, nicht als einen Schritt zur Erweiterung ihrer Mitbestimmungsmöglichkeiten. Die Dominanz ethnisch-nationalen und religiösen Differenzdenkens wäre auf absehbare Zeit wohl ganz eindeutig stärker als eine (wohl kaum vorhandene) Begeisterung, bei den Wahlen der Knesset mitwirken zu können. Die Annexion müsste der Westbank aufgezwungen werden.

- Die Annexion der Westbank würde die demografische Entwicklung zu einer alles entscheidenden Frage machen. Da Israel die politischen Grundrechte den Menschen in der Westbank nach einer Annexion nicht verweigern könnte und mit an Sicherheit grenzender Wahrscheinlichkeit die Geburtenrate der arabischen Bevölkerung auf lange Sicht höher wäre als die der jüdischen Bevölkerung, wäre ein „Anschluss" der Westbank eine Gefährdung der jüdischen Mehrheitsposition – auch, weil wahrscheinlich die zuungunsten dieser jüdischen Mehrheit laufende Entwicklung nicht, jedenfalls nicht auf Dauer, durch eine verstärkte jüdische Zuwanderung ausgeglichen werden könnte.

Israels Schwierigkeiten kreisen um die Selbstdefinition des Landes: Ist Israel ein „Staat der Juden"? Diese Definition kann, angesichts der entscheidenden Rolle des Zionismus im Vorfeld der Staatsgründung, wohl bejaht werden. Ohne die politische Nationswerdung des Judentums gäbe es keinen Staat Israel. Aber ist Israel ein „jüdischer

Staat", in dem Nichtjuden bestenfalls als Bürgerinnen und Bürger faktisch zweiter Ordnung toleriert werden? Diese Frage rührt an die demokratische Normalität des Landes; denn eine Bejahung würde zumindest der Tendenz nach Israel den Charakter einer ethnischen Demokratie geben.

Die Demokratie Israels ist, wie jede Demokratie, voll von Widersprüchen. Denn in der Realität ist Israel multiethnisch, multikulturell, inklusiv – und gleichzeitig, ebenfalls in der Realität, ethnisch und religiös exklusiv. Das zeigt sich schon bei der Komplexität der Gesellschaft des Landes, die sich in verschiedenen Bruchlinien („cleavages") ausdrückt. Solche Bruchlinien sind keine israelische Besonderheit – sie existieren im Vereinigten Königreich, wo schottische, walisische und englische, britische und irische Identität nicht immer nur harmonisch koexistieren und wo die Existenz einer „Church of England", deren Oberhaupt gleichzeitig das Staatsoberhaupt des United Kingdom ist, mit dem Prinzip der (real existierenden) Religionsfreiheit im Widerspruch zu stehen scheint. Solche Bruchlinien gibt es in der Schweiz, deren Mehrsprachigkeit in den urbanen Zentren Zürich, Basel und Genf real nicht gegeben ist und deren Demokratie auf einem historisch erklärbaren komplexen System der Balance zwischen Sprachgruppen und Religionsgemeinschaften besteht. Solche Bruchlinien bestimmen auch die Tschechische Republik, die Slowakei, Ungarn, Rumänien, Bulgarien, Mazedonien – Südosteuropa in seiner Gesamtheit, wo die größte europäische „Volksgruppe", die nicht über einen „eigenen" Staat verfügt – die Roma – realer (nicht legaler) gesellschaftlicher Diskriminierung ausgesetzt sind.

Die israelische Komplexität besteht vor allem in der Bruchlinie zwischen Juden und Arabern. Aber wer ist Araber in Israel? Die arabische Sprache ist als zweite Staatssprache offiziell in Israel anerkannt. In dem bis 1967 jordanisch verwalteten Teil Jerusalems (Ostjerusalem) sind die offiziellen Straßennamen dreisprachig angeschrieben – Hebräisch, Arabisch, Englisch. Aber ein genauerer Blick auf die Straßenzeichen macht deutlich, dass die hebräischen Aufschriften erst 1967 hinzugekommen sind – nach der Vertreibung der in Ostjerusalem lebenden Jüdinnen und Juden 1948 sollte in den 19 Jahren der Zugehörigkeit zu Jordanien der eben auch jüdische Charakter der Stadt verdrängt werden. Ebenso fällt auf, dass auf den dreisprachigen Straßenbezeichnungen die arabische Aufschrift oft beschmiert ist – der jüdisch-israelische Nationalismus hat mit einem multiethnischen Jerusalem seine Probleme.

In Israel heute gibt es Araber und Araber und Araber:

- Die Arabisch sprechenden Staatsbürgerinnen und -bürger Israels genießen grundsätzlich alle Rechte, die auch den jüdischen Bürgerinnen und Bürgern zukommen. Sie besitzen insbesondere auch die politischen Grundrechte, nehmen an Wahlen teil und sind in der Knesset vertreten. Allerdings sind sie vom Wehrdienst befreit: Während Jüdinnen und Juden Dienst in den israelischen Streitkräften (IDF – Israeli Defense Forces) leisten müssen, ist aus pragmatischen Gründen die arabische Bevölkerung Israels von dieser Verpflichtung frei. Zu sehr würde eine militärische Auseinandersetzung, die in Israels Vergangenheit immer eine mit arabischen Nachbarn war, für die israelischen Araber ein Loyalitätsproblem aufwerfen und für die israelische Führung ein Vertrauensproblem bedeuten.

- Unter den Arabisch sprechenden Bürgerinnen und Bürgern Israels kommt den Bewohnern des (früheren) Ostjerusalem und des Golan eine besondere Ausnahmestellung zu. Die Annexion dieser Gebiete, die bis 1967 Teile Jordaniens, bzw. Syriens waren, wurden von den meisten Staaten der Welt nicht anerkannt. Auch die USA und die EU haben diese Annexion nicht gebilligt, weshalb die meisten Botschaften auch der Israel freundlich gegenüberstehenden Staaten, nicht in Jerusalem, sondern in Tel Aviv sind. Ein großer Teil der arabisch Sprechenden in Ostjerusalem und am Golan sehen sich auch nicht als Bürgerinnen und Bürger Israels und nehmen folgerichtig auch nicht an Wahlen teil. Das schwächt freilich die arabischen Parteien in der Knesset, zeigt aber auch,

dass die Annexion von Gebieten mit einer arabischen Mehrheit
kein perfektes Rezept sein kann.

- Die Menschen in den besetzten Gebieten der Westbank sind in
  einer rechtlich und politisch wiederum anderen Lage. Sie besitzen
  die israelische Staatsbürgerschaft nicht und haben – anders als
  die arabischen Bewohner Ostjerusalems und des Golan – auch
  keinen Anspruch darauf. Infolge des Oslo-Abkommens von 1993
  genießen Teile der Westbank lokale Autonomie, und Ramallah ist
  eine provisorische De-facto-Hauptstadt mit einer provisorischen
  De-facto-Regierung. Dennoch sind die Bewohner der sich selbst
  verwaltenden Gebiete der Westbank einer israelischen Kontrolle
  ausgesetzt, die verhindert, dass auch nur der Anschein palästin-
  sischer Souveränität aufkommen kann. Innerhalb der Westbank
  aber werden die jüdischen Siedlungen als Teil Israels behandelt,
  mit dem Recht, sich an den Wahlen in die Knesset ebenso zu
  beteiligen wie auch sich in Israel ohne Einschränkungen frei bewegen zu können.

- In Israel selbst und auf der Westbank gibt es muslimische und
  christliche Araber. Erstere stellen die große Mehrheit, letztere eine
  (wegen der Auswanderungstendenzen der christlichen Palästinenser) ständig schrumpfende, aber sichtbare Minderheit. Die arabischen Christen verstehen sich auch als Hüter der für die christlichen Konfessionen heiligen Stätten in Jerusalem, Betlehem und
  Nazareth. Und die PLO legt grundsätzlich Wert darauf, nicht
  nur als Vertretung der muslimischen, sondern auch der christlichen arabischen Bevölkerung anerkannt zu werden – angesichts
  des schwindenden christlichen Bevölkerungsanteils eine immer
  schwieriger werdender Balanceakt.

Die arabische Bevölkerung in Israel und in den besetzten Gebieten
ist durch ihre Muttersprache definiert. Arabisch ist auch offiziell die
zweite Staatssprache Israels, obwohl im Alltag Tel Avivs und auch

in den öffentlichen Dokumenten des Staates Israel der arabischen Sprache eine bloße Randexistenz zukommt. Arabische Identität in Israel ist eine sprachlich-ethnische Kategorie, die eine Minderheit definiert.

Was aber macht die Identität der jüdischen Mehrheit Israels aus? Die hebräische Sprache kann es ursprünglich nicht gewesen sein, da Millionen nach Israel Geflohener und Zugewanderter diese Sprache erst in Palästina, bzw. Israel lernten. Eine jüdische Ethnizität, die sich über die Jahrhunderte auf eine bestimmte Sprache gestützt hätte, gibt es nicht. Ist es eine spezifisch jüdische Kultur? Ja und nein. Das israelische Judentum ist durch das Neben- und Miteinander zweier kultureller Traditionen bestimmt: durch das vor allem aus Osteuropa kommende Judentum der Ashkenazim und das Judentum, das ursprünglich vor allem von der Vertreibung der Juden aus Spanien und Portugal bestimmt war und nach der Vertreibung im späten 15. Jahrhundert vor allem im vergleichsweise toleranten osmanisch-arabischen Raum überleben konnte und in Saloniki die größte jüdische Gemeinde im östlichen Mittelmeerraum bildete; eine Gemeinde, die von der deutschen Besatzungsmacht ausgemordet wurde. Zu dem orientalischen Traditionselement zählen auch die Nachfahren der jüdischen Gemeinden in Nordafrika, in Syrien, dem Jemen und dem Irak, die zumeist unmittelbar nach der Gründung Israels zuwanderten – auch im Zusammenhang mit Repressionen und Vertreibungen.

Jüdische Identität in Israel ist nicht durch Sprache und nur sekundär durch Kultur bestimmt. Letztlich ist jüdische Identität die Konsequenz religiöser Identität. Diese hat die Jahrtausende überstanden, Jahrtausende der Verfolgung. Es war vor allem die fehlende Toleranz von antijüdisch geprägten Gesellschaften, die eine vollständige Assimilation, ein vollständiges Aufgehen jüdischer Identität in den jeweiligen Hegemonialgesellschaften verhinderten. Es war der Antisemitismus, der das Überleben des Judentums sichern half. Dadurch war es möglich, dass christlich und muslimisch geprägte Gesellschaften durch das Beharren auf der Segregation der Jüdinnen und Juden, auf dem Anderssein des Judentums dieses zu einer Differenzidentität zwangen. Dadurch war es auch möglich, dass die im 19. Jahrhundert begonnene Konstruktion, ja Erfindung einer jüdischen „Rasse" dazu beitrug, jüdische Identität am Leben zu erhalten.

In Israel sind Juden und Jüdinnen Menschen jüdischer Religion. Sie müssen diese nicht ausüben, sie dürfen sich allerdings nicht von ihr öffentlich distanzieren, etwa durch eine Konversion zum Christentum oder zum Islam. Solche Konvertiten verlieren nach den durch israelische Rechtssprechung abgesicherten Regeln ihre jüdische Identität. Und Menschen jüdischer Herkunft – auch solche, die den Holocaust in den Lagern des „Dritten Reiches" überlebten –, verlieren mit einem Übertritt zu einer anderen religiösen Gemeinschaft auch das verbriefte Recht, unabhängig von anderen Faktoren nach Israel zu emigrieren und dort als israelische Staatsbürgerinnen und -bürger leben zu dürfen. Konversionen von anderen Religionen zum Judentum hingegen verleihen jüdische Identität: Man kann als Christin oder als Moslem, als Buddhistin oder als Hindu in das Judentum aufgenommen werden und damit auch für den Staat Israel zur Jüdin, zum Juden werden.

Allerdings zieht sich durch die Geschichte Israels der Konflikt, was eine religiös (und damit auch politisch) gültige Konversion ausmacht: Eine Konversion von orthodoxen oder liberalen Rabbinern vollzogen, im sephardischen (orientalischen) oder im askenasischen (osteuropäischen) Ritus; eine Konversion außerhalb Israels oder in Israel selbst. Wie die Frage nach der Gültigkeit von Eheschließungen ist der Konflikt über die Voraussetzungen einer gültigen Konversion in Israel ein kompliziertes Problemfeld voller politischer Fallstricke.

Jüdische Identität ist in Israel aber jedenfalls nicht „ethnisch" bestimmt, sondern religiös. Palästinensische Identität ist hingegen sprachlich-ethnisch definiert. Diese Differenz bezüglich der Grundlagen der einen und der anderen Identität ist ein Aspekt des konfliktreichen Beziehungsgeflechts in und um Israel. Sie ist aber auch der Grund, warum die Gleichsetzung der israelischen Besatzungspolitik in der Westbank oder gar des Staates Israel selbst mit dem offen rassistischen Apartheidregime in Südafrikas Vergangenheit ganz einfach falsch ist – unbeschadet der nachvollziehbaren Kritik an der Besatzungspolitik, insbesondere an ihrer Perspektivlosigkeit.

Juden und Jüdinnen äthiopischer oder irakischer, russischer oder polnischer, rumänischer oder deutscher Herkunft haben – falls sie als „jüdisch" im Sinne der religiösen Definition anerkannt werden – das Recht, nach Israel einzuwandern, in Israel zu leben und die israelische Staatsbürgerschaft zu erwerben. Ob sie in ihrem Privat- und Alltagsleben religiös sind oder nicht, ob sie Agnostiker oder Atheisten sind, ist belanglos, solange sie nicht formell zu einer anderen, einer nichtjüdischen Glaubensgemeinschaft übertreten. Damit verlieren sie das Recht, nach Israel einzuwandern und zu Israelis zu werden.

Diese religiöse Definition des „Jüdischen" unterstreicht die Komplexität der israelisch-palästinensischen, der israelisch-arabischen Beziehungen. Juden sind aus der Sichtweise der arabischen Seite „Fremde", die wie Kolonialherren der Vergangenheit sich arabisches Territorium angeeignet haben. Und die arabische (wie auch die iranische) Seite betont auch, dass das Judentum als Religion zu tolerieren wäre – auch wenn die Praxis etwa im Iran (ebenso wie von den faktisch „judenfreien" arabischen Staaten) nicht unbedingt diesem Toleranzanspruch gerecht wird. In diesem Gegensatz zwischen ethnisch-sprachlich definierter arabisch-palästinensischer und religiös definierter jüdischer Identität sind die Ebenen ungleich und machen eine Perspektive dauerhafter Konfliktlösung so schwer, ja bisher politisch unmöglich.

In dieser Perspektivlosigkeit wird Israel allein gelassen. Dass Israel durch seine Zustimmung zum Teilungsplan der UNO 1947 eine Lösung signalisiert hat; dass Israel die arabische Sprache offiziell (wenn auch im Alltag nicht immer erkennbar) als Zweitsprache akzeptiert; dass Israel 1967 – vielleicht die erste und auch letzte real existierende Gelegenheit zu einer umfassenden Lösung – nicht nutzen konnte, weil die arabische Seite jede Form der Anerkennung Israels ablehnte und damit zu verstehen gab, nicht an einem Frieden mit Israel sondern nur an einer Vernichtung des „zionistischen Gebildes" interessiert zu sein; dass Israel für den Abzug aus dem Gazastreifen kein

Entgegenkommen, sondern Raketenangriffe erntete: Das alles zeigt, dass Israel von der palästinensisch-arabischen Seite bewusst-unbewusst in diesem Dilemma eines offenkundigen Demokratiemangels zementiert wird.

Dass Israel von der Generalversammlung der Vereinten Nationen einmal als des „Rassismus" schuldig befunden wurde – ein Beschluss, der nicht zufällig infolge des Zusammenbruchs der UdSSR wieder rückgängig gemacht wurde, ist ein besonderer Beleg für die Doppelmoral der Anti-Israel-Lobby. Der Staat Israel kann kritisiert werden, dass er eine Religionsgemeinschaft bevorzugt – das Judentum. Diese Bevorzugung ist aus dem historischen Kontext her verständlich, aber kritisierbar. Wie ist es aber mit der Islamischen Republik Iran bestellt, die den nichtislamischen Minderheiten bestenfalls Toleranz, aber etwa den Bahai Verfolgung, Unterdrückung und Ermordung offeriert? Und wie steht es mit der Bevorzugung der wahabitischen Interpretation des Sunni-Islam in Saudi-Arabien? Von den Mörderkolonnen des „Islamischen Staates" ganz zu schweigen – oder den anderen Ausprägungen eines fundamentalistisch-mörderischen Islam. Was immer gegenüber Israel eingewendet werden kann – es ist religiös und ethnisch-völkisch-„rassisch" weniger exklusiv als die anderen Staaten in seiner Nachbarschaft.

Wie immer man den jüdischen Charakter Israels interpretiert und wie immer man dessen Umsetzung kritisieren mag – mit Rassismus, das heißt mit der Diskriminierung biologisch definierter „anderer", hat das nichts zu tun. Aus dem Judentum kann man auch in Israel austreten. Und dem Judentum kann man auch in Israel beitreten. Im Apartheid-System, das in Südafrika über Jahrzehnte geherrscht hatte, war es nicht möglich, zwischen dem hoch privilegierten Status der „Weißen" (der Europäer) und dem Status der Afrikaner oder Inder zu wechseln. Israel war und ist nicht rassistisch. Israel ist kein „Apartheid-Staat".

Das gilt auch für den Status der besetzten Gebiete. Dort, wo Israel besonders kritisierbar ist, handelt es sich nicht um Rassismus – Palästinenserinnen und Palästinenser wären frei, zum Judentum zu konvertieren, falls ihnen das der gesellschaftliche, potenziell gewaltbereite Antijudaismus in Ramallah und anderswo nicht de facto unmöglich machen würde. Und niemand in Israel könnte jüdische Israelis daran hindern, zum Islam zu konvertieren – auch wenn der gesellschaftliche Druck einen solchen Schritt nicht leicht machen würde. Konversionen zum Christentum gibt es auch de facto in Israel – etwa in Form der Bewegung „Jews for Jesus".

Der Rassismusvorwurf, gerichtet gegen Israel, ist ein politisch instrumentierter Reflex, einer „Haltet den Dieb"-Taktik entsprechend: Da machen sich Menschen im europäischen und arabischen und auch amerikanischen Raum zum Richter über Israel, die selbst oft aktuelle oder zumindest potenzielle Rassisten sind; und die in ihrer jeweiligen Geschichte die Last eines mörderischen Rassismus mit sich tragen.

Ein interethnischer, interreligiöser Staat Palästina, der Israel und die Westbank und den Gazastreifen vereinigt, wäre eine Lösung. Aber sie ist weniger realistisch denn je. Die arabische Bevölkerung wäre in einem Minderheitenstatus, die jüdische Bevölkerung hingegen würde eine demografische Entwicklung fürchten, deren Resultat die Mehrheits- und Minderheitsrollen in Gesamtpalästina umkehren könnte. Die jüdischen Siedlungen auf der Westbank könnten zwar bestehen bleiben, sie wären aber mehr denn je von einer feindseligen Umgebung bedroht, die zu sichern ein dann von jüdischen Israelis und Palästinensern gebildetes Militär nur eingeschränkt bereit und jedenfalls auch kaum in der Lage wäre. Und die religiösen Verhärtungen (die religiöse Definitionsmacht der Ultraorthodoxen auf der einen, islamistische Tendenzen auf der anderen Seite) auf beiden Seiten würden eine säkulare Entwicklung Gesamtpalästinas (oder Groß-Israels) erst recht nicht zulassen – die religiöse und ethnische Spaltung würde explosiv bleiben. Die Einstaatenlösung, die – verständlicherweise – auf der israelischen Linken und bei säkularen Palästinensern Sympathien genießt, ist keine realisierbare Lösung, jedenfalls nicht in der vorhersehbaren Zukunft.

Israel ist also dazu verurteilt, eine in sich konsistente, den allgemeinen Standards liberaler Systeme entsprechende Demokratie zu bleiben – und dennoch ausgestattet zu sein mit einem nicht mit einer solchen Demokratie kompatiblen Makel. Die Gegner der Existenz Israels sehen diesen Makel mit oft unverhohlener Befriedigung. Gibt ihnen doch dieser Makel einen Grund, Israel prinzipiell zu kritisieren; auch, um von den eigenen Demokratiemängeln abzulenken.

In diesem Sinne spielen die Extreme beider Seiten einander die Bälle zu: Die extremen, gewaltbereiten Kräfte auf palästinensischer Seite sorgen dafür, dass die Jüdinnen und Juden sich immer in Gefahr sehen können, sehen müssen. Das wiederum stärkt die extremen Kräfte auf der jüdischen Seite, die prinzipiell jedes Entgegenkommen etwa in Form eines Siedlungsstopps ablehnen. Die Siedlungspolitik wiederum liefert den Extremisten der anderen Seite Gründe und Vorwände, um entweder Gewalt zu üben (wie während der zweiten Intifada, wie in Form der Raketenangriffe von Gaza) oder zumindest nicht auszuschließen. Und das alles verewigt den Demokratiemakel, den Israel offenbar nicht loszuwerden in der Lage ist: das Besatzungsregime.

3. ISRAEL: VOM SOZIALISMUS ZUM KAPITALISMUS

Israel war in seinen Anfängen – in der Zeit des britischen Mandats und in den ersten Jahren seiner Selbstständigkeit – geprägt von einem sozialistischen Selbstverständnis. Die unter den jüdischen Zuwanderern zunächst bestimmenden Gruppierungen verstanden sich als sozialistisch. Das stand in ursächlichem Zusammenhang mit ihrer Herkunft aus Ostmitteleuropa.

Eine Form eines deklariert jüdischen Sozialismus vertrat in Europa um 1900 der Bund. Der jüdisch-sozialistische Bund stand – vor allem in Russisch-Polen – für eine spezifisch jüdische Antwort auf die sozialen, ökonomischen und politischen Umwälzungen um 1900, die auch das Zarenreich zu erreichen begonnen hatten. Der Bund verstand sich als Teil der Arbeiterbewegung, aber eben als ein jüdischer Teil. Andere aus dieser Region und aus dieser Zeit – wie Rosa Luxemburg – wollten keine als jüdisch ausgewiesene Organisationsform, sie versuchten, das Jüdische als Definitionsmerkmal hinter sich zu lassen. Luxemburg ging nach Deutschland, wurde noch vor 1914 zu einer zentralen Figur der deutschen Sozialdemokratie, von den Behörden des wilhelminischen Deutschland ins Gefängnis gesperrt und 1918 zu einem Gründungsmitglied der Kommunistischen Partei Deutschlands. 1919 wurde sie in Berlin von rechtsextremen Milizionären ermordet.

Luxemburg hatte sich nicht als Jüdin engagiert. Sie war areligiös. Und sie war Feministin insoweit, als sie mit ihrem revolutionären Engagement mithelfen wollte, den Kapitalismus zu überwinden – und mit diesem die Diskriminierung der Frauen. Aber kaum einer ihrer Gegner hatte es verabsäumt, immer wieder polemisch auf ihre doppelte Identität als Frau und Jüdin zu verweisen.

Dass Jüdinnen und Juden im Europa der Wende zum 20. Jahrhundert sich überproportional dem Sozialismus in seinen verschiedenen

Spielarten zuwandten, war auch eine Folge des herrschenden Antisemitismus. Dieser machte es den als jüdisch punzierten Menschen schwer, sich in den etablierten politischen Bewegungen zu betätigen. Die Erfahrung der eigenen Unterdrückung half mit, sich als Teil einer Klasse von Unterdrückten zu sehen – als Teil der Arbeiterbewegung. Der politische Antisemitismus, für den etwa in Wien Karl Lueger stand, hatte „die Juden" zum Feindbild gemacht. Dieses Feindbild half, die Vertreter der herrschenden „bürgerlichen" Ordnung politisch mit denen teilweise zu verbinden, die diese Ordnung als ungerecht empfanden. Der politische Antisemitismus war ein Brückenschlag über die Klassengegensätze: Im Antisemitismus konnten bzw. sollten sich das Bürgertum und zumindest Teile der Arbeiterschaft verbinden. Der Antisemitismus half mit, Klassengegensätze in den Hintergrund zu drängen, indem „der Jude" zum Primärfeind gemacht wurde – als jüdischer Kapitalist ebenso wie als jüdischer Revolutionär.

Der Bund war eine jüdisch-sozialistische Antwort auf diese Instrumentierung antijüdischer Emotionen im Interesse der bestehenden Ordnung. Der Bund war aber nicht zionistisch. Den jüdischen Sozialisten des Bundes war Theodor Herzls Vision von einem jüdischen Staatswesen irgendwo im fernen Orient keine praktikable Antwort im Sinne ihres Verständnisses vom Klassenkampf. Der Zionismus Herzls war diesen jüdischen Sozialistinnen und Sozialisten zu bürgerlich, zu abgehoben, zu kosmopolitisch, zu utopisch, wohl auch zu national.

Doch die vor allem aus den westlichen Provinzen des Zarenreiches (Polen, Litauen, Ukraine) nach Palästina Zugewanderten verstanden sich meistens auch als Sozialisten. Unter diesen war der 1886 in Plonsk, nördlich von Warschau, geborene David Green, der seinen Namen später in Ben-Gurion hebräisierte. Ben-Gurion kam schon vor Ausbruch des Ersten Weltkriegs nach Palästina, und als unter dem britischen Mandat – gestützt auf die Balfour-Deklaration – sich die jüdischen Zuwanderer mit dem Ziel einer jüdischen Staatlichkeit zu organisieren begannen, wurde David Ben-Gurion zur zentralen Figur einer Arbeiter- und Gewerkschaftsbewegung, die wirtschaftliche und soziale Strukturen aufbaute und Israels erste Jahrzehnte prägen sollte.

David Ben-Gurion, der noch in Polen sich heftig mit dem Bund gestritten hatte, wollte in Palästina ein jüdisches sozialistisches Modell aufbauen. Zu dessen Verwirklichung brauchte er eine verstärkte jüdische Zuwanderung. Er verband Herzls Zionismus mit einem pragmatischen, sozialdemokratischen Sozialismus, um so eine jüdische Subgesellschaft in Palästina und – ab 1948 – den Staat Israel zu einem Laboratorium zu machen; zum Kern eines nationale Selbstbestimmung beanspruchenden Judentums; zum Modell eines demokratischen Sozialismus. Und er verstand den Sozialismus der betrieblichen Selbstverwaltung, in dem Genossenschaften und Gewerkschaften eine entscheidende Rolle zukam, als Instrument, um eine ökonomische und soziale Dynamik zu erzeugen. In einem ökonomisch zurückgebliebenen Land sollte das fehlende Kapital durch eine sozialistisch organisierte Arbeitskraft ersetzt werden.

Israel wurde schon vor 1948, als es unter britischer Herrschaft Gestalt annahm, zu einem sozialistischen Modellversuch. Dieses sozialistische und demokratische Laboratorium half mit, dem Zionismus hohe Sympathiewerte bei den linken Bewegungen und Parteien in aller Welt zu sichern. Und auch bei der Gründung des Staates Israel waren diese weltweiten Sympathien der Linken ein wichtiger Faktor für die internationale Anerkennung Israels. Doch als Israel Normalität zeigte – vor allem auch durch seine militärische Stärke, verblassten diese Sympathiewerte. Und, aus anderen Gründen, verblasste auch die Prägekraft des sozialdemokratischen Laboratoriums in Israel. Israel wurde „normal": bestimmt von Eigeninteresse wie andere auch, bestimmt von einer ökonomischen Dynamik jenseits sozialistischer Ziele, wie andere auch.

3.1. Ein Gewerkschafts- und Genossenschaftsstaat

1920 wurde in Haifa die Histadrut gegründet – als Gewerkschaftsbewegung, die jüdische Arbeiterinteressen in Palästina vertreten
sollte. Im Mandatsgebiet Palästina gab es ja kein Parteiensystem, kein
Parlament. Die britische Mandatsverwaltung überließ es den Arabern
und den Juden, sich möglichst selbst zu organisieren, solange dies den
britischen Sicherheitsinteressen nicht entgegenstand. Die Histadrut
organisierte in den ersten Jahren einige Tausend Jüdinnen und Juden,
die – zumeist nicht in Palästina, sondern in Osteuropa geboren – sich
im weitesten Sinne als Sozialisten verstanden.

Die Histadrut wurde bald zu der entscheidenden politischen
Organisation auf jüdischer Seite. 1927 betrug die Mitgliedszahl der
Histadrut 25.000, drei von vier unselbstständig erwerbstätigen Jüdinnen und Juden Palästinas waren in der Histadrut organisiert. 1921 war
David Ben-Gurion zum Vorsitzenden (Sekretär) gewählt worden. Er
baute die Histadrut zu einem Parallelstaat aus, der unterhalb des Da-
ches der britischen Verwaltung das jüdische Leben in Palästina politisch und wirtschaftlich zu organisieren begann. Die Histadrut war
verantwortlich für die Entstehung eines jüdischen Bankensystems,
jüdischer Baugenossenschaften, eines jüdischen Gesundheitssystems.
Die Histadrut wurde rasch zum größten Arbeitgeber innerhalb der
Yishuv, der jüdischen Subgesellschaft Palästinas.

Dass die Histadrut ein Parallelstaat war, zeigte sich auch in den
Jahren vor 1948. Mit innerer Logik entstand aus der Histadrut die
Mapai, die Arbeiterpartei, als stärkste Partei der ersten Periode des
jüdischen Staates. Und mit derselben Logik wurde Ben-Gurion
Regierungschef Israels. Als Ministerpräsident rief er am 14. Mai 1948
den Staat Israel aus – einen Tag vor dem Abzug der letzten britischen
Truppen aus Palästina.

Die Wirtschaft Palästinas vor der Staatsgründung konnte nicht
auf gewinnorientierte Investitionen bauen. Zwar gab es das Phänomen jüdischer Philanthropie – die Familie Rothschild half schon im
19. Jahrhundert bei der Gründung jüdischer Siedlungen, die sich der

Landwirtschaft in Palästina widmeten. Aber eine Industrialisierung konnte so nicht stattfinden. Diese entwickelte sich nicht einfach nur aus dem politischen Willen der Arbeiterbewegung. Und anders als die Industrialisierung sowjetischen Typs bedeutete die politische Steuerung der jüdisch-palästinensischen, dann der israelischen Wirtschaft kein Diktat einer Parteielite über eine Einheitspartei, die wiederum die ganze Gesellschaft kontrollierte. Und anders als der Sozialismus sowjetischen Stils brach der Sozialismus israelischen Stils gegen Ende des 20. Jahrhunderts nicht zusammen. Allerdings verwandelte er sich in den letzten Jahrzehnten des 20. und erst recht im 21. Jahrhundert schrittweise, evolutionär, in eine postsozialistische, eine kapitalistische Ordnung, in der sozialistische Elemente freilich noch eine Rolle spielen.

Ein Aspekt des Sozialismus à la Israel war, dass er zunächst kaum auf einer breiten Arbeiterschaft aufbauen konnte. Der Sozialismus à la Israel hatte ausgeprägt agrarsozialistische Züge. Zu den Exporterfolgen Palästinas vor und Israels ab 1948 zählten vor allem landwirtschaftliche Produkte. Für diese waren die Genossenschaften, die Kibbuzim, verantwortlich. Sie waren den Kolchosen ähnlich – aber anders als diese wurden sie nicht von oben einer Bauernschaft aufgedrängt und aufgezwungen. Die Kibbuzim entstanden von unten, von jüdischen Zuwanderern, die gemeinsam landwirtschaftliche Produkte auf den Feldern und in den Gärten anbauten und auch Viehzucht betreiben wollten. Israels Wirtschaft entwickelte sich aus genossenschaftlichen Strukturen heraus.

In diesen Genossenschaften gab und gibt es auch eine besondere Form direkt demokratischen Zusammenlebens. Grundsätzlich besitzen alle Mitglieder alles gemeinsam. Die verschiedenen Funktionen (die verschiedenen Arbeitsaufgaben, die Verantwortung für die Kindererziehung, für das Management, für die Technik) rotieren prinzipiell zwischen allen Mitgliedern. Kindergärten und Schulen sind in der gemeinsamen Verantwortung aller. Die Gewinne, die aus dem Verkauf der Produkte erwirtschaftet werden, werden auf alle Mitglieder gleich verteilt.

Den Kibbuzim kam in den ersten Jahren auch eine Verteidigungs-funktion zu. Da es in den Jahren zwischen 1920 und 1948 immer wieder zu Zusammenstößen mit Arabern kam, die in den jüdischen Agrargenossenschaften feindliche Eindringlinge sahen, schafften die Kibbuzim Waffen für die Verteidigung an. Das oft heroisch verklärte Bild von jungen Frauen, die in der Orangenernte im Einsatz sind – und gleichzeitig ein Gewehr tragen – entsprach durchaus der Wirk-lichkeit. Denn die Yishuv hatte ja (noch) keinen Staat, auf dessen Schutzfunktion sie sich verlassen hätte können. Britische Polizei- und Militäreinheiten versuchten möglichst wenig in lokale, gewaltsam ausgetragene Konflikte einzugreifen.

Und so kam es zum Aufbau einsatzfähiger Streitkräfte von unten, die auch den bestehenden politischen Pluralismus des Judentums in Palästina reflektierten. Die Mehrzahl der bewaffneten Jüdinnen und Juden vor 1948 waren in der Hagana organisiert, die der Arbeiter-partei und Ben-Gurion nicht nur nahestand, sondern auch von ihr kontrolliert wurde. Aus der Hagana entwickelte sich mit der Palmach eine elitäre Kampfeinheit, die zum Kern der Streitkräfte des israeli-schen Staates werden sollte. Unabhängig von der Hagana existierte der Irgun – eine Miliz in der Tradition Jabotinskys, zumeist radikaler als die Hagana. Der Irgun erkannte Ben-Gurions Autorität vor 1948 nicht an. Der Irgun und die ihm nahestehenden Gruppen (wie die Stern-Gang) handelten oft eigenmächtig. Auf ihr Konto gingen auch Terroranschläge, die sie ebenso als Gegenterror definierten wie Aus-schreitungen gegen die arabische Bevölkerung.

Die von Ben-Gurion geführte Regierung hatte daher als eine der ersten Aufgaben, ein staatliches Gewaltmonopol zu sichern. Es konnte im Staat Israel nur einen bewaffneten Arm geben – Polizei und Militär – und nur eine Autorität – die Regierung. Der Paral-lelstaat mit genossenschaftlichen Strukturen musste sich 1948 an staatliche Normalität gewöhnen und diese gegenüber den rivalisie-renden Fraktionen durchsetzen. Zu dieser Normalisierung als un-mittelbare Konsequenz zählte vor allem die Herstellung staatlicher Autorität – vor allem gegenüber der Irgun. Und dazu zählte auch, dass der Gewerkschafts- und Genossenschaftsstaat ebenfalls in einen Normalstaat transformiert werden musste, ohne dass – jedenfalls in den ersten Jahrzehnten – die bestimmende Kraft von Gewerkschaften und Genossenschaften aufzuhören hatte.

Die Histadrut, deren Mitgliederzahl in den 1980er-Jahren auf etwa eineinhalb Millionen Mitglieder gewachsen und damit die – gemessen an der Einwohner- und Beschäftigtenzahl des Landes – weltweit größte Gewerkschaft eines demokratischen Landes geworden war, erwies sich als energischer Gegenspieler der privaten Arbeitgeber, die im Zuge der Liberalisierung der israelischen Wirtschaft erheblich an Bedeutung gewonnen hatten. Die Histadrut organisierte erfolgreich größere Streiks, auch gegen öffentliche (also staatliche) Arbeitgeber – die Konsequenz der gewerkschaftlichen Kernfunktionen.

Zu der Normalisierung des Gewerkschafts- und Genossenschaftsstaates Israel zählte auch, die jüdische Exklusivität allmählich aufzugeben. Die Histadrut, gegründet 1920 von Juden für Juden, öffnete sich (erst) 1959 israelischen Arabern. Die Histadrut war auf dem Weg von einer ethnisch-religiösen Exklusivgewerkschaft mit quasi-staatlicher Funktion zu einer Normalgewerkschaft.

Die israelische Wirtschaft hatte nach 1948 auf zwei Herausforderungen Antworten zu finden:

- Die jüdische Einwanderung, die Israels Bevölkerung seit 1948 auf das fast Zehnfache hatte steigen lassen, war ein entscheidender Impuls für die Expansion der Wirtschaft und insbesondere für die Expansion des Arbeitsmarktes. Eine rasant wachsende Zahl von Menschen musste Lebensverhältnisse finden, die ihnen Arbeit und soziale Sicherheit bieten konnten.

- Die israelische Wirtschaft, die 1948 vor allem eine Agrarwirtschaft war, musste diversifiziert werden. In seiner politisch bedingten räumlichen Enge, in der sich Israel befand – das Land hatte bis zum Friedensschluss mit Ägypten, 1979, keine Land-Außengrenze, die legale Grenzübertritte ermöglicht hätte – war

Israel gerade wegen seiner Rohstoffabhängigkeit gezwungen, eine exportorientierte Industrie aufzubauen.

Israels Wirtschaft entspricht einer Dienstleistungsgesellschaft, die zwar noch immer auf einen wichtigen Agrarsektor bauen kann, in der aber die Gewichte zwischen den einzelnen Wirtschaftssektoren gänzlich andere sind als zur Zeit der Staatsgründung. Einen besonderen Wachstumsimpuls erhielt das Land durch das Ergebnis des Krieges von 1967. Israel investierte in die annektierten, aber auch in die besetzten Gebiete. Und bis zur Intifada zog Israel in größerem Umfang palästinensische Arbeitskräfte aus der Westbank und dem Gazastreifen an. Dies änderte sich jedoch, als eine Verschärfung der israelischen Sicherheitspolitik – Antwort auf Terroranschläge von palästinensischer Seite – den israelischen Arbeitsmarkt für palästinensische Arbeitskräfte aus den besetzten Gebieten weitgehend verschloss. Israel öffnete ebendeshalb seinen Arbeitsmarkt für Gastarbeiter aus Europa (vor allem aus den ehemals kommunistischen Staaten) und aus Süd- und Südostasien.

Ein das wirtschaftliche Wachstum mitbestimmender Faktor ist das Militär. Israel hat eine hoch entwickelte Rüstungsindustrie, deren Produkte primär den Bedarf der israelischen Streitkräfte abdecken, die aber auch als Exportgüter Devisenbringer sind. In Israel hat sich auch eine Chemie- und Metallindustrie gebildet. Eine besondere Bedeutung kommt aber Informationstechnologie zu. Dass der israelische militärische Geheimdienst Mossad und dessen Effizienz einen geradezu mystischen Ruf genießen, dass die israelischen Streitkräfte immer wieder in der Lage waren, Erfolge gegen quantitativ weit überlegene Gegner zu erzielen – das hat eben auch einen entsprechenden finanziellen und damit ökonomischen Unterbau.

Die Entwicklung hin zu einer Dienstleistungsgesellschaft reduzierte die relative Bedeutung der arbeitsintensiven Wissenschaftsbereiche – zugunsten der wissensintensiven. In diesen kommt den Zuwanderern aus der ehemaligen Sowjetunion eine besondere Bedeutung zu, weil sie in ihrer Gesamtheit schon einen hohen Bildungsgrad aufwiesen, als sie nach Israel kamen. Russisch-jüdische Ingenieure und georgisch-jüdische Ärztinnen und viele andere, bestens Ausgebildete, die mit der letzten Aliyah nach 1990 nach Israel kamen, sorgten für einen spezifischen Impuls für die israelische Wirtschaft.

Die Verschiebungen zwischen den einzelnen Wirtschaftssektoren erfolgten nach demselben Muster und hatten auch dieselben Ursachen wie die ökonomischen Entwicklungen anderer fortgeschrittener Industriestaaten: Technologische Entwicklungssprünge bildeten die Grundlage, und die Globalisierung erleichterte grenzüberschreitende Investitionen. Das stärkte den 1948 unterentwickelten privaten Sektor – und schwächte die unternehmerische Rolle der Histadrut.

Die Histadrut ist heute eine große, mächtige Gewerkschaft. Sie ist aber auch immer noch Unternehmerin – etwa im Finanzsektor: Israels größte Bank, Hapoalim, ist im Eigentum der Histadrut. Doch das relative ökonomische Gewicht der Histadrut ist nicht mehr so groß wie in den ersten Jahren und Jahrzehnten nach der Staatsgründung. Israels wachstumsorientierte Wirtschaft in Verbindung mit einer im Zeichen der verstärkten Öffnung zum Weltmarkt liberalisierten Wirtschaftspolitik zieht ausländische Investitionen an – eine wichtige Konsequenz der Globalisierung, der sich Israel nicht entziehen kann und nicht entziehen will.

Der relative Bedeutungsverlust der Histadrut wird begleitet von einem ebenso relativen Bedeutungsverlust der Kibbuzim. Aufgebaut von sozialistisch orientierten Jüdinnen und Juden ab dem Beginn des 20. Jahrhunderts, waren die Kibbuzim vor allem von den Einwanderern aus Osteuropa konzipiert und gestaltet worden. Die Einwanderer aus Osteuropa jedoch, die nahezu hundert Jahre später nach Israel strömten, wollten in ihrer Mehrheit schon begrifflich nichts mit einem Sozialismus zu tun haben. Sie hatten ja die marxistisch-leninistische Sozialismus-Variante gerade erst hinter sich gelassen. Sie sahen Israel als westliches Land. Und zu einem solchen Land gehörte, so die unter den Zuwanderern herrschende Meinung, doch eine Marktwirtschaft, deren Dynamik durch die Profitorientierung aller hergestellt wurde. Auf die sozialistisch gesinnten Zuwanderer vom Beginn des

20. Jahrhunderts folgten – am Ende dieses Jahrhunderts – Zuwanderer, die des Sozialismus müde waren.

Das wirtschaftliche Gewicht der Kibbuzim geht schon Jahrzehnte zurück. Doch die Kibbuzim bestehen weiter. Die Lebensverhältnisse in den Agrargenossenschaften haben sich freilich verändert: Manche in der Vergangenheit oft bewunderten Elemente – wie die kollektive Kindererziehung, wie etwa der kollektive Besitz der Gegenstände des täglichen Bedarfs – sind weitgehend verschwunden. Und einige Kibbuzim haben sich außerhalb ihres agrarischen Standbeins auch als industrielle Unternehmer durchaus erfolgreich etabliert.

Israels Wirtschaft unterscheidet sich freilich in einem wesentlichen Punkt von der Wirtschaft anderer westlicher, also liberaldemokratischer und grundsätzlich marktwirtschaftlich organisierter Staaten. Israel wendet einen besonders hohen Teil seiner Wirtschaftskraft für militärische Zwecke auf. Und das bedeutet, dass der Staatsanteil gegenüber dem des freien Unternehmertums, aber auch gegenüber dem Gewerkschafts- und Genossenschaftsstaat besondere Bedeutung zukommt. Die Hoffnungen, dass nach dem Friedensvertrag mit Ägypten Israels Rüstungsausgaben signifikant zurückgenommen werden könnten, haben sich ebenso wenig erfüllt wie nach dem Oslo-Abkommen. Israel ist abhängig von Rüstungsimporten, vor allem aus den USA – allein schon deshalb, um aufwendige Anti-Raketensysteme zu betreiben, um das Land gegen Raketenangriffe aus Gaza oder auch aus dem Südlibanon zu schützen; aber auch, um die israelische Luftwaffe immer auf dem letzten Stand militärtechnologischer Entwicklung bringen zu können. Und Israel ist auch gezwungen, die eigene Rüstungsindustrie zu forcieren – die primär für die israelischen Streitkräfte arbeitet. Und das heißt, die israelische Rüstungsindustrie arbeitet in erster Linie für den Staat Israel.

Der sozialdemokratisch geprägte Gewerkschafts- und Genossenschaftsstaat Israel ist nicht verschwunden. Aber diese einmal so spezifischen Charakteristika der israelischen Wirtschaft sind verblasst. Sie werden vielfach überlagert von einem dynamischen Kapitalismus. Der provoziert soziale Probleme, wie die einer wachsenden sozialen und wirtschaftlichen Ungleichheit. Aber die kapitalistische Dynamik hat wesentlich dazu beigetragen, dass Israels Wirtschaft insgesamt auf Erfolgskurs ist. Und sie ist deshalb auf Erfolgskurs, weil sie sich in ihrer Struktur immer weniger von der Wirtschaft anderer fortgeschrittener Industriestaaten unterscheidet.

3.2. Die Integration in die Weltwirtschaft

Israel ist wirtschaftlich erfolgreich, weil es sich der Weltwirtschaft geöffnet hat; weil es der Eigendynamik einer von individuellen Eigeninteressen getriebenen Wirtschaft zögerlich und spät, letztlich aber doch vertraut hat. Die israelische Wirtschaft hat sich in den letzten Jahrzehnten immer mehr vom Staat emanzipiert – vom Staat Israel und auch von dessen spezieller Qualität als Gewerkschafts- und Genossenschaftsstaat.

Israels Wirtschaft war von Anfang der staatlichen Existenz Israels an von einer politisch motivierten Einengung, von politisch motivierten Rahmenbedingungen geprägt. Jahrzehnte hindurch lehnte die gesamte arabische Welt, also die gesamte Israel umgebende Region jede Kooperation mit Israel ab und boykottierte israelische Waren. Und auch als ab 1979, beginnend mit dem Friedensvertrag mit Ägypten, die arabische Ablehnungsfront weniger eindeutig war: Israels unmittelbare Nachbarschaft sieht sich nicht als Wirtschaftspartner des jüdischen Staates.

Israels Isolierung änderte sich als Konesequenz der Globalisierung. Israelisches Kapital wird auf dem Weltmarkt investiert und seine Produkte verlieren so seine Etikettierung „made in Israel". Und ausländisches Kapital fließt auch nach Israel und regt einen Wirtschaftskreislauf an, der Israel zugute kommt, aber eben nicht mehr primär national punziert ist. Israel ist zweifellos ein Nutznießer der ökonomischen Globalisierung, aber es ist in dieser Rolle nicht allein. Vor allem Asien, vor allem China, Indien und Indonesien, Vietnam und Thailand ziehen ebenso massiven Nutzen aus dem Abbau von nationalen Beschränkungen des Finanz- und Handelsverkehrs. Israel hat eine Ökonomie mit Elementen eines hoch industrialisierten Staates, in Verbindung mit Elementen eines Schwellenstaates. Zu diesen zählt, dass das israelische Wirtschaftswachstum größer ist als das im Europa der EU – wenn auch nicht von der Quantität wie das Wirtschaftswachstum, das China und Indien in den letzten zwei, drei Jahrzehnten zustande brachten.

Tabelle 2
Israelische Wirtschaftsdaten

Wachstum des Bruttoinlandsprodukts:	2011	4,2 %
	2012	3,0 %
	2013	3,2 %
	2014	2,5 % (geschätzt)
	2015	2,8 % (geschätzt)
Arbeitslosenquote:	2013	6,3 %
	2014	6,0 % (geschätzt)
	2015	6,0 % (geschätzt)

Außenhandel:
Hauptlieferländer: USA (11,3%), China (7,9%), Deutschland (6,5%)
Hauptabnehmerländer: USA (26,2%), Hongkong (8,1%), Großbritannien (5,8%)

Wichtigste Einfuhrgüter 2013: Erdöl, nichtmetallische Mineralien, chemische Produkte, Elektronik, Maschinen

Wichtigste Ausfuhrgüter 2013: nichtmetallische Mineralien, chemische Produkte, Elektronik, Maschinen

Israels Position in:
Einfachheit von Geschäftsdurchführungen 2015: 40. Rang unter 189 Ländern
Globale Wettbewerbsfähigkeit 2014/15: 27. Rang unter 144 Ländern
Korruptionsindex 2013: 36. Rang unter 177 Ländern

Quelle: Germany Trade & Invest 2014

Israels Wirtschaftsdaten sind weitgehend im Mittelfeld der industrialisierten Staaten. Israels Wirtschaft wächst langsamer als die Chinas und Indiens, aber schneller als die der EU-Staaten. Und Israels Arbeitslosigkeit bewegt sich im besseren Mittelfeld der globalen Arbeitsmarktdaten. Vor allem zeigen diese Zahlen aber den Abschluss einer Entwicklung: Israel ist von einem vornehmlich landwirtschaftliche Güter produzierenden Staat zu einem Industriestaat geworden.

Israels Wirtschaft ist auch durch die Rohstoffarmut des Landes geprägt. Anders als viele Staaten in der Nachbarschaft – die Golfstaaten sowie Irak, Iran, Libyen, Algerien – ist Israel durch den Überhang von Rohstoffimporten gegenüber den (kaum vorhandenen, nichtagrarischen) Rohstoffexporten geprägt. Israel ist aber ebendeshalb frei von der Versuchung, zum Rentierstaat zu werden – wie die Staaten, die ihre Wirtschaft vor allem auf dem Export eigener Rohstoffe aufbauen. Für Israel gibt es nicht die Option, sich im Vertrauen auf einen durch Öl- und Gasexporte errungenen Wohlstand zurückzulehnen. Israel muss produzieren und seine Produkte exportieren. Und Israel ist deswegen auch ein Land, das Bildung forciert – um international wettbewerbsfähig zu bleiben.

Israels Wirtschaft besitzt strukturelle Voraussetzungen, die denen der Schweiz und Japans relativ ähnlich sind: Alle diese Staaten sind abhängig vom Import von Energie. Die Schweiz und Japan haben es aber gerade auch deshalb zustande gebracht, in den Wohlstandsindizes der Welt immer weit vorne zu liegen: Sie mussten in Forschung und Bildung investieren, und das begründete Wachstum und Wohlstand. Israel scheint auch auf demselben Weg zu sein – ohne dass eine sichere Prognose möglich ist. Zu sehr ist Israel auch politisch von seiner Umwelt abhängig – wie das die Schweiz und Japan jedenfalls seit Mitte des 20. Jahrhunderts nicht mehr waren; zu sehr spielen politische Faktoren wie die Frage der zukünftigen Sicherheit eine für Israel viel bedeutendere Rolle als für die Schweiz oder auch Japan, um halbwegs gesicherte mittelfristige oder gar langfristige Prognosen zu erstellen.

Die Abhängigkeit Israels von Energieimporten (vor allem Rohöl) ist eine Chance, und gleichzeitig ist sie eine Gefahr. Die Chance besteht darin, dass Israel besonders in Bildung und Forschung und die Entwicklung neuer Technologien investieren muss und das auch tut – und eben das macht sich langfristig bezahlt. Israel mobilisiert seine intellektuellen Reserven. Dass dies auch eine Mobilisierung der Potenziale der Frauen in Forschung und Technik ist, reibt sich allerdings mit dem orthodox-jüdischen Teil der israelischen Gesellschaft; aber auch mit dem konservativ-islamischen Teil. Diese beiden religiös und gesellschaftlich konservativen Segmente sind ja durch die Vorstellung von einer strengen Trennung der Rolle der Geschlechter charakterisiert. Und eine Mobilisierung des intellektuellen Potenzials von Frauen bedeutet auch eine Verschiebung der weiblichen Lebenssphäre: von der prioritären Orientierung an Gebären und Kindererziehen – hin zu mehr Augenmerk auf weibliche Bildung und auf den weiblichen Zugang zum Arbeitsmarkt.

Doch die eigentlich gefährliche Konsequenz des Umstandes, dass Israel auf neue Technologien setzt, ja setzen muss, die wiederum primär exportiert werden müssen, ist die antiisraelische Boykottbewegung. Diese, traditionell betrieben von arabischen und anderen muslimischen Staaten, findet auch einen Niederschlag in Europa und Nordamerika. Die gegen Israel gerichtete Boykottpolitik hat sich offensichtlich noch nicht in signifikanter Weise auf die israelische Wirtschaft ausgewirkt. Aber die Aufrufe zum Boykott israelischer Waren – oft unter dem Deckmantel, damit „nur" Produktionen in den besetzten Gebieten treffen zu wollen (als hätten palästinensische Arbeiterinnen und Arbeiter etwas von einem solchen Boykott zu gewinnen) – könnten auch einmal Israels Ökonomie ernsthaft treffen.

Diese Boykottbewegung ist ein besonders deutlicher Beweis für den „Double Standard", die Doppelmoral des Antizionismus. Ein Boykott saudischen Öls oder des Gases, das – aus Russland kommend – Europa wärmt? Ein Boykott der Textilprodukte aus dem Einparteienstaat China? Das alles gibt es nicht, jedenfalls nicht im Sinne ernst gemeinter, breiter Kampagnen. Israel wird anders behandelt als die anderen. Und hier zeigt ein bestimmter Antizionismus sein anti-jüdisches Gesicht.

Israel soll durch die Boykottbewegung nicht punktuell kritisiert, Israel soll in die Knie gezwungen werden. Israel wird dadurch nicht bloß aufgefordert, etwa seine Siedlungspolitik zurückzunehmen. Israel soll seine Lebensfähigkeit verlieren. Denn nur so ist erklärbar, dass Israel mit Drohungen überzogen wird, die gegenüber anderen Staaten so nicht geäußert werden: nicht gegenüber der kommunistischen Diktatur in Vietnam, nicht gegenüber dem autoritären System in Thailand, und nicht gegenüber dem zwischen Chaos und Militärdiktatur hin- und herpendelnden Ägypten. Israels Wirtschaft wird anders als die anderen behandelt. Für Israel und nur für Israel gelten bestimmte Maßstäbe.

Israels Wirtschaft ist – trotz bestimmter, besonderer Einschränkungen – in der globalen Ökonomie angekommen. Damit ist der Sozialismus à la Ben-Gurion, ist der Gewerkschafts- und Genossenschaftsstaat der ersten Jahrzehnte nicht mehr prägend und in vielen Punkten obsolet geworden. Die Öffnung der israelischen Wirtschaft zum Weltmarkt war unvermeidlich, aus dem Eigeninteresse eines von feindlichen Staaten umgebenen, kleinen Landes heraus.

Israel hat damit aber viele Sympathien verloren, die dem demokratischen Sozialismus gegolten haben, wie er sich in israelischen Genossenschaften, vor allem in den Kibbuzim, gezeigt hat. Diese Sympathien galten auch der direkten Demokratie in den sich selbst verwaltenden Kibbuzim und den anderen Genossenschaften. Die auf linker Sozialromantik bauenden Sympathien mit Israel haben sich erübrigt. Doch Israel kann in seinem Bemühen um wirtschaftliche Stabilität auf diese Sympathien ebenso wenig Rücksicht nehmen, wie es im Kampf um seinen Platz im Nahen Osten auf militärische Stärke verzichten kann.

Warum sollte sich der Staat Israel auch anders verhalten als die Volksrepublik China? Diese begann fast unmittelbar nach Maos Tod, 1976, sich der Weltwirtschaft zu öffnen. Chinas Wirtschaft wuchs rasant, die Armut im Lande ging zurück, breite Mittelschichten wurden

– relativ – wohlhabend. Und dennoch blieb China ein Einparteien-staat, der sich – paradoxerweise – noch immer auf Marx, Lenin und Mao beruft. Israel begann schon früher und weniger dramatisch seinen sozialistischen Charakter allmählich in den Hintergrund zu schieben, es öffnete sich ebenfalls der Weltwirtschaft. Und es blieb, was es von Anfang an war, eine liberale Demokratie.

Warum sollte sich Israel anders verhalten als das demokratische Indien, das – beginnend in den 1990er-Jahren – sich globalen Investi-tionen öffnete und damit eine Periode raschen Wachstums einleitete, freilich unter Verletzung des Sozialismus à la Jawaharlal Nehru, der auf nationale Autarkie gesetzt hatte? Warum sollte sich Israel anders verhalten als Vietnam, das sich – bald nach dem militärischen Schei-tern der USA – zu einem Kapitalismus à la USA wandelte, freilich ohne sein Einparteiensystem zu öffnen?

Die europäischen Modelle des demokratischen Sozialstaates be-finden sich seit den 1980er-Jahren auf dem Rückzug, am deutlichs-ten beobachtbar in Großbritannien. Aber auch die skandinavischen Varianten des Sozialstaates sind in der Defensive. Und das nicht, weil der Sozialstaat per se ein Fehlschlag gewesen wäre; auch nicht, weil die politischen Eliten korrupt oder unfähig wären; sondern weil die Globalisierung, die nicht nur, aber zunächst und vor allem eine öko-nomische Dynamik aufweist, offenbar dem europäischen Sozialstaat schwer zusetzt, jedenfalls solange er gleichzeitig als Nationalstaat ter-ritorial begrenzt ist.

Israel ist nicht anders. Der Abstand zwischen Arm und Reich steigt, die sozialen Spannungen nehmen zu, und offenbar ist Is-rael nicht – ebenso wenig wie Großbritannien oder Schweden – in der Lage, sich dem Megatrend der Globalisierung zu entziehen. Offenkundig ist das einzige Beispiel, in der ein politisches System sich bewusst und erfolgreich diesem Trend entzieht, nicht sehr attraktiv – Nordkorea.

Israels Wandel von einem sozialdemokratischen Laboratorium in einen Staat mit weitgehend durchschnittlichen (und in diesem Sinne normalen) kapitalistischen Strukturen wird auch vom personellen

Wandel ausgedrückt. Das Israel der ersten Jahre wurde von einem aus dem russischen Teil Polens kommenden, demokratischen und sozialistischen Gewerkschaftsorganisator repräsentiert – von David Ben-Gurion. Im zweiten Jahrzehnt des 21. Jahrhunderts, im siebten Jahrzehnt seiner Existenz, ist die politische dominante Figur in Israel Benjamin Netanjahu – ein in den USA aufgewachsener Sohn eines israelischen Historikers, der an US-amerikanischen Universitäten lehrte. Das Israel der Gründungszeit war viel spezifischer, war anders als die anderen – geprägt von einem Pioniergeist, der demonstrierte, dass Jüdinnen und Juden all das können, was ihnen eine judenfeindliche Umgebung immer abgesprochen hatte: die Fähigkeit zu eigener Staatlichkeit. Dafür stand Ben-Gurion.

Netanjahu ist anders. Nicht nur fehlt auch in seinem familiären Hintergrund eine sozialistische Verwurzelung. Er wurde (über seinen Vater) von der Tradition des Revisionismus, also dem nationalen (nicht sozialistischen) Ansatz Jabotinskys geprägt; von der Geschichte Menachem Begins, dem Gegenspieler Ben-Gurions; und auch von einer Gesellschaftsstruktur, die er in den USA kennenlernen konnte. Was immer sie waren, sozialistisch waren diese Einflussfaktoren jedenfalls nicht. Die Entwicklung vom Israel Ben-Gurions zum Israel Netanjahus ist auch ein Stück Normalisierung eines Staates, der als Ausnahmestaat begonnen hatte.

Gerade in der Verschiebung des sozialistischen Charakters Israels zu einem Staat mit nunmehr ausgeprägt marktwirtschaftlich-kapitalistischen Zügen zeigt sich Israels Normalität. Das mag nur noch unterstreichen, was sich ab 1967 schon abgezeichnet hatte – die romantische sozialistische Identifikation mit Israel ist verschwunden. Aber hätte diese Identifikation Israels Existenz sichern können?

Diese linke Romantik hat nicht verhindern können, dass Margaret Thatcher – mit nicht unwesentlicher Unterstützung von Stimmen der britischen Arbeiterschaft – Kernelemente des britischen Wohlfahrtsstaates zerschlagen hat. Die linke Romantik hat nicht verhindern können, dass die rückblickend radikal anmutenden Ansätze der französischen Sozialistischen Partei unter Francois Mitterrand – eine

Verstaatlichungswelle ab 1981 in einer weltweiten Ära der Privatisierungen – nicht gerade von Erfolg gekrönt waren. Die linke Romantik hat nicht verhindern können, dass im 21. Jahrhundert in Ländern wie Frankreich, den Niederlanden und Österreich rechtspopulistische Parteien (die auch rechtsextreme Elemente einschließen) zu den größten Arbeiterparteien ihrer Länder wurden. Sollte man von Israel eine Garantie für das verlangen, was anderswo gescheitert ist?

Das sowjetische Modell ist ebenso und noch viel dramatischer gescheitert als der Sozialismus à la Israel, à la Ben-Gurion. Die Volksrepublik China versucht, ein marxistisch-leninistisches politisches System mit einer kapitalistischen Wirtschaftsordnung zu verbinden. Israel verliert seinen sozialistischen Charakter, aber behält seinen demokratischen bei; in diesem Sinne ist es Indien, nicht aber China ähnlich.

Die Abkehr vom demokratischen Sozialismus, der Israel zunächst innere Solidarität und Stabilität brachte – und dazu noch die Bewunderung durch die (vor allem) europäische Linke – fordert gesellschaftliche Kosten mit. Der wachsende Wohlstand wurde und wird ungleich verteilt. Die Reichen in Israel werden reicher, der ökonomische Abstand zwischen „oben" und „unten" nimmt zu – wie in Europa auch, wie in den USA, wie auch in China und Indien. Aber welche anderen Optionen hätte denn Israel? In einer sich wandelnden Weltökonomie einen nationalen Sozialismus aufrechtzuerhalten – und Demokratie bleiben? Sich der Logik der globalisierten Ökonomie verweigern? Israel kann nicht, als Demokratie, sich der Welt und ihren Megatrends verschließen.

4. DIE KONSTRUKTION VON NATIONEN UND VÖLKERN

Nationen und Völker sind nicht „naturgegeben", sondern das Ergebnis eines komplexen Puzzles. Nationen und Völker sind „kulturgegeben", also veränderbar. Sie werden konstruiert – und wieder dekonstruiert. Sie sind immer die Kombination objektiver Faktoren – wie Sprache und/oder Religion, Geschichte und/oder Geografie. Zu diesen objektiven Faktoren muss aber die subjektive Wahrnehmung treten. Nationen und Völker müssen sich als solche selbst akzeptieren – und von anderen so gesehen werden. Nationen und Völker können sich auflösen, aus der Geschichte verschwinden – nicht physisch, sondern als spezifisch, als „anders als die anderen" wahrgenommene Gesellschaften. Nationen und Völker sind, wie Benedict Anderson feststellt, Gemeinschaften, die als Nationen oder Völker wahrgenommen werden.

Die Kelten Europas sind ein Beispiel – sie sind aufgegangen, aufgesogen von den und in die Romanisch oder Germanisch sprechenden Völker Westeuropas; sie sind zu Romanisch oder Germanisch sprechenden Völkern geworden. Die Kelten wurden zu Franzosen oder Engländern, Niederländern oder Belgiern, Österreichern oder Deutschen. Dort, wo es keltische Identität auch heute noch gibt (wie etwa in Irland), lebt sie politisch weiter als Resultat eines Abgrenzungsbedürfnisses gegenüber den „Angelsachsen", freilich nur als Schatten der keltischen Größe vor mehr als zweitausend Jahren.

Nationen und Völker sind das Produkt von Selbst- und von Fremdwahrnehmung. Dass es ein jüdisches Volk gibt, ist die Folge einer teilweise missglückten Assimilierung. Viele Jüdinnen und Juden wollten Deutsche oder Franzosen sein. Im Sinne der Aufklärung und der bürgerlichen Revolution, deren Denken sich um 1800 in Europa verbreitete, wurde jüdische Identität entweder auf ein Religionsbekenntnis reduziert, das neben anderen toleriert wurde und ebenso selbst andere tolerierte; oder jüdische Identität löste sich im Zuge kultureller und politischer Anpassung ganz einfach auf: Jüdische Identität wurde – aber eben nur teilweise – Opfer einer umfassenden Säkularisierung.

Nationen und Völker sind aber auch das Projekt strategischer Kalküle: Bis 1967 waren die Arabisch sprechenden Menschen in Palästina ganz einfach Araber und Araberinnen. Als Folge der Okkupation von Ostjerusalem, der Westbank, des Gazastreifens und des Golan lag es im offenkundigen Interesse dieser Menschen, sich von den Besatzungsregime der unmittelbaren Vergangenheit – insbesondere der jordanischen und der ägyptischen Annexion bzw. Okkupation – mental zu lösen und sich als spezifisch zu sehen. Aus den Arabern und Araberinnen Palästinas wurden Palästinenser und Palästinenserinnen. Das bedeutete natürlich nicht, dass sie ihre arabische Identität aufgaben – sie wurden Teil einer neu definierten palästinensischen Identität, blieben aber auch weiterhin Araberinnen und Araber.

Im ersten Fall war es die Ablehnung des Judentums durch das christliche Europa, war es die Ethnisierung des Antisemitismus, die eine jüdische Nationswerdung beförderte. Die Säkularisierung war, mit Bezug auf das Judentum, eben nur ein halber Erfolg. Im zweiten Fall war es das Scheitern einer gesamtarabischen Front gegen Israel – 1948, 1967 – die eine palästinensische Nationswerdung möglich machte. Die panarabische Karte hatte verspielt, es wurde nach der palästinensischen Karte gegriffen.

In beiden Entwicklungsprozessen zeigte sich, dass eine Nation das Produkt von gesellschaftlichen und geopolitischen Rahmenbedingungen ist. Die irrationale Judenfeindschaft hatte ein jüdisches Volk hervorgebracht; die dauerhafte Etablierung eines Staates der Juden bewirkte das Entstehen eines palästinensischen Volkes.

4.1. Die jüdisch-israelische Nationswerdung

Die jüdisch-israelische Identität ist in hohem Maße fremdbestimmt. Sie ist ein Produkt der Ambivalenz der Aufklärung. Als diese zu einer schrittweisen Beseitigung der religiösen Diskriminierung des europäischen Judentums führte – beginnend in der zweiten Hälfte des 18. Jahrhunderts, war es den Juden erlaubt, die Gettos, in die sie gesperrt waren, zu verlassen. Immer mehr wanderten aus den Dörfern und Kleinstädten der Regionen zwischen Vilnius und Odessa in die Metropolen; nach Warschau, bald aber auch Wien und Berlin, Paris und London, Moskau und St. Petersburg, Prag und Budapest und Kiew. Städte, die als Resultat der Vertreibungen der Vergangenheit faktisch „judenfrei" waren, wurden innerhalb von ein, zwei Generationen zu Zentren jüdischen Lebens: wirtschaftlich, politisch, kulturell, religiös.

Die Jüdinnen und Juden waren eingeladen und auch versucht, sich zu assimilieren. Das Judentum, um 1800 vor allem ein Phänomen Mittelosteuropas, wurde allmählich weniger über seine Religion definiert. Was aber war das Judentum dann – wenn keine Religion? Assimilierte (und getaufte) Juden wie Gustav Mahler erkannten, dass sie für eine von Judenfeindschaft geprägte Umwelt weiterhin Juden geblieben waren. Der französische Offizier Alfred Dreyfus musste erfahren, dass er für seinen französischen Patriotismus nicht honoriert wurde – er blieb der Andere, der Fremde, eben der Jude. Die Gesellschaft, das heißt aber vor allem die verschiedenen antijüdischen Vorurteile und Strömungen, erlaubte den Juden keine volle Integration. Sie mussten Juden bleiben.

Dass dies nicht an den Juden lag, sondern an den Antisemiten, hat Jean-Paul Sartre beschrieben: Die Existenz eines postreligiösen Judentums ist das Produkt des Bedürfnisses einer antijüdischen Gesellschaft und ihrer Vorurteile. Die Gesellschaft brauchte „die Juden" – als Feindbilder und als Sündenböcke. Das Judentum wurde vom Antisemitismus neu erfunden – als „jüdische Rasse". Und ein Teil des Judentums akzeptierte diese Fremdbestimmung und sah sich zunehmend als jüdisches Volk, als jüdische Nation.

Das postreligiöse Judentum führte dazu, dass die Juden die Vorurteilsstruktur der Antisemiten insofern übernahmen, als sie sich (zumindest viele unter ihnen) zunehmend als „völkisch" verstanden – nicht als Volk Gottes, sondern als eine Nation unter anderen. Die Juden waren als Religionsgemeinschaft über Jahrhunderte hindurch Opfer der Diskriminierung durch christliche Kirchen und eine sich als christlich definierende Gesellschaft. Als das Prinzip religiöser Toleranz die religiöse Diskriminierung allmählich obsolet machte, veranlasste, ja zwang der sich „rassisch" gebende, postreligiöse Antisemitismus eine Ergänzung der religiösen Identität des Judentums durch eine nationale Identität. Der postreligiöse Antisemitismus schuf den Zionismus.

Das war keineswegs die Intention der Aufklärung. In der französischen Nationalversammlung erklärte 1789 Graf Stanislas de Clermont-Tonnerre: „Für die Juden als Individuen – alles; für die Juden als Nation – nichts." (Avineri 35) Die „bürgerlichen" Revolutionen des späten 18. und frühen 19. Jahrhunderts zielten auf ein Aufgehen des Judentums in die mehrheitlich nichtjüdische Gesellschaft. Jüdinnen und Juden sollten jüdisch bleiben und in vollkommener persönlicher Freiheit sich religiös bekennen und betätigen dürfen. Aber als Gruppe mit bestimmten politischen Rechten, als Nation oder Nationalität, sollten sie sich nicht sehen – das hätte dem Grundsatz des Laizismus und des Säkularismus widersprochen.

Hannah Arendt beschreibt in ihrem Buch „Rahel Varnhagen" den Lebensweg einer „deutschen Jüdin", einer sozial aufgestiegenen und religiös assimilierten Frau in der ersten Hälfte des 19. Jahrhunderts. So sehr Varnhagen in ihrem Status und in ihrem Verhalten der Rolle einer Frau aus der Oberschicht ihrer Zeit entsprach – die Umwelt zwang sie, ihre jüdischen Wurzeln ständig gegenwärtig zu haben. Dass sie getauft, dass sie gesellschaftlich arriviert war, änderte nichts daran, dass sie für die Berliner und die Wiener Gesellschaft immer eine Jüdin blieb.

Dieser Druck auf das europäische Judentum war um 1900 nicht anders geworden – im Gegenteil, politische Strömungen in Europa machten sich die auf Neid und Unwissenheit beruhenden antijüdischen Vorurteile zunutze. Jüdinnen und Juden war es nicht gestattet, ihrem Judentum zu entkommen – durch keine noch so konsequente Assimilierungsanstrengung. Der Antisemitismus war am Beginn des 20. Jahrhunderts ein Vehikel der politischen Mobilisierung geworden – wie das Beispiel Karl Luegers und der Christlichsozialen Partei in Österreich ebenso vorführte wie die antijüdischen Quoten in Polen und Ungarn in der Zeit zwischen den beiden Weltkriegen. Und es waren auch und gerade die nicht oder nicht orthodox religiösen Jüdinnen und Juden, die in dieser Zeit erleben mussten, dass ihre Bereitschaft zu angepasstem Verhalten nicht belohnt wurde. Die Taufe, in vergangenen Jahrhunderten eine Fluchtmöglichkeit, war ihnen jetzt versperrt, sie bot keinen Ausweg mehr. Der Slogan der radikalen Antisemiten drückte dies so aus: „Religion ist einerlei – in der Rasse liegt die Schweinerei". Um das Bedürfnis nach Diskriminierung der als „Juden" punzierten Menschen zu begründen, wurde eine „jüdische Rasse" konstruiert.

Dass es eine solche wie auch jede (menschliche) Rasse gar nicht gibt, spielte keine Rolle. Auch wenn die Biologie „Rassen" nicht erkennen kann – der Rassismus schafft sich Rassen und findet scheinbar rationale Wege, solche zu definieren. In den USA sind es die Schattierungen der Hautfarbe. Anderswo werden „Rasse" und „Ethnizität" zu einem nicht mehr nachvollziehbaren Amalgam vermischt. Besonders zeigte sich dieses Bedürfnis, „Rassen" zu erfinden, im nationalsozialistischen Deutschland.

Die Bürokratisierung und Rationalisierung des Antisemitismus um NS-Staat erforderte eine Definition des Judentums als „Rasse". Infolge der Nürnberger Rassengesetze musste sich das nationalsozialistische Deutschland auf das Religionsbekenntnis vergangener Generationen berufen – in Form der Taufregister. Der „Ariernachweis" bestand aus dem Nachweis einer religiösen Verwurzelung im Christentum. Eine biologische Definition jüdischer Identität konnte

– selbstverständlich – nicht gelingen. Jüdinnen und Juden im biologischen, im naturwissenschaftlich beweisbaren Sinn gab es eben gar nicht. Sie mussten konstruiert werden – durch den Bezug auf Religion.

In seinem Roman „Der Weg ins Freie" beschreibt Arthur Schnitzler am Beispiel einer sowohl für die Emanzipation der Frauen als auch für den Sozialismus engagierten Frau die paradoxe Situation des scheinbar assimilierten Judentums im Wien des Fin de Siècle, also um 1900.

Therese Golokowski, die sozialistische Feministin, will mit der jüdischen Religion ebenso wenig zu tun haben wie mit dem jüdischen Großbürgertum. Sie sieht sich nicht als Jüdin – außer die antisemitische Umgebung zwingt sie in eine jüdische Identität hinein: „... mir sind jüdische Bankiers geradeso zuwider wie feudale Großgrundbesitzer, und orthodoxe Rabbiner geradeso zuwider wie katholische Pfaffen. Aber wenn sich jemand über mich erhaben fühlte, weil er einer anderen Konfession oder Rasse angehörte als ich, und gar im Bewusstsein seiner Übermacht mich diese Erhabenheit fühlen ließe, ich würde so einen Menschen ... also ich weiß nicht, was ich ihm täte." (Schnitzler, 189)

Der Antisemitismus ihrer Umgebung provozierte in Golokowski eine Identifizierung mit dem Judentum, dem sie sich rational gar nicht zugehörig fühlte – nicht im Sinne einer religiösen Gemeinschaft, nicht im Sinne einer bestimmten Kultur, nicht im Sinne des Zionismus. Sie konnte aber dennoch ihrer jüdischen Identität nicht entkommen, weil sie von außen auf diese immer wieder reduziert wurde.

Es war (und ist) der Antisemitismus, der für eine nichtreligiöse jüdische Identität verantwortlich ist. Es ist der Antisemitismus, der ein jüdisches Volk, eine jüdische Nation und damit eine erfolgreiche jüdische Staatswerdung erzwungen hat. Ohne die Säkularisierung des Antisemitismus, ohne einen „biologischen" Antisemitismus keine machtvolle zionistische Bewegung, kein Staat Israel.

Der irrationale Judenhass kreierte ein jüdisches Bewusstsein jenseits des religiösen Judentums. Rahel Varnhagen, zum Christentum konvertiert; Therese Golokowski, Atheistin und Marxistin; und so viele andere: Sie wollten eigentlich nicht jüdisch sein, sie trennten sich vom Judentum, in das sie sich zufällig hineingeboren sahen. Ihnen wurde das Judentum aber dennoch aufgezwungen. Der Antisemitismus schuf sich sein Feindobjekt – in Form von Jüdinnen und Juden, die ihr Judentum bewusst (wieder) akzeptieren lernten, die aus diesem aufgezwungenen postreligiösen Judentum heraus politisch agierten. Der Antisemitismus erschuf den Zionismus. Und dieser brachte Israel hervor.

Das war der Hintergrund der jüdisch-nationalen Bewegung, des Zionismus, der zur Wurzel des Staates Israel werden sollte. Es war eine Bewegung, die sich zunächst auf das Judentum im zaristischen Russland zu stützen vermochte, wo um 1900 die Pogrome der brutalste und sichtbarste Ausdruck des Antisemitismus dieser Zeit waren. Der Zionismus wurde aber zunehmend auch durch etablierte Bildungsbürger vertreten – durch Theodor Herzl, dem Redakteur der Wiener „Neuen Freien Presse"; oder durch Chaim Weizmann, dem in Großbritannien eine erfolgreiche Karriere als Naturwissenschafter gelungen war. Beide – Herzl und Weizmann – vertraten den Zionismus eines etablierten und anerkannten Bürgertums.

David Ben-Gurion, der als Vertreter einer jüdischen Arbeiter- und Gewerkschaftsbewegung Israel als demokratisch-sozialistischen Staat errichten wollte, stand für die zweite zionistische Tradition; und Vladimir Zeev Jabotinsky, dem Israel als Nationalstaat mit manchen der autoritären Tendenzen vorschwebte, die im Zeitgeist der ersten Jahrzehnte des 20. Jahrhunderts zu liegen schienen, verkörperte die dritte Wurzel – einen jüdischen Nationalismus ähnlich dem der Jungtürken-Bewegung im späten Osmanischen Reich, einem türkischen Modernisierungsnationalismus, dem die Republik Kemal Paschas entwuchs.

Der Zionismus als Programm war in seinen Anfängen mehr west- und mitteleuropäisch als osteuropäisch geprägt. Zionistenkongresse fanden in Basel statt, und Herzl und Weizmann versuchten die Politik des Deutschen Reiches bzw. des Vereinigten Königreiches zu beeinflussen. Das war vor allem die Folge einer Artikulationsfähigkeit und eines durch Bildung erworbenen postreligiösen Bewusstseins, das ein Merkmal des jüdischen Bildungsbürgertums in Berlin und Wien, in Prag und Budapest, in London und Paris war. Die rechtliche und politische Emanzipation des europäischen Judentums gab diesem eine politische Bühne; aber der politische Antisemitismus verhinderte eine erfolgreiche Assimilation.

In den ersten Auswanderungen nach Palästina noch vor 1914 zeigte sich freilich, dass die meisten ins gelobte Land zugewanderten Jüdinnen und Juden vor allem aus dem Zarenreich kamen – Ausdruck einer besonderen, objektiven Notlage, einer real vorhandenen Verfolgung, deren Ausdruck der Begriff „Pogrom" war. Der Antisemitismus schuf die intellektuelle Grundlage des Zionismus, wie ihn Herzl und Weizmann vertraten. Der Antisemitismus schuf aber auch die soziale Notlage, die dem Zionismus eine Basis in Form einer relevanten Wanderungsbewegung nach Palästina verschaffte.

Die Balfour-Deklaration von 1917 hatte, namens der britischen Regierung, den Jüdinnen und Juden der gesamten Welt eine „nationale Heimstätte" in Palästina versprochen. Das war nicht das Versprechen eines jüdischen Staates in Palästina insgesamt. Aber die Deklaration legitimierte den Zionismus – gleichgültig, ob Heimstätte oder Staat; und gleichgültig, ob Palästina oder nur einen Teil dieses Landes betreffend. Die Balfour-Deklaration war das Zusammenspiel von strategischen Überlegungen der britischen Regierung – und eines erfolgreichen Lobbyismus. Dieser drückte sich auch darin aus, dass die Deklaration in Form eines Briefes an Baron Lionel Walter Rothschild veröffentlicht wurde.

Kurz vor der Balfour-Deklaration hatten Großbritannien und Frankreich in einem Geheimabkommen (Sykes-Picot-Abkommen) die arabischen Teile des noch nicht besiegten Osmanischen Reiches unter sich aufgeteilt. Frankreich sollte die Gebiete erhalten, die heute Syrien und den Libanon ausmachen; Großbritannien die Territorien des Irak und Jordaniens – und eben Palästina. Zur gleichen Zeit aber bemühte sich die vor allem von dem unter britischer Kontrolle stehenden Kairo aus gesteuerte britische Nahostpolitik, arabische Aufstände und Guerilla-Aktivitäten gegen das osmanische Militär zu schüren. Die britische Politik erweckte ganz bewusst die Erwartung, dass die Nachfolge der osmanischen Herrschaft im arabischen Raum den Arabern zufallen würde.

Als 1918 das Osmanische Reich kapitulierte, versuchte die siegreiche Entente eine Quadratur des Kreises. Das Sykes-Picot-Abkommen wurde in Form von Völkerbundmandaten umgesetzt – Briten und Franzosen sollten die Zukunft der Region von Jerusalem und Beirut, Bagdad und Damaskus und Ammann aus bestimmen. Diese Gebiete wurden aber nicht als Kolonien definiert, sondern als Territorien mit einer vage formulierten Autonomie und einer ebenso vagen Aussicht auf volle Unabhängigkeit.

Diese Konstruktion konnte letztlich niemanden zufriedenstellen. Zwar wurden zwei Prinzen aus der in Mekka verankerten Familie der Haschemiten mit der Königswürde im Irak und in Jordanien bedacht, aber ihre Regierungen standen unter britischer Aufsicht. Und Palästina regierten die Briten direkt. Sie waren bald in einer Situation, in der sie nur verlieren konnten: die jüdische Bevölkerung, die – noch – in einer klaren Minderheitsposition im Mandatsgebiet von Palästina war, musste Erwartungen und ihre Pläne bezüglich einer jüdischen Staatlichkeit zurückstellen und konzentrierte sich daher auf die Propagierung und Durchführung jüdischer Einwanderung. Eben das wurde aber von der arabischen Bevölkerung zunehmend als Bedrohung gesehen und politisch bekämpft, gelegentlich auch mit Gewalt. Die britische Mandatsherrschaft konnte es letztlich niemandem recht machen. Sie wurde zum Gegner des wachsenden arabischen Nationalismus wie auch des Zionismus.

Das alles spitzte sich 1933 noch weiter zu, als das nationalsozialistische Deutschland seine jüdischen Bürgerinnen und Bürger entrechtete, beraubte und vertrieb, bevor – ab 1942 – die Vertreibung erkennbar auf die Ausmordung des europäischen Judentums zielte. Die daraus resultierende Fluchtbewegung des europäischen Judentums überforderte die britische Mandatsmacht vollends. Die arabische

Bevölkerung hatte schon vor Hitlers Machtergreifung gewaltsam gegen die jüdische Immigration zu protestieren begonnen. Die Briten schlugen die aufstandsähnlichen Proteste der Araber nieder – und versuchten gleichzeitig, die arabische Bevölkerung durch ein politisches Entgegenkommen ruhigzustellen. Das Resultat war das „White Paper" von 1939, das die jüdische Zuwanderung nach Palästina radikal einschränken sollte. Unmittelbar vor dem Ausbruch des Zweiten Weltkriegs schickte sich die britische Regierung an, die Tore Palästinas für jüdische Flüchtlinge zu schließen.

Es zeichnete sich eine Politik ab, die 1945 bis 1948 ihren Höhepunkt erreichte: Die britische Regierung unterdrückte arabische Proteste erfolgreich, gleichzeitig aber wurde der Zionismus massiv behindert und damit herausgefordert – zu einem Zeitpunkt, als Millionen europäischer Jüdinnen und Juden vor der Raub- und Mordmaschine des „Dritten Reiches" flüchteten; oder als die wenigen Überlebenden des Holocaust ab 1945 erst recht nach Palästina aufbrachen.

Unter diesen Rahmenbedingungen beschloss die Generalversammlung der Vereinten Nationen 1947 – bei Stimmenthaltung Großbritanniens, aber mit Zustimmung der USA, der UdSSR und Frankreichs – die Teilung Palästinas in einen Staat der Juden und einen Staat der Araber. Die im Abkommen von Oslo propagierte „Zweistaatenlösung" hatte hier, als Prinzip einer Friedenslösung, Jahrzehnte vor Oslo bereits die Zustimmung der Weltöffentlichkeit. Die jüdischen Institutionen in Palästina (Yischuv), die bereits den Charakter einer weitgehend unabhängig agierenden Regierung hatten – mit David Ben-Gurion an der Spitze – begrüßten den UN-Teilungsplan, die arabischen Staaten lehnten ihn ab. Und als 1948 die britische Regierung vor der Unlösbarkeit ihrer Aufgabe kapitulierte, das Mandat zurücklegte und so rasch wie möglich ihre Truppen und ihre Administration aus Palästina abzog, rief David Ben-Gurion die Gründung des Staates Israel aus.

Dieser Staat hatte von Anfang an mit der militärischen Intervention der arabischen Staaten und einer Guerilla-Tätigkeit der Araber in Palästina zu kämpfen. Mit Waffen, die jüdische Wehrverbände

(Haganah und Palmach, aber auch der in der Jabotinsky-Tradition stehende, gewaltbereite Irgun und die sich ebenfalls terroristischer Methoden bedienende Stern-Gruppe) bereits gesammelt hatten, gestützt von Waffenlieferung vor allem aus Frankreich und der Tschechoslowakei, wehrte der neue Staat die arabische Intervention ab. Der Waffenstillstand von 1949 etablierte die „Grüne Linie" als bis 1967 faktisch geltende Staatsgrenze Israels.

Nach der Gründung des Staates Israel wurde die Schaffung der Nation, des Volkes Israel, zur zentralen Aufgabe. Israel war geschaffen – nun musste die israelische Nation geschaffen werden. Israel musste aus einer höchst heterogenen Gesellschaft zu einer auf einem nationalen Konsens aufbauenden Einheit werden. Das war eine gewaltige Herausforderung, denn die Widersprüche in dieser Gesellschaft schienen überwältigend zu sein:

- Die Bruchlinie zwischen säkularem und religiösen Judentum, das wiederum in verschiedene Varianten zerfiel, von denen einige den Staat Israel grundsätzlich ablehnten; eine Bruchlinie, die dafür verantwortlich war, dass der Staat kein Verfassungsdokument verabschiedete, sondern sich mit einer pragmatischen Vielfalt von Einzelbestimmungen abzufinden hatte, die vielfach noch auf Gesetze und Verordnungen der britischen Mandatszeit zurückgingen.

- Die Bruchlinie zwischen dem europäisch geprägten Judentum der Ashkenazim, aus denen sich die staatsgründende politische Elite rekrutiert hatte, und dem orientalischen Judentum mit nordafrikanischem, jemenitischem, irakischem, iranischem und anderem, insbesondere auch spanischem und portugiesischem Hintergrund. Die Jüdinnen und Juden mit orientalischen Wurzeln fühlten sich oft als Israelis zweiter Ordnung, weil die politische, wirtschaftliche, kulturelle Realität Israels vom europäisch geprägten Judentum bestimmt wurde.

- Die Bruchlinie zwischen den Sozialisten, die – repräsentiert von Ben-Gurion – die Staatsgründung auch als Auftrag sahen, eine neue Gesellschaft aufzubauen, deren beeindruckendster Teil die Kibbuzim und andere Genossenschaften waren, und den anderen („bürgerlichen") Strömungen. Diese Bruchlinie bestimmte und bestimmt teilweise noch immer das israelische Parteiensystem, allerdings auch im Zusammenhang einer vielfältig ausgelösten Schwächung der sozialistischen Wurzeln Israels.

- Die Bruchlinie zwischen der Politik der Regierung, die für sich das Gewaltmonopol beanspruchte, und den vor allem aus der Jabotinsky-Tradition kommenden Organisationen, die auf ihre auch und gerade militärische Eigenständigkeit pochten und sie erhalten wollten. Ben-Gurion griff nötigenfalls zur Gewalt, um das Monopol des Staates (und damit seiner Regierung) gegen jüdische Sonderinteressen durchzusetzen.

- Die Bruchlinie zwischen Pragmatikern, die innerhalb der Waffenstillstandslinien von 1948 Israel aufbauen wollten, und den „Revisonisten" – vertreten von Menachem Begin, die an der Vision eines Eretz (Groß-) Israel festhielten und deshalb den Status quo von 1949 entschieden ablehnten; eine Einstellung, die nach 1967 maßgeblich Einfluss auf die Siedlerbewegung haben sollte.

- Die Bruchlinie zwischen Israel und der jüdischen Diaspora, die zwar durch die grundsätzliche Loyalität Letzterer gegenüber Israel weitgehend überbrückt ist, die sich aber dennoch immer wieder manifestiert – vor allem in religiösen Fragen. In Israel bestimmt eine orthodoxe Tradition des Judentums das religiöse und das damit verbundene politische Leben – während vor allem in den USA das (vergleichsweise liberale) konservative Judentum und das offen liberale Reformjudentum dominieren.

Der Staat Israel beruhte von Anfang an auf einem Mit-, Neben- und Gegeneinander von Juden. In Israel ist Jude nicht Jude. Dass die Nationswerdung dennoch insgesamt glückte, war auf zwei zentrale Faktoren zurückzuführen: auf den in europäischer Verantwortung stehenden Antisemitismus, der im Holocaust seinen Höhepunkt erreicht hatte; und auf der feindseligen, gewaltbereiten Ablehnung durch die Araber in- und außerhalb Palästinas. Wenn die Existenz Israels auf dem Spiel stand, in den Kriegen von 1948, 1967 und 1973, fanden (Jabotinskys und Begins) Revisionisten und (Ben-Gurions) Sozialisten und Pragmatiker, aber auch die Mehrzahl der (orthodox) Religiösen zu einer gemeinsamen Haltung. Die Nationswerdung Israels ist das Produkt der Ablehnung jüdischer Existenz in Europa – und der Ablehnung des Staates Israel im Nahen Osten.

Die in der Knesset und in der Regierung den Ton angebenden Pragmatiker betrieben eine Außenpolitik, die in der Welt nach Freunden suchte. Zunächst war es vor allem Frankreich, das auf der Ebene der Weltpolitik Israel unterstützte und auch militärisch aufrüstete. Das änderte sich, als 1956 Israel, Frankreich und Großbritannien aus unterschiedlichen Motiven einen Angriffskrieg gegen Ägypten vom Zaun brachen. Großbritannien wollte die durch die Verstaatlichung des Suezkanals verlorene Kontrolle dieser Wasserstraße zurückgewinnen. Frankreich versuchte, mit einem Angriff auf Ägypten dem Aufstand in Algerien die Unterstützung durch die arabische Welt zu nehmen; und Israel sah im panarabischen Nationalismus, wie er vom ägyptischen Präsidenten Gamal Abdel Nasser repräsentiert wurde, eine Existenzgefahr, die einen Präventivschlag rechtfertigte.

Der Suezkrieg, der Angriffskrieg von 1956, wurde nicht nur von der UdSSR, sondern auch von den USA verurteilt. Die militärisch erfolgreichen israelischen Truppen mussten sich wegen des internationalen politischen Drucks aus dem Sinai zurückziehen. Die Absprachen mit den beiden europäischen Mächten erwiesen sich als eine zu schwache Grundlage, weil diese Absprachen nicht mit den USA abgestimmt waren. Die Lehre, die Israel daraus zu ziehen hatte, war die Einsicht in die Notwendigkeit einer besseren internationalen

Vernetzung. Frankreich wurde als primärer Bezugspunkt israelischer Außenpolitik von den USA abgelöst. Die israelischen Streitkräfte wurden immer mehr von den US-amerikanischen Rüstungsexporten abhängig. Und Israel konnte sich im Weltsicherheitsrat letztlich vor allem (und fast nur) auf die USA verlassen, die immer wieder mit ihrem Veto verhinderten, dass Resolutionen des Sicherheitsrates, die – anders als die der UN-Generalversammlung – erhebliche politische (und militärische) Konsequenzen haben können, blockiert wurden. Die USA wurden – neben den israelischen Streitkräften selbst – zum primären Faktor israelischer Sicherheit.

Israel hatte durch seine militärischen Erfolge 1967 und 1973 eine Sicherheit erreicht, die 1948 und 1956 noch wenig wahrscheinlich erschien. Auf der Grundlage dieser Sicherheit, die freilich nach wie vor bedroht erscheint – etwa durch den möglichen Bau einer iranischen Atombombe (unabhängig vom Schicksal der 2015 unterzeichneten Vereinbarungen der „internationalen Gemeinschaft" und dem Iran), ist das Zusammenwachsen der israelischen Nation weiter fortgeschritten – ohne dass die Bruchlinien völlig überwunden sind. Ein Ende der Vieldeutigkeit und Widersprüchlichkeit israelischer Identität ist nicht zu erwarten und wohl auch nicht wünschenswert.

Die subjektive Seite der israelischen nationalen Identität ist durch ein Gefühl der Zusammengehörigkeit bestimmt, das durch die historischen Erfahrungen bedingt ist. Die Judenfeindschaft ist der entscheidende Faktor, der aus Menschen mit einem osteuropäischen Getto-Hintergrund ebenso Israelis gemacht hat wie aus Menschen, die 1979 aus dem in Revolutionsunruhen verstrickten und einer aggressiven „antizionistischen" Politik bestimmten Iran nach Israel flohen; aus Menschen, die ihre jüdische Identität nutzten, um aus der bereits zerfallenden Sowjetunion herauszukommen; aus Menschen, die als Jüdinnen und Juden die Zuwanderung nach Israel als Möglichkeit sahen, dem von Hungerkatastrophen heimgesuchten Äthiopien zu entkommen; aus Menschen, die sich als Juden und Jüdinnen im Frankreich des 21. Jahrhunderts bedroht fühlen – und aus Menschen aus den USA, die eine besondere jüdische Solidarität mit Israel empfinden.

Die objektive Seite ist das Judentum, verstanden nicht als völkische, sondern als religiöse Kategorie. Dass es kein „biologisch" definierbares Judentum ist, das die Grundlage israelischer Identität bestimmt, wurde am Beispiel der in den letzten Jahren des 20. Jahrhunderts bewusst nach Israel eingeladenen Juden und Jüdinnen aus Äthiopien deutlich. Diese Afro-Israelis sind heute ein Teil des israelischen Kaleidoskops, das im Stadtbild von Tel-Aviv und Jerusalem ebenso eine Rolle spielt wie im israelischen Militär. Diese Menschen mit Wurzeln in Äthiopien wurden deshalb zu Israelis, weil ihre Religion – nach einigen Diskussionen innerhalb des religiösen israelischen Establishments – als zum Judentum gehörig anerkannt wurde und sie damit das Recht erhielten, zu Israelis zu werden.

Als Jüdinnen und Juden sind in Israel auch willkommen, wer zum Judentum konvertiert ist. Zwar gibt es Probleme und Diskussionen darüber, welche Konversion unter welchen Rahmenbedingungen als gültig angesehen wird. Das orthodoxe Judentum neigt dazu, Konversionen, die außerhalb Israels von konservativen oder liberalen Rabbinern durchgeführt und von deren Gemeinden anerkannt wurden, nicht immer zu akzeptieren. Aber wer als Jude oder Jüdin im religiösen Sinn akzeptiert ist, trotz einer christlichen oder anderen religiösen Vergangenheit, ist in Israel als Jude oder Jüdin und damit als Israeli willkommen.

Es ist nicht die „Rasse" oder die ethnische Herkunft, die über eine jüdische (und damit zumindest potenziell israelische) Identität entscheidet. Es ist die Religion, die auch aus nichtreligiösen, ihren Glauben nicht praktizierenden Jüdinnen und Juden Israelis macht. Ein Jude in Israel kann Atheist, agnostisch, liberal oder orthodox religiös sein – entscheidend für seine (ihre) Zugehörigkeit zur israelischen Nation ist die formale Bindung an ein religiös definiertes Judentum. Deshalb können etwa zum Christentum konvertierte Jüdinnen und Juden in Israel zwar mit Toleranz rechnen, nicht aber mit der Anerkennung ihrer jüdischen Identität – und daher nicht mit einem automatisch anerkannten Recht auf Zuwanderung und damit auch nicht mit einer ebenso automatisch zu verleihenden israelischen Staatsbürgerschaft.

Der Zionismus schuf, politisch und bewusst, ein zusätzliches objektives Kriterium: die Sprache. Hebräisch war im 19. Jahrhundert eine liturgische Sprache. Die Alltagssprache in den jüdischen Gemeinden Osteuropas war zumeist jiddisch, eine mit einer alten Form des Deutschen verwandte Sprache, deren Herkunft aus dem Rheinland und anderen deutschsprachigen Regionen auch für die Geschichte der mittelalterlichen Vertreibungen der jüdischen Bevölkerung von West- nach Osteuropa steht. Die Jüdinnen und Juden der Emanzipations- und Assimilationszeit des 19. Jahrhunderts sprachen Französisch in Paris, Deutsch in Berlin und Wien und Englisch in London; Deutsch oder Polnisch in Lemberg, Deutsch oder Ungarisch in Budapest.

In den Anfängen der zionistischen Bewegung wurde entschieden, dass ein Staat der Juden eine eigene, alle verbindende Sprache braucht. Und diese Sprache sollte Hebräisch sein. Diese Weichenstellung hatte eine ähnlich komplexe Seite, als hätte die Europäische Union entschieden, Latein zu einer europäischen Gesamtsprache zu machen. Doch trotz dieser Komplexität, aus Jiddisch und Polnisch, aus Deutsch und Französisch, aus Englisch und Spanisch, aus Griechisch und Serbisch und Russisch und Rumänisch sprechenden Menschen eine Hebräisch sprechende Nation zu formen, war diese Politik erfolgreich. Jüdische Zuwanderer nach Israel, woher immer sie auch kommen mögen, werden von Anfang an in Intensivkursen mit der hebräischen Sprache vertraut gemacht. Und es ist Hebräisch, das – neben dem Arabisch der Palästinenser und Palästinenserinnen – den sprachlichen Alltag des Landes bestimmt.

Freilich, die Muttersprache der Zuwanderer der ersten und oft auch noch er zweiten Generation ist lebendig. Als ab den 1970er-Jahren die Sowjetunion die Ausreise nach Israel freigab, und erst recht als ab 1990 aus der zerfallenden UdSSR Jüdinnen und Juden aus Buchara und Tiflis, aus Moskau und St. Petersburg in großer Zahl nach Israel strömten, wurde die russische Sprache zu einer Art Zweitsprache, die überall in den Städten Israels gehört werden konnte. Doch beginnend mit der zweiten Generation der Zuwanderer wird eindeutig auch im russisch-jüdisch geprägten Milieu Israels Hebräisch dominant – wie auch das Deutsch der aus Deutschland und Österreich kommenden Israelis verblasst ist und im Alltag kaum noch verwendet wird.

Arthur Koestler beschäftigt sich in seiner Studie „The Thirteenth Tribe" mit der Geschichte des Reiches der Khazaren, das im Frühmittelalter in der heutigen Ukraine und im Süden Russlands bestand. Aus geostrategischen Gründen – die Khazaren mussten, zwischen dem Christentum an seinen Westgrenzen auf der einen Seite, und mit dem Islam des Khailfats im Süden auf der anderen Seite, das Gleichgewicht halten – versuchten die Khazaren eine Politik der religiösen Neutralität. Gegenüber den militant missionierend auftretenden Nachbarn sowohl christlicher als auch islamischer Observanz galt es, eine Balance zu halten. Und deshalb entschieden sich die Herrscher des Reiches der Khazaren, ihre schamanisch-„heidnische" Tradition durch den jüdischen Monotheismus zu ersetzen und so zwischen den christlichen und den moslemischen Mächten ein Gleichgewicht zu wahren: ein Beispiel für die religiösen Konsequenzen einer Neutralitätspolitik.

Koestler, dessen hypothetisch formulierter Zusammenhang zwischen Khazaren und Magyaren nicht alle überzeugt, schreibt am Ende seines Buches über das, was das Judentum ausmacht: es ist nicht eine spezifische Kultur; es ist nicht ein biologisch verstandenes „Volkstum". Denn die Khazaren hatten in ihrer „völkischen" Geschichte nichts mit dem Volk Abrahams gemeinsam. Es ist die Religion, die jüdische Identität stiftet. Und angesichts der Säkularisierungs- und Assimilierungstendenzen in der jüdischen Diaspora nach 1945 – vor allem auch in Nordamerika – kommt Israel eine entscheidende Rolle zu: Die jüdische Orthodoxie ist auf der ganzen Welt im Rückzug – nur nicht in Israel. Die jüdische Diaspora ist zunehmend areligiös – Israel wird immer mehr von einer orthodox interpretierten jüdischen Religion bestimmt.

4.2. Die palästinensische Nationswerdung

Die politisch alle anderen Widersprüche und Gegensätze überragende und beherrschende Bruchlinie in der Politik und Gesellschaft Israels ist der Gegensatz zwischen Juden und Arabern. Alle, gerade auch schon Anfang des 20. Jahrhunderts, in Palästina vorhandenen arabischen und jüdischen Bemühungen, aus einer arabisch-jüdischen Koexistenz ein Miteinander zu machen, sind weitgehend gescheitert. Gescheitert sind auch die oft widersprüchlichen Versuche der britischen Mandatsmacht, beide Seiten zufriedenzustellen. Herzls rückblickend naiv anmutende Vision (vor allem in „Altneuland") von einer arabischen Bevölkerung, die von der jüdischen Besiedlung nicht nur profitiert, sondern diese auch als (materielle und immaterielle) Bereicherung empfindet, blieb – bestenfalls – Stückwerk, am ehesten noch erkennbar im rechtlichen Status der arabischen Israelis.

1948 vertrieb die jordanische Besatzung alle Juden aus Jerusalem, Hebron und anderen Orten der Westbank. 1948 vertrieb Israel Hunderttausende Araber aus dem vom israelischen Militär beherrschten Teil Palästinas. Ob und inwieweit diese Vertreibungen auch den Charakter einer nicht unbedingt erzwungenen Flucht hatten, ist Gegenstand oft heftiger Diskussionen, gerade auch in Israel. Das ändert aber nichts an der Realität einer 1948 verfestigten Trennung der beiden „Völker" Palästinas. Die Vision eines Staates, der sowohl Arabern als auch Juden Heimstätte sein sollte, war gescheitert. Juden und Araber in Palästina entwickelten sich auseinander – auch wenn die Stellung der arabischen Israelis noch als Erinnerung an die transnationale Vision weiter besteht und auch auf ein Potenzial eines Miteinanders hinweist.

Palästina war schon am Beginn des britischen Mandats von einer immer tiefer werdenden Kluft geprägt – zwischen dem Zionismus, der möglichst viele Menschen ins Land holen wollte, und den Arabern, die dies mehr und mehr als feindliche Landnahme sahen. Da die Jüdinnen und Juden Palästinas sich als ein spezifisches Volk verstanden, war die Frage nach der Nationalität der palästinensischen Araber gestellt. Diese wurden durch den Zionismus gezwungen, ihre Identität zu definieren. Zunächst verstanden sich – wie schon Jahrhunderte davor – die Araberinnen und Araber als Teil einer großen arabischen Nation, deren politische und wirtschaftliche Zentren Kairo und Damaskus und Bagdad, deren religiöses Zentrum Mekka war.

Doch die panarabische Definition Palästinas erwies sich als zu schwach, die Gründung eines jüdischen Staates zu verhindern. Und sie erwies sich auch als politisch hinderlich. Die gesamtarabische Solidarität mit dem arabischen Palästina konnte die Etablierung Israels nicht verhindern. Das Schlüsseljahr 1967, als infolge des Krieges Ägypten die Kontrolle über Gaza und Syrien und über den Golan verlor; als Jordanien (Ost-) Jerusalem und die Westbank räumen musste, führte mit innerer Logik zur Entwicklung eines spezifischen palästinensischen Nationalgefühls. Ohne die mentale Bindung an die arabische Welt aufzugeben, verstand sich die arabische Bevölkerung in den besetzten Gebieten zunehmend als eine palästinensische Nation.

Die Entwicklung eines subjektiven palästinensischen Nationalgefühls baute auf einer objektiven Dimension – auf den strategischen Interessen in der arabischen Welt. Die arabischen Staaten sahen einen Vorteil darin, ihre Ansprüche auf die Westbank und Ostjerusalem und auf Gaza an die Palästinenser und Palästinenserinnen abzutreten. Ohne eine arabische Solidarität mit Palästina aufzugeben, sahen Ägypten und vor allem Jordanien einen politischen Vorteil darin, die Opposition gegen die Waffenstillstandsordnung von 1967 nicht panarabisch-transnational, sondern palästinensisch-national zu definieren.

Diese Nationswerdung Palästinas, Antwort auf die Erfolge Israels, ist zu einem entscheidenden Faktor für Israel und auch für jeden Friedensprozess geworden. Die Nationswerdung strahlt auch auf die israelischen Araber aus, die – als Bürgerinnen und Bürger Israels – zwar eine rechtliche Gleichstellung genießen, die sich aber faktisch diskriminiert fühlen und sich in freilich unterschiedlichem Maße mit den Palästinensern in den besetzten Gebieten identifizieren. Die palästinensische Nationswerdung ist eine potenzielle Bedrohung, jedenfalls aber eine Herausforderung für Israel, weil sie ein emotionales, politisch mobilisierbares Band zwischen israelischen Arabern und der Bevölkerung in den besetzten Gebieten herstellt.

Diese Herausforderung macht eine der Besonderheiten Israels aus. Und sie besteht aus Widersprüchen, die von Israel allein nicht aufgelöst oder kanalisiert werden können. Denn Israel, das „defining other" der palästinensischen Nation, ist letztlich auf die Kooperation mit Palästina angewiesen, wenn eine dauerhafte, friedliche Lösung des Konfliktes gefunden werden soll. Und die Kooperationsbereitschaft Palästinas kann gewiss nicht einfach vorausgesetzt werden.

Es geht um die zentralen Widersprüche, mit denen Israel leben muss, zu leben gelernt hat – aber sich gelegentlich der Illusion hinzugeben scheint, diese Widersprüche würden sich quasi von selbst auflösen:

- Der Widerspruch zwischen dem offiziell beanspruchten Charakter Israels als Staat der Juden und dem ebenso in Anspruch genommenen säkularen Charakter dieses Staates.

- Der Widerspruch zwischen der real existierenden Demokratie Israels – und einem Besatzungsregime, das mit diesem Anspruch jedenfalls langfristig nicht kompatibel ist.

- Der Widerspruch zwischen einem von Israel offiziell verkündeten (und teilweise gelebten) Respekt vor der palästinensisch-arabischen Identität – und einer Realität, die von der palästinensisch-arabischen Seite als Repression wahrgenommen wird.

Diese und andere Widersprüche finden ihre Entsprechung in anderen Teilen der Welt. Kanada ist ein Staat, dessen Verfassung, dessen Realität auf der Koexistenz zwischen einer anglofonen und einer frankofonen Subgesellschaft bestimmt wird – einer Koexistenz, die ihren Ausdruck in dem Nebeneinander eindeutig anglofoner Provinzen und dem ebenso eindeutig frankofonen Quebec findet. In dieser kanadischen Realität scheint für die „First Nations", die Innuit und die „Indianer", kaum Platz zu sein; und für die große Zahl von Zuwanderern aus Europa und Asien, aus der Karibik und Südamerika scheint das anglofone-frankofone Duopol wenig Möglichkeiten zu offerieren – außer eine möglichst perfekte Assimilation im anglofonen oder frankofonen Kanada. Und dennoch hat Kanada, in seiner Widersprüchlichkeit, in Form eines spezifisch kanadischen „Multikulturalismus" eine transethnische gesellschaftliche Identität zugelassen, ja gefördert.

Wer von den Vorstellungen eines traditionellen, homogenen Nationalstaates ausgehend das Israel von heute verstehen will, wird die israelische Wirklichkeit nicht begreifen. Wer Israel als religiös, kulturell und sprachlich pluralistisches Gebilde sieht, in dem es zwar kein Gleichgewicht zwischen den einzelnen Subgesellschaften gibt, aber doch ein (nicht immer friedlich gestaltetes) Nebeneinander, wer akzeptiert, dass Israel nicht eindeutig, sondern vieldeutig ist, kann dieses Land begreifen.

Israel ist jüdisch und auch arabisch, es ist multikulturell und dennoch das Kernland des jüdischen Monotheismus. Israel ist die Umsetzung des Zionismus, des Projektes der Staatsgründung eines Volkes ohne Staat. Diese Widersprüchlichkeit verhilft dem Land zu einer attraktiven Buntheit mit freilich auch latenter Explosivität.

5. NARRATIVE

Israels Existenz ist – wie die anderer Gesellschaften und Staaten auch – begleitet von selektiven Wahrnehmungen, die in Geschichten und Geschichtsbüchern weitergegeben werden. Diese Erzählungen prägen Bewusstsein und schaffen so Realitäten – auch wenn die durch Narrative geschaffenen Wirklichkeiten nichts an den zumeist komplexeren Wirklichkeiten der Vergangenheit zu ändern vermögen. Aber Narrative schaffen Bewusstsein und damit, heute und morgen, beeinflussen sie das Verhalten vieler und damit die Politik. In kaum einem Land der Welt von heute spielen die bewusstseins- und verhaltensschaffenden Erzählungen eine so bestimmende Rolle wie in Israel.

Der Nahe Osten und speziell der Raum zwischen dem Jordan und dem Mittelmeer ist ein historisch ungewöhnlich belasteter Raum. Asien trifft hier auf Afrika, und Europa ist nahe. Dieser Raum war im Laufe der Jahrtausende immer wieder Ort lebhafter, auch kriegerischer Auseinandersetzungen. Assyrer und Babylonier, Perser und Ägypter versuchten immer wieder, sich die Kontrolle dieses relativ kleinen Raumes zu sichern. Der Anspruch der Griechen (Mazedonier) und der Römer auf die Herrschaft über die in der jüdischen Tradition Judäa, Samaria und Galiläa genannten Landesteile war ein europäischer Anspruch. Er war – zunächst – kein missionierender Anspruch. Die hellenistischen und dann die römischen Beherrscher des Landes ließen Palästina, seine Religionen und seine Kulturen weiter existieren, solange sich die Menschen grundsätzlich politisch loyal, angepasst und unterwürfig verhielten. Es ging diesen europäischen Reichen um die politische Kontrolle und den wirtschaftlichen Nutzen, und nicht um die Verbreitung eines bestimmten Glaubens.

Die Vertreibung der Juden und die Zerstörung des Tempels durch die Römer war die Reaktion politischer Macht auf eine politische Opposition. Die Römer wollten die Juden nicht „bekehren", sondern unterwerfen. Sie wollten die politische Unruhe in Palästina ein für alle Mal ersticken. Doch als an die Stelle des alten Rom das christliche Byzanz trat, kam eine explizit missionierende religiöse Komponente in die Herrschaft über Judäa, Samaria und Galiläa. Die kleine Zahl von Juden, die trotz der gewaltsamen Vertreibung durch die Römer in ihrem Land geblieben waren, sahen sich jetzt als diskriminierte Minderheit, die wegen ihres Glaubens unterdrückt wurde.

Nach der Islamisierung zunächst der arabischen Halbinsel und dann des gesamten Raumes zwischen Marokko und Indien, aber auch der iberischen Halbinsel, setzte die arabisch-islamische Periode der Herrschaft über Palästina ein. Bald nach der Wende zum zweiten Jahrtausend wurde die islamisch-arabische Hegemonie von den „lateinischen", d. h. katholischen, vor allem westeuropäischen Kreuzfahrern herausgefordert. Der islamische, religiös motivierte Herrschaftsanspruch hatte mit dem christlichen Herrschaftsanspruch zu kämpfen. Die jüdische Bevölkerungsminderheit in Palästina hatte von beiden nichts Gutes zu erwarten

Am Beginn der (europäischen) Neuzeit setzte das Osmanische Reich seine Oberhoheit durch und sicherte eine islamische, wenn auch nicht arabische Hegemonie. Napoleon versuchte eine französische Präsenz zu etablieren – und wurde wieder vertrieben. Aber der französische Griff nach dem Nahen Osten war der Vorbote für weitere europäische Expansionsversuche. Russland und Frankreich beanspruchten eine Art Schutzmachtrolle für die christlichen Minderheiten des Raums. Und die britische, aber auch die französische und die deutsche Regierung hatten am Beginn des 20. Jahrhunderts ihre politisch-territorialen Ansprüche auf Teile dieses Raumes artikuliert und – besonders deutlich ausgedrückt in der britischen Kontrolle über Ägypten und den Suezkanal – auch schon konkret umgesetzt.

Im Ersten Weltkrieg verbanden sich deutsche und osmanische Interessen. Deutsche Truppen erschienen, im Bündnis mit den türkisch-osmanischen Verbänden, auch in Palästina. Durch die Niederlage der „Mittelmächte" hatten die Türkei und Deutschland aber jeden Einfluss im arabischen Raum eingebüßt. Nun griffen Großbritannien und Frankreich nach den arabischen Territorien des Osmanischen Reiches und teilten unter sich jene auf, die zu Irak und Syrien, dem Libanon und Jordanien und eben Palästina/Israel wurden.

Der ganze Nahe Osten und insbesondere Palästina waren geprägt von einem Multikulturalismus, der sich vor allem in religiöser Vielfalt äußerte. Die Muslime – Sunniten, Schiiten, Alewiten – stellten am Beginn des 20. Jahrhunderts die große Mehrheit. Aber Christen, vor allem im Libanon, wieder gespalten in Katholiken und Orthodoxe, lebten über die Jahrhunderte auch und gerade nahe dem, was für sie die „Heiligen Stätten" waren und sind. Und die jüdische Präsenz war auch nach all den Vertreibungen nie ganz verschwunden, nicht in Bagdad, nicht in Damaskus und auch nicht in Jerusalem.

Dieser Multikulturalismus überlebte, trotz der religiösen Eiferer auf allen Seiten. Als die Kreuzfahrer 1099 Jerusalem eroberten, richteten sie ein Blutbad an. Sie töteten – die Quellen sind nicht völlig eindeutig – entweder alle oder die große Mehrheit der muslimischen und der jüdischen Bevölkerung. Muslime und Juden waren vereint in der Opferrolle. Die christlich-europäischen Heere brachten ihre, die „wahre" Lehre mit Feuer und Schwert. Es war ein „heiliger" Krieg, ein christlicher Jihad.

Doch die christliche Herrschaft hielt auf Dauer dem folgenden Ansturm der arabischen Muslime nicht stand. Und in der Epoche, die in Europa der Beginn der Neuzeit genannt wird, waren Jerusalem und ganz Palästina unter der Kontrolle der Osmanen.

In dieser Periode überlebten eine jüdische und eine christliche Präsenz und sicherten so eine multireligiöse, multikulturelle Realität. Jüdische und christliche Minderheiten scharten sich um die Heiligtümer ihres Glaubens – die Klagemauer, die Grabeskirche, die Geburtskirche von Betlehem, das Grab Abrahams, die Stätten des Zimmermannes von Nazareth. In den Jahrhunderten islamisch-osmanischer Herrschaft dominierte der Islam, aber im Rahmen einer relativ inklusiven Ordnung.

Das Osmanische Reich war religiös tolerant, jedenfalls im Vergleich mit den von der Inquisition bestimmten christlichen Staaten der frühen Neuzeit. Das osmanische Jerusalem duldete die religiöse, kulturelle, ethnische Vielfalt. Das begann sich mit der von den Reformern der „Jungtürken" Anfang des 20. Jahrhunderts dominierten Politik zu ändern, die eine nationale Integration, eine einheitliche türkische Nation durchzusetzen versuchten. Diese Politik der Turkisierung forderte Opfer, vor allem armenisch-christliche Opfer – in Form von Pogromen, in Form des Genozids von 1915.

Doch die entscheidende Herausforderung für die Osmanische Herrschaft war die Politik der Entente, speziell der Briten im Ersten Weltkrieg. Nach der Kriegserklärung des Osmanischen Reiches im Herbst 1914 fürchtete Großbritannien, dass türkische Armeen, von Palästina aus vorstoßend, die britische Kontrolle über den Suezkanal gefährden könnten. Gegen das Osmanische Reich setzte die britische Politik auf das klassische Rezept „Divide et Impera", teile und herrsche. Großbritannien setzte daher auf einen arabischen Nationalismus, der sich gegen die Türkei richtete; und auf den Zionismus, der sich ebenfalls gegen die Kontrolle der Osmanen über Palästina instrumentieren ließ.

Die Briten waren damit erfolgreich. 1918 übernahmen sie, nach ihren militärischen Erfolgen in Palästina und in Syrien, die Herrschaft über weite Teile des Osmanischen Reiches, bald ausgestattet mit dem Mandat des Völkerbundes. Sie kontrollierten den Irak und Jordanien und setzten dort ihnen genehme Monarchen ein. Und sie kontrollierten Palästina direkt. Aber in Palästina wurden sie die Geister, die sie zwar nicht geschaffen, sehr wohl aber benutzt hatten, nicht mehr los. Sowohl der zionistisch-jüdische als auch der arabisch-muslimische Nationalismus wandte sich gegen die britische Herrschaft; vor allem aber stellten sie sich gegeneinander. Der israelisch-palästinensische Konflikt war geboren.

5.1. Das zionistische Narrativ

Der Zionismus, wie er sich in den letzten Jahrzehnten des 19. Jahrhunderts entwickelte, war das Produkt von gewaltsamer Unterdrückung (wie im zaristischen Russland) und der Ernüchterung über die Ergebnisse der rechtlichen Gleichstellung, über die Resultate von Emanzipation und Assimilation. Der Zionismus suchte eine Heimstätte, in der Juden nicht nur als Minderheit bestenfalls toleriert waren, in der sie vielmehr als Mehrheit eine jüdische Hegemonialkultur entwickeln konnten. Der Zionismus ging daran, einen jüdischen Staat zu schaffen.

Der formelle Status dieser Heimstätte war zunächst diffus, bewusst auch diffus gehalten. Zwar verwendete Theodor Herzl für diese Heimstätte von Anfang an den Begriff „Staat", aber in seinen politischen Schriften vermied er es, diesen Staat eindeutig als souveränen Staat zu definieren. Denn Herzl setzte ja um 1900 auf die Kooperation mit den Mächten, vor allem mit dem Osmanischen Reich. Und um die herrschenden Kräfte der Türkei zu gewinnen oder zumindest nicht zu sehr zu verschrecken, gab er diesem Staat einen nebulosen Charakter im Sinne eines autonomen oder halbsouveränen Territoriums innerhalb des Osmanischen Reiches.

Am Anfang der zionistischen Bewegung war die geografische Verortung dieser Heimstätte noch nicht eindeutig definiert. Eine Region in Argentinien wurde als mögliche Heimstätte der Juden diskutiert, aber diese und andere Überlegungen wurden bald durch eine eindeutige Festlegung auf Palästina verdrängt. Palästina und nur Palästina konnte dem Zionismus eine Verbindung mit der vergangenen jüdischen Staatlichkeit offerieren. Palästina und nur Palästina sorgte für die religiöse Konnotation, die als emotionale Mobilisierung vom Zionismus in den Dienst genommen werden konnte. Palästina und nur Palästina erlaubte eine zionistische Planung, abgesprochen mit Großmächten – zunächst gestützt, wie von Herzl vertreten, auf das Osmanische Reich, dann, nach dessen Untergang, auf Großbritannien.

Herzl setzte als intellektueller Bürger des gebildeten Mittelstandes der Jahre um 1900 auf die Herrschenden: auf den Sultan in Konstantinopel, auf den deutschen Kaiser, auch auf den Papst. Herzl suchte die Unterstützung der Mächtigen. Das bedeutete aber nicht, dass er das real im osmanischen Palästina lebende arabische Mehrheitsvolk ignoriert hätte. Für Herzl war der Zionismus nicht ein Programm für ein „Volk ohne Land", das einen Staat in einem „Land ohne Volk" für sich beanspruchte.

Herzl wusste über die realen Verhältnisse Palästinas Bescheid – von seiner einzigen Reise nach Jaffa und Jerusalem 1898, von den verschiedenen literarischen Quellen. Aber er und der Zionismus in dessen erster Phase unterschätzten die Problematik eines Staates oder eines staatsähnlichen Territoriums inmitten einer arabischen, mehrheitlich muslimischen Bevölkerung. Sein Bild von einem harmonischen Zusammenleben von Juden und Arabern ist aus der Sicht der bald schon einsetzenden Konflikte von einer geradezu berührenden Naivität.

Nicht naiv, sehr wohl aber, durch die politische Entwicklung im und nach dem Ersten Weltkrieg, überholt war Herzls Fokussierung auf das Osmanische Reich. Die Rolle der Macht, die über die arabische Mehrheit und die jüdische Minderheit in Palästina herrschte, hatte ab 1918 Großbritannien übernommen. Die britische Regierung hatte auch 1917 das formuliert, was sich Herzl vor seinem Tod vergeblich von der Regierung in Istanbul erhofft hatte: die Festlegung auf Palästina als eine jüdische Heimstätte. Und diese Festlegung erfolgte in Form der Balfour-Deklaration. Diese wurde zum primären Bezugspunkt der jüdischen Ansprüche auf Palästina und zur Legitimation jüdischer Staatlichkeit. Die Balfour-Deklaration wurde zur Vorstufe jüdischer Staatlichkeit in Palästina.

Doch da war Herzl schon über ein Jahrzehnt tot, und die zionistische Politik setzte nun auf die Entente und vor allem auf Großbritannien. Der primäre Akteur, der sich letztlich mit Erfolg für die Balfour-Deklaration eingesetzt hatte, war Chaim Weizmann, Professor der Chemie an der Universität Manchester. Weizmann sollte 1948 der erste Staatspräsident Israels werden. Er verkörperte die geopolitisch notwendig gewordene politische Orientierung des Zionismus an Westeuropa und zunehmend auch an den USA.

Die britische Mandatsmacht versuchte sich über eine Politik des „Sowohl – Als Auch" und über die letztlich unauflöslichen Widersprüche ihres Mandats hinwegzusetzen und eine Politik der Balance umzusetzen. Die britische Regierung wollte zwischen den zionistischen Kräften und den palästinensischen Arabern ein Gleichgewicht halten, indem sie jeder Seite etwas, aber nicht alles gab, worauf Juden und Araber ein Recht zu haben glaubten. Am Ende hatten die Briten beide Seiten gegen sich aufgebracht und konnten auch die Gewalt zwischen Arabern und Juden nicht mehr unterbinden.

Die einen setzten auf jüdische Zuwanderung, die anderen sahen ebendiese Zuwanderung als Bedrohung. Die wachsende jüdische Minderheit wurde zum beherrschenden Thema in der Mandatszeit. Der Zionismus musste, um sich treu zu bleiben, jüdische Migration nach Palästina propagieren und massiv unterstützen. Die arabische Mehrheit musste dies als Betrug und Kolonialisierung sehen: Sie sah sich betrogen von den Briten, die nicht wirklich daran dachten, ihre Versprechungen auf eine arabische Staatlichkeit umzusetzen und bedroht vom Zionismus, der – so die arabische Sicht – in diesem Land als eine (seine) zukünftige Kolonie auffasste, die sie, also die Zionisten, durch massive Zuwanderung unter Kontrolle zu bringen versuchte.

In den knapp drei Jahrzehnten britischer Mandatsherrschaft wurde Palästina von einem Drei-Fronten-Konflikt beherrscht. Die arabisch-palästinensische Bevölkerung war in ihrer Hoffnung auf Unabhängigkeit enttäuscht: Woodrow Wilsons Doktrin vom Selbstbestimmungsrecht der Nationen sollte nach dem Willen der Siegermächte für außereuropäische Völker nicht oder zumindest nicht sofort gelten. Die zionistischen Kräfte wiederum verstanden die britische Politik als eine faktische Rücknahme der Balfour-Deklaration. Und die britische Verwaltung sah sich bald von den einander diametral widersprechenden Positionen der Juden und der Araber hoffnungslos überfordert: Die ursprüngliche britische Vorstellung, in Palästina eine milde, aber eben nicht demokratische Herrschaft ohne Gewaltanwendung zu errichten und deren Umsetzung mit arabischen Honoratioren und zionistischen Eliten abzusprechen, war nicht zu verwirklichen.

Der Zionismus glaubte, durch die Balfour-Deklaration, sein großes Ziel erreicht zu haben: Eine Weltmacht hatte sich verpflichtet, eine jüdische Heimstätte in Palästina zu errichten oder zumindest zuzulassen. Doch die Unschärfe der Begriffe (vor allem Heimstätte – „home land") ließ zu viele Fragen offen, und die Schärfe der Ablehnung jüdischer Zuwanderung durch die arabische Mehrheitsbevölkerung war nicht erwartet worden. Die Zionistinnen und Zionisten fühlten sich letztendlich von den Briten hintergangen. Dass auch die Palästinenserinnen und Palästinenser sich betrogen fühlen mussten, das machte den Konflikt nur noch komplizierter.

Im Zweiten Weltkrieg unterstütze der Zionismus grundsätzlich die britischen Kriegsanstrengungen, in Palästina auch durch die Aufstellung jüdischer Militäreinheiten. Doch in diesem Einsatz gegen NS-Deutschland sahen sich die Zionisten wieder nicht entsprechend belohnt: Die 1945 an die Regierung gekommene britische Labour Party war in zentralen Punkten dem zionistischen Projekt viel weniger zugeneigt als es die britischen Vorgängerregierungen waren.

Die britische Politik in Palästina sollte bald resignieren, und wie schon ein Jahr davor in Indien, verließen die Briten Palästina 1948 in großer Eile. Juden und Araber in Palästina waren nun nicht mehr in einem Dreieckskonflikt festgerannt: Dieser war 1948 zu einem bipolaren Konflikt geworden. Doch Juden und Araber waren in Palästina nicht allein gelassen: Die arabischen Staaten nahmen sich der palästinensischen Sache an, auch und gerade militärisch; und die jüdische Seite wurde von einigen Mächten (vor allem Frankreich) und von der jüdischen Diaspora (vor allem in den USA) unterstützt.

Der Krieg von 1948 war vielschichtig: Arabische Armeen kämpften für palästinensische Interessen; arabische Staaten, die aber über das Ziel der Zerstörung jüdischer Staatlichkeit hinaus kein gemeinsames politisches Ziel hatten, waren militärisch involviert. Israel kämpfte hingegen um das Überleben des eben gegründeten Staates. Damit war schon 1948 unterstrichen, dass die arabische Seite viele Kriege verlieren kann, Israel aber nur einen einzigen. Denn diese Niederlage wäre das Ende Israels. Israel musste sich in ständigen Kämpfen ein Lebensrecht sichern.

5.2. Das palästinensische Narrativ

Die Zionisten der ersten Generation gingen davon aus, dass sowohl die osmanischen Behörden als auch die arabische Bevölkerung in Palästina die jüdische Siedlungstätigkeit als positiven Beitrag für die vor allem wirtschaftliche Entwicklung des Raumes sehen würden. Jüdische Zuwanderung sollte einer ökonomisch äußerst vernachlässigten Region die Impulse geben, sich in Richtung europäischer Standards zu entwickeln. Geschützt und gestützt von wohlwollenden osmanischen Behörden würde der Zionismus eine Win-win-Situation begründen, allen Beteiligten zum Vorteil.

Doch der arabische Nationalismus, den vor allem die britischen Kriegsanstrengungen gegen die Türkei instrumentalisiert und damit gestärkt hatten, sah sich 1918 als Verlierer einer solchen Entwicklung. In Paris, 1919, wurde klar, dass das Recht auf Selbstbestimmung nur für „weiße" Völker gelten sollte, und nicht für Völker generell. Das Vorgehen der Siegermächte bei der Neugestaltung der Weltordnung in Form der Friedensdiktate nach dem Ersten Weltkrieg wurde – aus verständlichen Gründen – außerhalb Europas als kolonialistisch und imperialistisch wahrgenommen.

Die britische Politik versuchte, durch die Etablierung zweier autonomer Königreiche im Irak und im damaligen Transjordanien (dem heutigen Jordanien) sich vom Vorwurf der Fortsetzung imperialistischer Politik freizuspielen – mit geringem Erfolg. Doch in Palästina waren die Briten in einer noch schwierigeren Situation: Sie konnten den wach geküssten arabischen Nationalismus nicht zufriedenstellen

– jedenfalls nicht in einer auf die Selbstbestimmung Palästinas hinauslaufenden Politik; und sie konnten die jüdische Migration nach Palästina nicht uneingeschränkt zulassen, ohne die arabischen Interessen zu verletzen. Die arabischen Erwartungen konnten nicht wegen der Rücksichtnahme auf die jüdischen Erwartungen befriedigt werden – und umgekehrt.

Es entstand eine komplizierte Dreieckssituation, in der sich die arabischen Palästinenser als der schwächste Partner sahen. Sie hatten in der Weltpolitik keine Fürsprecher, anders als der Zionismus, der mit der Unterstützung jüdischer Gemeinden vor allem in West- und Mitteleuropa und dem amerikanischen Kontinent rechnen konnte. Und als die einsetzende antijüdische Politik des nationalsozialistischen Deutschland den Zionismus innerhalb des europäischen Judentums massiv stärkte, als die Jüdinnen und Juden zunächst Deutschlands und bald ganz Europas sich als allererste Opfer eines aggressiven Regimes sahen und sich in dieser primären Opferrolle auch darstellen konnten, geriet die britische Regierung unter Druck. Das mühsam und halbwegs abgesicherte Gleichgewicht im politischen Dreieck Palästinas wurde gestört und schließlich zerstört.

Die Bedrohung durch den Nationalsozialismus stärkte das jüdische Interesse, Palästina für alle Flüchtlinge zu öffnen. Nach Palästina einwandernde Jüdinnen und Juden veränderten aber rasch die Demografie des Landes. Der jüdische Bevölkerungsanteil stieg kontinuierlich, der arabische ging entsprechend zurück. Die palästinensische Bevölkerung reagierte so wie andere Gesellschaften in analogen Situationen: Jüdinnen und Juden wurden als fremd, als feindlich, als bedrohliche Außenseiter wahrgenommen. Es entwickelte sich auf arabisch-palästinensischer Seite die Bereitschaft, auf die jüdische Zuwanderung notfalls auch mit Gewalt zu reagieren. Es kam zu gewaltsamen antijüdischen Gewaltexzessen, die den Zionisten wie die Pogrome der Zarenzeit erscheinen mussten. Und die Vorstellung der frühen Zionisten aus der Periode Theodor Herzls von einer harmonischen Koexistenz von Juden und Arabern war bald verflogen. Auch die jüdische Seite bereitete sich auf gewaltsame Auseinandersetzungen vor.

Der so von allen Seiten zunehmende Druck auf die mühsam balancierende Politik der britischen Mandatsmacht führte dazu, dass die Briten sowohl von arabischer als auch jüdischer Seite als Feind wahrgenommen wurden, als Gegner, der die Freiheitsansprüche des arabisch-palästinensischen und des jüdischen Volkes gewaltsam unterdrückte. Und beide Seiten hielten die britischen Sicherheitsbehörden für parteilich, die jeweils andere Seite unterstützend. Beide Seiten griffen auch zunehmend zur Gewalt – gegeneinander und gleichzeitig auch gegen die Briten.

Die verschiedenen britischen Versuche, eine Lösung für das von Arabern und Juden beanspruchte Palästina zu finden, waren ohne Erfolg. Als 1937 die britische „Peel Commission" die Teilung Palästinas in einen arabischen und einen jüdischen Staat vorschlug, Jerusalem und ein Korridor zwischen dieser Stadt und Jaffa aber unter britischer Kontrolle bleiben sollten, lehnten Araber und Juden ab.

Dieser und andere Pläne der britischen Mandatsherrschaft waren folgenlose Versuche, eine nicht mehr kontrollierbare Explosion der Gewalt zumindest hinauszuschieben. Die britischen Anstrengungen, Anarchie und Chaos zu unterbinden, führten nur dazu, dass die Araber die Briten als Verbündete der Juden und die Juden die Briten als Verbündete der Araber sahen. Die britische Politik konnte es keiner Seite recht machen.

Die palästinensischen Araber fühlten sich so in ihrer Wahrnehmung bestärkt, Opfer eines britischen Imperialismus zu sein, der sich mit dem Zionismus gegen das arabische Palästina verbündet hatte. Und als am 3. September 1939 Großbritannien dem nationalsozialistischen Deutschland den Krieg erklärte, führte der antikolonialistische Reflex des arabischen, nicht nur des palästinensischen Nationalismus zu einer mehr oder weniger eindeutigen Parteinahme für Deutschland.

Im Irak veranlasste ein antibritischer Aufstand unter Rashid Ali al-Gailani im Mai 1941 die deutsche Kriegsführung, Luftwaffeeinheiten über Syrien, dessen französische Verwaltung der Vichy-Regierung verpflichtet war, in den Irak zu entsenden. In Ägypten konfrontierten arabische Nationalisten wie Anwar Sadat die de facto bestehende britische Kolonialherrschaft und hofften auf ein rasches Vordringen der deutschen und italienischen Verbände, die 1942 schon vor den Toren Alexandriens standen. Im November 1941 hatte Adolf Hitler bereits den Großmufti von Jerusalem empfangen, Haj Amin al-Husseini, der sich als politischer Arm des arabischen Kampfes gegen Briten und Juden in Palästina profiliert hatte.

Der Großmufti bot Hitler die Aufstellung einer Arabischen Legion an, die auf der Seite der Achsenmächte kämpfen sollte. Dieser Plan konnte letztlich deshalb nicht umgesetzt werden, weil die alliierten Siege im November 1942 – in Stalingrad und in El Alamein – und die fast gleichzeitige alliierte Landung in Nordafrika die deutsche Wehrmacht zurückdrängten. Das militärische Kräfteparallelogramm im Nahen Osten hatte sich zugunsten der Briten verschoben. Der Vorstellung einer auch militärischen Allianz zwischen dem arabischen Nationalismus und Hitler-Deutschland war die geostrategische Realität abhanden gekommen.

Die 1941 und in der ersten Jahreshälfte 1942 durchaus reale Bedrohung der britischen Herrschaft in Palästina durch deutsche Armeen, die vom Westen über den Suezkanal vorzustoßen drohten und die vom Nordosten über den Kaukasus ebenfalls die britischen Positionen im Irak und in Palästina gefährden könnten, führte dazu, dass die Briten der Aufstellung jüdischer Einheiten zustimmten, die gemeinsam mit den Briten 1942 Syrien eroberten und die dort etablierte, dem Vichy-Regime ergebene und daher prodeutsche Herrschaft und die von dieser ausgehende Bedrohung Palästinas beendeten. Der arabisch-palästinensische Nationalismus sah sich durch diese zumindest punktuelle Waffenbrüderschaft britischer und zionistischer Verbände in der Interpretation des Zionismus als Form kolonialer Fremdherrschaft nur noch weiter bestätigt: Im Zweifel würden britische Kolonialisten und Zionisten gemeinsame Sache machen.

Die fehlende Unterstützung der britischen Mandatsmacht für einen jüdischen Staat änderte nichts daran, dass die palästinensisch-arabische

Seite Israel auch heute noch als Produkt eines Neokolonialismus sieht, als Fortsetzung einer Fremdherrschaft mit anderen Mitteln. Dass Großbritannien eine enge militärische Kooperation mit dem Königreich Transjordanien einging (das sich bald Jordanien nennen sollte), eine Kooperation, die sich in der führenden Rolle britischer Offiziere ausdrückte, die Jordaniens Armee 1948 gegen Israel führten, konnte in den arabischen Augen die Punzierung Israels als kolonialistisch nicht verhindern.

Nur durch diese Definition war es möglich, die Gegner Israels als nationale Freiheitskämpfer hinzustellen. Die Auseinandersetzungen zwischen Juden und Arabern wurden als Konflikt zwischen Imperialisten und Antiimperialisten interpretiert. Nasser und Co. wurden zu antiimperialistischen Kämpfern. Und nach 1967 übernahmen Arafat und die PLO die erste Rolle im antiisraelischen und damit per se antiimperialistischen Freiheitskampf. Die Selbstdarstellung Palästinas als ein gegen Israels Imperialismus kämpfendes Volk erwies sich als erfolgreiches Instrument, um vor allem in Europa den Konflikt um Palästina als Freiheitskampf des palästinensischen Volkes vermitteln zu können.

Palästina wurde zur Nation, weil die arabischen Staaten in ihrer Gesamtheit sich weniger eigneten, als Kämpfer für die Freiheit der Unterdrückten vermittelt zu werden. Die PLO hingegen erwarb sich einen romantischen Anstrich, der die weltweite Nutzung des demonstrativ getragenen palästinensischen Würfeltuches zum modischen Signal des „Antiimperialismus" machte, dem (sowjetischen) Roten Stern und dem Bild Che Guevaras ähnlich. Arafat und die PLO eigneten sich jedenfalls ganz einfach besser als die Diktatoren Nasser und Assad für die Rolle von Freiheitskämpfern.

Wer diesen Freiheitskampf zu behindern schien, wurde Opfer von Mordanschlägen – wie der jordanische König Abdullah, wie der ägyptische Präsident Sadat. Dass der palästinensische Freiheitskampf erfolglos blieb, änderte zunächst nichts am antiimperialistischen Anspruch der PLO. Ja, die Erfolglosigkeit stärkte das palästinensische Opfernarrativ. Erst die zum Oslo-Abkommen führenden

Verhandlungen zeigten Ergebnisse – weil die PLO neben ihrer weiterhin in Anspruch genommenen Rolle als Freiheitskämpfer sich auf Verhandlungen mit Israel einließ; Verhandlungen, die allein schon für sich als vertrauensbildende Maßnahmen angesehen werden konnten.

Deshalb wurde die PLO auch zunehmend von arabisch-palästinensischen Organisationen herausgefordert, die Verhandlungen mit Israel weiterhin grundsätzlich ablehnten – wie die Hamas. Hamas und andere störten den Anspruch der PLO auf ein Machtmonopol innerhalb der besetzten Gebiete und verhinderten so eine eindeutige Haltung Arafats und seiner Organisation. Arafat setzte auf eine Doppelstrategie – mit der Intifada eskalierte der Konflikt, der jedenfalls in der zweiten Intifada ab 2000 mörderische Züge aufwies; gleichzeitig aber hielt er offiziell an dem in Oslo vereinbarten Friedensprozess fest.

Palästina und Israel sehen im Status quo nicht die schlechteste vorstellbare Situation. Sie haben sich offenkundig in diesem Status quo eingerichtet. Eine Friedenslösung würde für die eine und die andere Seite politische Kosten mit sich bringen, die zu bezahlen sie (noch?) nicht bereit sind. Die PLO nützt die vermeintliche oder auch tatsächliche mangelnde Bereitschaft Israels, den Palästinensern in wesentlichen Fragen entgegenzukommen, um auch ohne Zustimmung Israels und insbesondere vor einem Friedensschluss, der auch den Grenzverlauf regeln würde, die Anerkennung als Staat zu erreichen.

Israel wiederum unterlässt es, auch gegenüber den USA, sich etwa auf einen Siedlungsstopp festzulegen, der als vertrauensbildende Maßnahme gesehen würde. Ein Siedlungsstopp, so die israelische Position, würde erhebliche innerisraelische Konflikte auslösen, ohne dass Israel dafür eine glaubhafte Sicherheitsgarantie erhielte. Israel wäre geschwächt, die arabisch-palästinensische Seite gestärkt. Palästina sieht im Fehlen eines Siedlungsstopps den Beweis für die fehlende Ernsthaftigkeit für Israels grundsätzliches Festhalten an der Zweistaatenlösung. Und Israel, zu Verhandlungen ohne Vorbedingungen bereit, sieht in der Forderung nach einem Siedlungsstopp eben eine solche Vorbedingung. Das aber – so Israels Sicht – würde die mangelnde Ernsthaftigkeit der Friedensbeteuerungen von palästinensischer Seite nur noch weiter unterstreichen.

6. MULTIKULTURELLES ISRAEL

Israel ist vieles, und es ist das Gegenteil von vielem. Israel ist ein Nationalstaat, wenn als solcher ein Staat verstanden wird, der einem bestimmten, hegemonialen Teil der Gesellschaft, der sich als Nation versteht, die zentrale politisch-staatliche Rolle einräumt. Und Israel ist ein multikulturelles Konstrukt, wenn man darunter versteht, dass in diesem Staat die verschiedensten gesellschaftlichen Gruppen anerkannt mit- und nebeneinander leben, Gruppen, die nicht oder nur eingeschränkt der Staatsnation (falls eine solche überhaupt existiert) zugerechnet werden, und dass es eine Koexistenz von vielen, ethnisch etikettierten Kulturen gibt.

Israel ist ein Staat, dessen Staatsnation sich auf eine bestimmte Religionsgemeinschaft beruft, die sich aber auch kulturell definiert. Doch Israel ist in vielfacher Hinsicht ebenso multikulturell. Die hebräische Sprache sorgt zwar für eine sprachliche Integration, aber neben dem Hebräischen hat auch das Arabische offiziellen Charakter – als die Sprache der größten Minderheit. Und Israel als Einwanderungsgesellschaft kennt und akzeptiert das Weiterleben der Sprachen der Zuwanderer – Deutsch und Russisch, Polnisch und Ungarisch und Rumänisch und noch viele andere Sprachen. Dazu kommt auch noch das Englische, das als globale Lingua franca aus dem Wirtschafts- und Wissenschaftsleben Israels nicht wegzudenken ist.

Auch wenn die hebräische Sprache erfolgreich die jüdische Zuwanderung in die Hebräisch sprechende Mehrheitsgesellschaft integriert hat, ist Israel heute nach wie vor als ein Land vieler Menschen mit vielen verschiedenen Wurzeln erkennbar. In der Vielzahl der Sprachen, die neben- und miteinander in einer deutlichen, wenn auch formell nicht geregelten Rangordnung zueinander stehen, ist der multikulturelle Charakter Israels erkennbar. Hebräisch ist die Sprache der jüdischen Mehrheit, arabisch die der Minderheit. Aber im israelischen Alltag gibt es englische Zeitungen, russische Stellenanzeigen und jiddische Aufführungen im Theater. Israel ist ein komplexes Gebilde von vielen Sprachen und Kulturen und Identitäten.

Dieser multikulturelle Alltag reibt sich immer wieder mit dem nationalstaatlichen Anspruch. Auf der rechten Seiten des politischen Spektrums gibt es Kräfte – vertreten etwa vom früheren Außenminister Avigdor Lieberman, der mehr nationale Eindeutigkeit dadurch erreichen will, dass er das im Raum stehende Konzept des Landtausches („Land Swap") zur Stärkung der jüdischen Eindeutigkeit Israels einsetzen will: Zwischen Israel und einem zukünftigen Palästina könnte vereinbart werden, dass ein Teil Galiläas – Gemeinden mit Arabisch sprechender Mehrheit – samt der (arabischen) Bevölkerung an Palästina abgetreten werden. Im Gegenzug sollten die jüdischen Siedlungen auf der Westbank formell Teil Israels werden.

Unabhängig davon, dass dies kaum gegen den Willen der betroffenen arabischen Bevölkerung durchzusetzen sein würde – immerhin sind die Lebensverhältnisse der Araber mit israelischer Staatsbürgerschaft ungleich besser als die, die auf sie im Westjordanland warten würden: Solche Pläne könnten auf viele analoge Fälle von Bevölkerungstausch verweisen. Als die Türkei und Griechenland nach dem Türkisch-Griechischen Krieg, der 1922 mit einem Sieg der neuen, der republikanischen Türkei endete, Frieden schlossen, vereinbarten beide Seiten einen Bevölkerungstausch. Mehr als eine Million Griechisch sprechende Bewohner mussten die Türkei verlassen. Aus den von griechischer Vergangenheit und Kultur geprägten Regionen an den Ufern der Ägäis, des Schwarzen und des Mittelmeeres wurden die Griechen nach Griechenland umgesiedelt. Und nahezu eine Million Türkisch sprechende Bewohner im Norden und Nordosten Griechenlands mussten in die Türkei übersiedeln. Die Türkei wurde – nahezu – „griechenfrei", und Griechenland „türkenfrei".

Als 1947 unter britischer Verantwortung in kurzer Zeit die Grenzen zwischen den neuen Staaten Indien und Pakistan gezogen wurden, wanderten Millionen indischer Muslime von Indien nach Pakistan – und Millionen von Hindus und Sikhs in die andere Richtung. Gerade das indisch-pakistanische Beispiel zeigt, dass solche

Umsiedlungen zu katastrophalen, mörderischen Gewaltexplosionen führen können, wenn sie nicht sorgfältig geplant und abgesprochen und mit den Betoffenen auch abgestimmt werden. Die Idee nationaler Homogenität kann immer und immer wieder zu einer Politik der Umsiedlung führen, die auch den Charakter von Flucht und Vertreibung annimmt.

Die Reaktionen auf Liebermans in den Raum gestellte Idee lassen es als höchst unwahrscheinlich erscheinen, dass sie real umgesetzt werden kann. Das hat objektive Gründe: Ethnische Umsiedlungen gelten mehr denn ja als ethnische „Säuberungen", die vor allem wegen der mörderischen Begleitumstände 1947 in Südasien, aber auch im Zusammenhang mit den Erfahrungen während der postjugoslawischen Kriege ab 1991 nicht (mehr) als legitimer Beitrag zu einer Friedenslösung angesehen werden. Ethnische Umsiedlungen waren nur zu oft Raubzüge mit mörderischen Exzessen. Liebermans Idee hat aber allein schon aus politischen Gründen kaum Chance auf Umsetzung. Denn die palästinensische Seite sieht dies nur als Vorwand für die (weitere) Zerstückelung des Territoriums eines zukünftigen palästinensischen Staates.

6.1. Israels Demografie

2014 betrug die Bevölkerungszahl Israels (innerhalb der Waffenstillstandslinien von 1949 und einschließlich der annektierten Gebiete in Ostjerusalem und des Golan) etwa 8,2 Millionen. Davon waren etwa 75 Prozent der offiziellen Kategorie „Juden" zugeordnet, 21 Prozent waren „Araber", 4 Prozent „andere": Menschen, die sich weder als Juden noch als Araber zuordnen lassen wollen – religiöse Gruppen wie die Bahai, traditionelle Minderheiten wie Samaritaner und Tscherkessen, aber auch Tausende vor allem aus den nicht moslemischen Ländern Südasiens und Südosteuropas kommende „Gastarbeiter" sowie Christen, die (vor allem aus der früheren Sowjetunion) oft als nichtjüdische Angehörige jüdischer Zuwanderer nach Israel eingewandert oder als (z. B. philippinische) Zuwanderer dauerhaft vor allem in der Kranken- und Altenpflege tätig sind. Zu den „anderen" werden auch die Flüchtlinge gezählt, die vor allem aus Afrika und vor allem über die ägyptisch-israelische Grenze gekommen sind, von dort keine Möglichkeit zu einer Weiterreise (etwa nach Europa sehen) und die – ohne jüdisch zu sein – in Israel zumeist unter materiell sehr schlimmen Bedingungen leben.

Jüdisch ist eine religiöse Kategorie. Die etwas mehr als sechs Millionen Jüdinnen und Juden Israels sind mehr oder weniger bewusst Aschkenasim, also in der europäischen (vor allem osteuropäischen) Tradition aufgewachsen, oder Sephardim, die Nachfahren der aus Spanien und Portugal um 1500 vertrieben Juden, die danach zumeist im Osmanischen Reich eine Heimstätte gefunden hatten. Zusätzlich wird auch die Gruppe der Mizrachim von den beiden anderen unterschieden, Jüdinnen und Juden mit nahöstlichem (z. B. irakischem) oder nordafrikanischem (z. B. algerischem) Hintergrund.

Arabisch ist eine ethnisch-sprachliche Kategorie. Die Mehrheit der arabischen Bevölkerung Israels stellen die Muslime, die meisten unter ihnen sind Sunniten. Eine Minderheit in der Minderheit sind die christlichen Araber, deren Zentrum vor allem Nazareth ist und die für eine spezifische Wurzel Palästinas stehen: für die christlich-byzantinische Tradition, auf die Kreuzfahrer ebenso zurückzugreifen versuchten wie später britische (und französische, aber auch deutsche und russische) Missionierungsversuche. Im Zentrum von Jerusalem zeugen eine anglikanische Kathedrale ebenso wie eine katholisch französische (Notre Dame), eine orthodox russische und eine deutsch-lutherische Kirche (alle angelegt in der Dimension von Kathedralen) von diesen Missionierungstendenzen. Diese hatten um 1900 einen Höhepunkt erreicht, als das Osmanische Reich in seiner zunehmenden Schwäche sich gezwungen sah, die europäischen Mächte möglichst günstig zu stimmen. Die Zahl der christlichen Araber ist freilich seit vielen Jahren rückläufig, eine Folge der Auswanderung dieser von einem doppelten Minderheitenstatus betroffenen Gruppe.

Zu der Kategorie der „anderen" zählen auch die zum Christentum übergetretenen Jüdinnen und Juden, die ihre israelische Staatsbürgerschaft schon vor ihrer Konversion besaßen und deshalb nicht mehr verlieren konnten. Wäre ihre Konversion vor der Migration nach Israel erfolgt, so hätten diese Christinnen und Christen keinen Rechtsanspruch auf Zuwanderung nach Israel und damit auch nicht auf die israelische Staatsbürgerschaft gehabt.

Der Anteil der Christen insgesamt beträgt etwa zwei Prozent der Bevölkerung Israels. Aber in Israel sind Christen nicht Christen – es gibt arabische Christen, vor allem im Norden Israels, es gibt christliche Gastarbeiterinnen und Gastarbeiter (vor allem katholische, aus den Philippinen); und unter den Christen sind auch Familienangehörige jüdischer Zuwanderer, vor allem aus der früheren Sowjetunion. Und ebenso sind Araber nicht einfach Araber – sie sind in ihrer Mehrzahl muslimisch, in einem kleineren Prozentsatz christlich (griechisch-orthodox oder katholisch). Die arabische Bevölkerung Israels sieht sich vor allem dadurch in einer komplizierten Situation, weil die deutliche Mehrheit der arabischen Bevölkerung, die unter israelischer Kontrolle steht, in den besetzten Gebieten lebt – und deshalb einen anderen Status als die arabischen Staatsbürger Israels besitzt. Eine Araberin in Nazareth oder Akko hat einen ganz anderen Status, ein ganz anderes Ausmaß an Freiheit als eine Araberin in Jenin oder Ramallah.

Eine relativ kleine Minderheit der arabischen Bevölkerung lebt als Nomaden – die Beduinen. Sie beschäftigen sich vor allem mit Viehzucht und leben noch immer vielfach in Zelten. Ein spezieller Fall sind auch die vor allem im Norden lebenden Drusen, die 1,7 Prozent der Bevölkerung Israels ausmachen, Arabisch sprechen, aber weder als Muslime noch als Christen gelten.

Israel für sich ist in seiner demografischen Zusammensetzung schon kompliziert genug. Komplizierter wird es noch, wenn man die besetzten Gebiete in die demografische Analyse miteinbezieht. Nach der Annexion von Ostjerusalem und dem Golan und nach dem israelischen Abzug aus Gaza sind die besetzten Gebiete deckungsgleich mit der Westbank, also mit dem Land westlich des Jordan, das zwar militärisch und administrativ von Israel kontrolliert wird, das aber nicht annektiert ist – sondern weiterhin nach israelischer Auffassung ein okkupiertes Land im Sinne des Kriegsvölkerrechtes ist, bis zum Abschluss eines Friedensvertrages. Deshalb ist die offizielle israelische Sprachregelung für die Westbank „umstrittenes" (disputed) und nicht „besetztes" (occupied) Gebiet (territory).

Die Westbank ist in sich nochmals kompliziert. Neben Gebieten, die in unterschiedlichem Ausmaß Selbstverwaltung genießen, und den direkt militärisch von Israel verwalteten Gebieten – etwa dem Jordantal, das als strategisch besonders sensibel gilt – leben auf der Westbank auch jüdische Siedler in speziell von ihrer arabischen Umgebung abgegrenzten und abgesicherten Kommunen. Die Siedler sind israelische Staatsbürger, besitzen das Wahlrecht bei den Wahlen zur Knesset und werden auch als israelische Juden und Jüdinnen gewertet.

Die gesamte Einwohnerzahl der Westbank beträgt etwas mehr als 2,2 Millionen – darunter mehr als 300.000 jüdische Siedlerinnen und Siedler. Das Bevölkerungswachstum auf der Westbank ist höher als in Israel, was die demografische Projektion zulässt, auf lange Sicht würde die jüdische Bevölkerung zwischen dem Jordan und dem Mittelmeer wieder zur Minderheit werden – ein wichtiges Argument bei der Diskussion über eine (derzeit und in zumindest naher Zukunft ohnehin völlig unrealistischen) Einstaatenlösung, die Israel und die Westbank (und Gaza) in einem Staat vereinen würde.

Das Westjordanland ist „besetzt". Aber Besetzung ist nicht gleich Besetzung. Die NS-Besetzung Polens und des böhmisch-mährischen Protektorats führte zur Schließung aller Stätten höherer Bildung. Im Westjordanland gibt es höhere Schulen und Universitäten, die grundsätzlich in der Lage sind, der palästinensischen Bevölkerung höhere Bildung zu vermitteln. Und in den 19 Jahren der Zugehörigkeit Ostjerusalems zu Jordanien erübrigte sich die Frage nach Bildungsstätten der jüdischen Orthodoxie (etwa für das Thora-Studium) in der Altstadt Jerusalems ganz einfach deshalb, weil die jüdische Bevölkerung zur Gänze aus Ostjerusalem und dem Westjordanland vertrieben worden war. Gemessen an diesen und vielen anderen Formen der Besetzung ist die des Westjordanlandes nicht die schlimmste Form.

Das ändert nichts an den Einschränkungen, die von der palästinensischen Bevölkerung als Folge der Besetzung hingenommen werden muss. Das hilft auch nicht bei der Beantwortung der Frage nach der Rechtmäßigkeit eines Besatzungsstatus, das ja grundsätzlich nur als Übergangslösung gedacht ist, der aber nunmehr fast ein halbes Jahrhundert besteht und dessen Ende nicht absehbar ist. Aber ein Vergleich mit anderen Besatzungsformen der Gegenwart und der Vergangenheit zeigt, dass die israelische Besatzung der Westbank keineswegs die brutalste Form der Okkupation in der jüngeren Geschichte ist.

Es ist das Fehlen einer erkennbaren Perspektive, die zu kritisieren ist: Israel vermeidet eine Annexion, weil eine solche den jüdischen oder aber den demokratischen Charakter des Landes gefährden würde. Und Israel ist aber – freilich ebenso wenig wie die palästinensische Seite – in der Lage, die Alternative zur Annexion durchzusetzen: die Zweistaatenlösung.

6.2. Mehrheit und Minderheit

Ein Bild von dem Teil israelischer Realität, der besonders intensiv die Multikulturalität des Landes vorführt, ist die Altstadt von Jerusalem. Im Ostteil der Stadt gelegen und von 1948 bis 1967 unter jordanischer Verwaltung, ist das innerhalb der osmanischen Stadtmauern gelegene Zentrum in vier traditionelle Viertel geteilt: Im Nordosten ist das moslemische Viertel, mit den Zugängen zum Tempelberg und den beiden großen Moscheen. Im Südosten liegt das jüdische Viertel mit der Klagemauer, am südwestlichen Fuße des Tempelberges, weshalb sie auch „Western Wall" genannt wird. Aus der Sicht der jüdischen Tradition ist sie ein Rest der Mauern des alten jüdischen Tempels, der von den Römern zerstört wurde. Das nordwestliche Viertel ist das christliche Viertel mit der Grabeskirche – ein Viertel, in dem russische Nonnen, äthiopische Mönche, französische Jesuiten und deutsche Dominikanerinnen auf die Pilgerzüge treffen, die – vom moslemischen Viertel kommend – auf der Via Dolorosa zur Grabeskirche ziehen. Im Südwesten ist das armenische Viertel, mit einer traditionsreichen Kirche und einem Kloster, Zeichen für die bedeutende Rolle, die armenischen Christen im Osmanischen Reich zukam – bis zum Genozid von 1915.

In Jerusalem und speziell auch in der Altstadt ist mitzuerleben, was Multikulturalismus bedeutet. In engen Gassen dominieren Araber den Handel, jüdische Museen rufen die jüdischen Wurzeln der Stadt in Erinnerung, man kann in einem koscheren Restaurant essen – oder in einem armenischen. Und beim Jaffa-Tor erinnert eine alte Aufschrift auf einem alten Haus daran, dass sich hier einmal ein österreichisch-ungarisches Postamt befand; und damit indirekt auch daran, dass Kaiser Franz Josef auch den (freilich politisch bedeutungslosen) Titel eines „König von Jerusalem" führte. Im Nordostteil von Jerusalem, nahe dem Mount Scopus und relativ weit entfernt von der Altstadt, ist ein großer, gut betreuter britischer Soldatenfriedhof zu besichtigen, der an den Sieg der britischen über die osmanischen Truppen Ende 1917 erinnert; und auf dem Hang des Ölbergs, gegenüber der Altstadt, liegt der jüdische Friedhof – auf dem auch der Nichtjude Oskar Schindler begraben ist, dessen Geschichte als Retter von Jüdinnen und Juden ihn zu einem Helden des Staates Israel gemacht hat.

In dieser Vielfalt wird deutlich, dass sich zumindest in der Altstadt von Jerusalem die Frage nach Mehrheit und Minderheit erübrigt. Denn es gibt nur Minderheiten. Diese Vielfalt der Minderheiten wurde unter israelischer Herrschaft, 1967 beginnend, wieder hergestellt – nachdem sie zwischen 1948 und 1967 wesentlich reduziert war. Denn unter der jordanischen Herrschaft war Jerusalems Altstadt und der gesamte Ostteil der Stadt „judenfrei". Israel sorgte dafür, dass Ostjerusalem einschließlich der Altstadt wieder für jüdische Bewohner geöffnet wurde – ohne dass moslemische oder christliche Araber aus der Altstadt vertrieben worden wären.

Der besondere Charakter Jerusalems wird zusätzlich auch dadurch unterstrichen, dass der Anteil säkularer Jüdinnen und Juden rückläufig ist. Orthodox jüdische Familien und moslemische Familien weisen eine deutlich überdurchschnittliche Geburtenrate auf. Das führt dazu, dass säkulare Jüdinnen und Juden oft lieber in den Großräumen von Tel Aviv und Haifa wohnen, wo das orthodoxe Judentum und die arabischen Muslime in einer deutlichen Minderheit sind.

Durch den seit 1967 real existierenden Grenzverlauf – also nach der Annexion von Ostjerusalem und des Golan, aber der Nichtannexion (sondern „nur" Okkupation) der Westbank, und nach dem Rückzug Israels aus Gaza – ist die Möglichkeit einer strikten Segregation von Juden und Arabern ferner denn je. In Galiläa existieren mehrheitlich jüdische neben mehrheitlich arabischen Dörfern, in Städten wie Haifa und Akko leben arabische Minderheiten in relevanter Zahl – und in Nazareth lebt eine jüdische Minderheit neben einer Mehrheit christlicher oder muslimischer Araber. Im Raum Jerusalem gibt es einen gewissen Grad an informeller Segregation, die jedoch durch die Bautätigkeit im Osten der Stadt, die vor allem jüdischen Bewohnern zugute kommt, infrage gestellt wird: Das zwischen 1948 und 1967 „judenfreie" Ostjerusalem wird bewusst von jüdischen Familien besiedelt.

Konsequente Segregation im eigentlichen Sinn gibt es in der Westbank – und mit Bezug auf die Westbank. Die wachsende Zahl jüdischer Siedlungen ist mit einem verstärkten Ausbau privilegierter Gettos gleichzusetzen, für deren Schutz Israel einen hohen Sicherheitsaufwand auf sich nimmt. Und die Westbank ist vor allem seit der zweiten Intifada von Israel streng abgetrennt – auch durch einen Sicherheitszaun, der im städtischen Raum (etwa bei Jerusalem) den Charakter einer Mauer hat. Diese Grenze ist für die arabischen Bewohner der Westbank nur unter erheblichem Zeitaufwand und besonderen Sicherheitskontrollen zu überschreiten, die von palästinensischer Seite als Demütigung wahrgenommen werden, von Israelis aber als eine unvermeidliche Vorsichtsmaßnahme gegen den ja insbesondere während der zweiten Intifada von der Westbank einsickernden

Terrorismus. Da dieser inzwischen signifikant zurückgegangen ist, wird dies in Israel als Bestätigung für die Erfolge der strikten Sicherheitskontrolle der Grenze zur Westbank gesehen. Keine israelische Regierung, gleich von welcher Partei, wird es daher riskieren, diese Kontrollen zurückzunehmen.

Die unmittelbar nach dem Oslo-Abkommen realistisch erscheinende Vision offener Grenzen zwischen einem mehrheitlich jüdischen Staat Israel und einem arabischen Staat Palästina hat sich nicht verwirklichen lassen. Damit ist aber auch der Unterschied in den Lebensbedingungen verfestigt, auch und wesentlich zwischen der arabischen Bevölkerung in Israel und der in den besetzten Gebieten. Bei aller vorhandenen Identifikation der israelischen Araber mit den Arabern in den besetzten Gebieten – wissen erstere natürlich, dass sie trotz eines oft als Diskriminierung empfundenen Alltags politische, wirtschaftliche, soziale Vorteile im Vergleich mit den arabischen Bewohnern der Westbank besitzen.

Israel ist vor allem durch die Bruchlinie zwischen der jüdischen Mehrheit und der arabischen Minderheit geprägt. Zur Überbrückung dieser Bruchlinie bietet sich vor allem die Teilung politischer Macht an, jenseits von Mehrheit und Minderheit. Das ist auch die Grundlage der Befriedung von Nordirland durch das Karfreitagsabkommen von 1998, das die politische Macht in der mit Autonomie ausgestatteten Provinz Nordirland neu verteilte. An die Stelle des Mehrheitsprinzips, das auf Dauer die regionale Macht zugunsten der (knappen) protestantischen und probritischen Mehrheit zu garantieren schien und die fast gleich große katholische, proirisch-republikanische Minderheit zu aussichtsloser Daueropposition verurteilte, trat ein an den Erfahrungen der Schweiz orientiertes System der Teilung der Regierungsmacht zwischen Protestanten und Katholiken. Dieses System sicherte beiden Teilen eine Teilnahme an der Regierung und ist ein offensichtlich wirksamer Beitrag zur Überbrückung der tiefen gesellschaftlichen und politischen Gräben.

Die Voraussetzungen in Israel sind denen Nordirlands sehr ähnlich und aber, andererseits, völlig anders. In Israel gibt es den tiefen

Graben zwischen dem jüdischen Bevölkerungsanteil und dem arabischen. Die Regierungsmacht liegt, mit Berufung auf das Mehrheitsprinzip, uneingeschränkt bei jüdischen Parteien. Arabischen Parteien kommt in Israel äußerstenfalls die Rolle zu, eine Minderheitsregierung durch Duldung zu sichern; nicht aber, um selbst an der Regierung teilzuhaben.

Die prinzipielle Entfremdung der Minderheit von einem System, das einer religiös-politischen Mehrheit dauerhaft die politische Macht sicherte, war in Nordirland ähnlich zu beobachten wie in Israel. Diese Entfremdung kam in Nordirland immer wieder in politischer Gewalt zum Ausdruck. Die katholische Minderheit in Nordirland und die arabische Minderheit in Israel sahen sich nur sehr eingeschränkt geneigt und in der Lage, das politische Zentrum in Belfast bzw. das in Jerusalem als legitim anzuerkennen. Während die Protestanten in Nordirland sich mit dem Vereinigten Königreich und damit mit der Regierung in London identifizierten, sahen viele nordirische Katholiken in der britischen Herrschaft über Nordirland nur eine provisorische Zwischenstufe auf dem Weg zur Vereinigung des Nordens mit der Republik Irland – so wie auch ein großer Teil der arabischen Israelis sich nicht vollständig und endgültig mit ihrer Zugehörigkeit zu Israel abgefunden hat.

Doch die Unterschiede zwischen Nordirland und Israel sind mindestens ebenso groß wie die Parallelen. In Nordirland gibt es eine quantitative Balance zwischen den beiden gesellschaftlichen Segmenten. In Israel sind die Araber eindeutig in der Minderheit. Der arabische Minderheitenstatus gibt ihnen zwar eine Präsenz in der Knesset, aber von einer Regierungsbeteiligung scheinen die israelischen Araber auf Dauer ausgeschlossen. Bisher hat es noch keine jüdische Partei gewagt, eine Koalitionsbildung mit arabischen Mitgliedern der Knesset zu versuchen – aus Sorge um eine wahrscheinliche, deutliche Absage der jüdischen Wählerinnen und Wähler.

Eine Machtbeteiligung der israelischen Araber ist auch deshalb in naher Zukunft wohl nicht möglich, weil die arabische Minderheit von der jüdischen Mehrheit noch immer teilweise verdächtigt wird, mit den prinzipiellen Gegnern des Staates Israel zu sympathisieren; ein Verdacht, der durch die Erfahrungen im Krieg von 1948 und auch durch die Sympathien einer großen Zahl israelischer Araber mit der ersten und der zweiten Intifada genährt wird.

Als vor den israelischen Knesset-Wahlen 2015 das Szenario im Raum stand, dass weder der (jüdische) Mitte-links-Block noch der rechte, von Likud geführte Block eine absolute Mandatsmehrheit erreichen könnte, dass also eine parlamentarische Mehrheitsbildung nur in einer großen Koalition oder aber in Form einer Einbindung der arabischen Abgeordneten zustande kommen würde, schien die Möglichkeit einer Integration arabischer Parteien in eine Koalition oder zumindest eine vereinbarte Unterstützung einer Minderheitsregierung durch arabische Abgeordnete real zu werden. Die knappe absolute Mehrheit, die Benjamin Netanjahu dann doch gewinnen konnte, erübrigte eine ernsthafte Diskussion der Integration israelischer Araber in die Regierung.

Allerdings bleibt das Thema langfristig auf der Tagesordnung Israels. Eine solche Überlegung, die arabischen Abgeordneten in der Knesset nicht a priori als Außenseiter zu sehen, vielmehr ihr Stimmgewicht bei Mehrheitsbildungen zu berücksichtigen, kann jederzeit wieder an Realitätsgehalt gewinnen. Die Zersplitterung des israelischen Parteiensystems macht dies sogar mittelfristig wahrscheinlich. Und so könnte eine Machtbeteiligung der Araber in der israelischen Politik nicht nur auf die kommunale Ebene und auch eine jedenfalls quantitativ bescheidene Oppositionsrolle im Parlament beschränkt bleiben. Israelisch-arabische Politik in Form von Machtausübung, das heißt Machtbeteiligung, wäre dann nicht nur auf arabische Bürgermeister im Norden Israels beschränkt.

Israels Politik folgt, im Zusammenhang mit der eindeutigen Mehrheit des jüdischen Bevölkerungsanteils und der tiefen Bruchlinie, die zwischen diesem und der arabischen Minderheit liegt, dem Demokratiemodell der britischen Westminsterdemokratie. Die Mehrheit regiert – und die Minderheit opponiert. Die Opposition macht dies in der Erwartung, bei der nächsten Wahl eine reelle und faire Chance zu bekommen, selbst zur Mehrheit zu werden – so das Modell von Westminster. Diese Festlegung der Rollen von Mehrheit und Minderheit nach britischem Muster bezieht sich allerdings nur auf die innerjüdischen Konstellationen, nicht auf die so entscheidende Bruchlinie des Landes: Die Alternative zu einer jüdischen Koalition konnte bisher immer nur eine andere jüdische Koalition sein. Und natürlich kann nicht erwartet werden, dass die jüdische Mehrheit auf demokratische Weise von der arabischen Minderheit abgelöst wird.

2008 wurde in den USA Barack Obama zum Präsidenten gewählt – von einer breiten Wählerkoalition, unterstützt von Millionen „weißer" Wählerinnen und Wähler. obwohl der Anteil der afroamerikanischen Bevölkerung in den USA geringer ist als der arabische Bevölkerungsanteil in Israel. Eine analoge Entwicklung ist in Israel langfristig sehr wohl vorstellbar – wenn auch nicht im Sinne einer Personalisierung, wie sie dem US-Präsidentialismus entsprechen würde: Arabische Politiker, in Absprachen mit jüdischen Parteien, könnten Teil einer jüdisch-arabischen Regierungskoalition werden, würden so Minister und damit Mitglieder des Kabinetts werden, der Entscheidungszentrale israelischer Politik. Das ist freilich Zukunftsmusik, aber keine vollkommen unrealistische. Es wäre ein Zeichen für die Stabilität der israelischen Demokratie und für die Integrationskraft der israelischen Gesellschaft, wenn diese Perspektive irgendwann einmal umgesetzt werden könnte: Eine Machtteilung zwischen dem jüdischen und dem arabischen Israel an der Spitze der politischen Pyramide.

In einem gemeinsamen Staat Palästina, der aus Israel, der Westbank und dem Gazastreifen bestünde, wäre das anders. Dann würde der arabische Bevölkerungsanteil zwischen 35 und 40 Prozent betragen, und arabische Parteien könnten wohl nicht auf Dauer von Koalitionsregierungen ferngehalten werden. Gerade deshalb ist das Festhalten an der in absehbarer Zeit nicht umsetzbaren Zweistaatenlösung für Israel so wichtig: Diese bietet gegenüber der grundsätzlich vorstellbaren Einstaatenlösung eine Garantie, dass die jüdische Mehrheit in Israel ungefährdet bleibt und so als Grundlage allen jüdischen

Parteien zumutbar ist. Und ebendeshalb ist die Zweistaatenlösung zwar kurzfristig nicht umsetzbar, aber eine Einstaatenlösung wäre für die jüdische Mehrheit in Israel grundsätzlich nicht vorstellbar.

Solche Überlegungen sind auch eine Folge der zu erwartenden Abnahme jüdischer Zuwanderung. Zwar kommen Jüdinnen und Juden auch aus Nordamerika und Westeuropa nach Israel – vor allem aus religiöser Motivation, oder auch, um dem neu-alten Antisemitismus in den Ländern Europas zu entkommen. Aber eine quantitativ größere Einwanderungswelle ist nicht zu erwarten: Die Jüdinnen und Juden aus den Nachfolgestaaten der Sowjetunion waren wohl die letzte Aliyah.

Die Unterschiede in den Geburtenraten zwischen dem jüdischen und dem arabischen Bevölkerungsteil in Palästina, in den Grenzen des vormaligen britischen Mandatsgebiets, werden wohl weiter signifikant bleiben. Damit wird – trotz der insgesamt hohen Geburtenzahl der ultraorthodoxen Familien – der arabische Anteil zunehmen. Eine Einstaatenlösung würde längerfristig dazu führen oder es zumindest wahrscheinlich machen, dass die jüdische Mehrheit zur Minderheit wird. Und damit käme der demokratische Anspruch Israels mit dem zionistischen Anspruch auf einen jüdischen Staat, definiert durch eine jüdische Mehrheit, in einen unlösbaren Konflikt. Es ist die demografische Komplexität Israels, die mit innerer Logik nur eine Zweistaatenlösung erlaubt. Und es ist das Dilemma Israels und der Palästinenser, dass die Umsetzung dieser Lösung hoffnungslos blockiert erscheint.

7. GERECHTES UND UNGERECHTES ISRAEL

Demokratie bedeutet persönliche Freiheit – und politische Gleichheit. Niemand, der die Kriterien eines dauerhaften, legalen Wohnsitzes erfüllt, sollte – so jedenfalls in einer Demokratie die mit dem Begriff „liberal" versehen ist – vom Recht, sich an der Politik zu beteiligen, auf Dauer ausgeschlossen sein.

Israel erfüllt prinzipiell diese Kriterien – mit Bezug auf das Israel, wie es seinem eigenen Verständnis nach existiert: Israel innerhalb der Waffenstillstandslinie von 1949 plus Ostjerusalem und dem Golan. Dass die mehr als 300.000 jüdischen Siedlerinnen und Siedler ebenfalls aktiv und passiv das Wahlrecht besitzen, obwohl sie nicht auf dem so definierten Territorium leben, sondern in einem de facto annektierten Gebiet inmitten der nicht annektierten Westbank, zeigt das zentrale Problem auf, das Dilemma der israelischen Demokratie.

Doch Demokratie besteht nicht nur in der Freiheit des Wählens und der Freiheit, sich am Wettbewerb um Stimmen zu beteiligen. Das ist der Punkt Alpha der Demokratie, und die Kritik daran, es handle sich doch „bloß" um „Formaldemokratie", ist letztlich nichts als eine Rechtfertigung für das Fehlen jeder Demokratie – in der Volksrepublik China ebenso wie in Saudi-Arabien, in der (historischen) Sowjetunion ebenso wie im (historischen) „Dritten Reich".

Eine Bestätigung des demokratischen Charakters Israels liefern die regelmäßig erstellten Untersuchungen von „Freedom House". Seit vielen Jahren beobachtet diese Nichtregierungsorganisation (NGO) die demokratischen Freiheiten in grundsätzlich allen Staaten der Welt. Berücksichtigt werden vor allem die Freiheit des Auswählens zwischen mehreren, real angebotenen Alternativen – also das Mehrparteiensystem – und die Pressefreiheit, Ausdruck der freien Meinungsbildung im Vorfeld von freien Wahlen. Freedom House reiht jedenfalls grundsätzlich Israel in die Gruppe der „freien" Staaten. Das bezieht sich wiederum nur auf Israel – unter Vernachlässigung der besetzten Gebiete.

Dass die israelische Demokratie pluralistisch ist, dass Wahlergebnisse über die Zusammensetzung der Knesset und, indirekt damit, auch über die Zusammensetzung der Regierung entscheiden, erfüllt jedenfalls die minimalen, aber eben auch die unverzichtbaren Kriterien der Demokratie. Israel garantiert eine Demokratie des Zuganges, des politischen Inputs. Doch inwieweit erfüllt Israel auch die Kriterien des Outputs der Demokratie? Inwieweit vermittelt Israel soziale Gerechtigkeit?

Über das, was soziale Gerechtigkeit ausmacht, gibt es keinen Konsens. Dass Gerechtigkeit mit Gleichheit zu tun hat, ist ebenso klar wie dass demokratische Gleichheit und Gerechtigkeit Differenzierung zulassen – etwa Ungleichheiten des des Einkommens oder Vermögens, solange jede Besserstellung allen gleichermaßen zugänglich ist. Es braucht Zugangsgleichheit als Chancengleichheit. Dann kann sehr wohl, als Folge eines demokratisch legitimierten Leistungsprinzips, ein unterschiedliches Verhalten zu einer unterschiedlichen Verteilung von Wohlstand und Macht führen.

Für die Messung dieser Vorstellung von Gerechtigkeit gibt es ein Verfahren – den Human Development Index (HDI), der Gesellschaften nach folgenden Kriterien vergleicht:

- Individuelle Lebenserwartung

- Bildung (durchschnittliche Verweildauer in Schule und Universität)

- Eine gerechte (das heißt relativ gleiche) Verteilung des Wohlstandes

Der Index erlaubt, auf der Basis nachvollziehbarer Daten, ein Ranking einzelner Staaten. Israel ist in dieses Ranking mit eingeschlossen. Und Israel ist nach diesen Maßstäben ein weder in positivem noch negativem Sinn herausragender Staat. Israel ist Durchschnitt.

Und diese Durchschnittlichkeit, gemeinsam mit den hohen Werten, die Israels Demokratie zugeschrieben werden, steht für einen großen Erfolg Israels: Israel hat trotz der Bedrohung seiner Existenz die demokratischen Grundwerte beibehalten, die bei seiner Gründung vorhanden waren. Und Israel ist trotz seiner komplexen Vielfalt ein Staat, der bei allen nur denkbaren Messungen von Gerechtigkeit zumindest nicht schlecht auffällt.

Was bleibt, das ist der kritische Blick auf die Schattenseite, auf die das Licht von Freedom House und des Human Development Index nicht fällt: die demokratie- und freiheitsverhindernde israelische Besatzung im Westjordanland. Israel hat sich in eine Sackgasse manövriert oder auch manövrieren lassen: von einer palästinensisch-arabischen Politik, die dies verhindern hätte können, die aber das eben nicht getan hat; und von Kräften auf der eigenen, der jüdisch-israelischen Seite, die die Vision von einem jüdischen Staat zwischen Jordan und dem Mittelmeer nie wirklich aufgegeben haben.

Die Folge ist ein Besatzungsregime, das Israels Erfolgsbilanz relativiert und das Israel politischen Spielraum nimmt. Israel erscheint, bezogen auf die besetzten Gebiete, völlig ratlos zu sein. Die Erfolgsbilanz Israels nimmt insgesamt Schaden wegen des Besatzungsstatuts des Westjordanlandes.

7.1. Israel im Ranking der Demokratien

Freedom House bestätigt Israels Rolle als einzige Demokratie im Nahen Osten – neben Tunesien, dessen Demokratie freilich erst jungen Datums ist. Die Türkei hingegen, immerhin Kandidat für die Mitgliedschaft in der Europäischen Union, bekommt bestätigt, dass sie nur für den Status „teilweise frei" qualifiziert ist – wie Kuwait, Libanon und Marokko. Im Ranking werden dabei freie Wahlen, poli-

tische Rechte (PR) und bürgerliche Freiheiten (CL) berücksichtigt –
1 ist die beste Wertung, 7 die schlechteste.

Tabelle 3

Freedom-House-Ranking für 2014 aller Staaten im Nahen Osten

Staaten	Freie Wahlen	Freiheit insgesamt	PR	CL
Ägypten	nein	unfrei	6	5
Algerien	nein	unfrei	6	5
Bahrein	nein	unfrei	7	6
Iran	nein	unfrei	6	6
Irak	nein	unfrei	6	6
Israel	ja	frei	1	2
Jemen	nein	unfrei	6	6
Jordanien	nein	unfrei	6	5
Katar	nein	unfrei	6	5
Kuwait	nein	teilweise frei	5	5
Libanon	nein	teilweise frei	5	4
Libyen	nein	unfrei	6	6
Marokko	nein	teilweise frei	5	4
Oman	nein	unfrei	6	5
Saudi Arabien	nein	unfrei	7	7
Sudan	nein	unfrei	7	7
Syrien	nein	unfrei	7	7
Tunesien	ja	frei	1	3
Türkei	ja	teilweise frei	3	4
Vereinigte Emirate	nein	unfrei	6	6

Quelle: Wikipedia

Israel hat, was seine Freiheits- und damit auch Demokratiewerte
betrifft, keinerlei Anlass, sich gegenüber einer Kritik verteidigen zu
müssen, die Staaten in der Umgebung Israels von der Kritik aus-
schließt. Im Gegenteil: Israel weist Werte auf, die denen entsprechen,
die für eine Mitgliedschaft in der EU vorausgesetzt werden.

Man kann natürlich argumentieren, dass Israel als quasi westlicher Staat in den Nahen Osten vom Zionismus „verpflanzt" worden ist. Angesichts der Vielfalt der Wurzeln Israels – auch aus dem
Nahen Osten, auch aus dem früheren sowjetischen Einflussbereich

– reicht diese Erklärung allein aber nicht aus. Israel ist eine freie Gesellschaft, eine Demokratie inmitten einer unfreien, nicht demokratischen Umgebung.

Doch man muss auch das Argument akzeptieren, dass die Freiheiten der liberalen Demokratie nur eine – wenn auch die primäre – Seite der Demokratie insgesamt ist. Welche gesellschaftlichen Resultate produziert die liberale Demokratie, wie ist ihr Einfluss auf die soziale Gerechtigkeit im Lande selbst – eine Gerechtigkeit, die natürlich mit gesellschaftlicher Gleichheit zu tun hat, über die Gleichheit des Wahlrechtes hinaus?

Im globalen Ranking der 2014 veröffentlichten „Human Development Index" HDI nimmt Israel keinen Spitzenplatz ein, es schneidet aber auch nicht auffallend schlecht ab. Israel befindet sich auf Platz 20 – nicht bei den Spitzenreitern (das sind in dieser Reihenfolge Norwegen, Australien, die Niederlande, die Schweiz, Deutschland). Israel ist knapp hinter Frankreich und Japan, vor einem Gutteil der EU-Staaten auch deutlich vor den USA (Platz 28) und den bestgereihten lateinamerikanischen Staaten (Argentinien, Chile: Plätze 36 und 37) (siehe Tabelle 4).

Es fällt auf, dass in diesem Ranking in der Region des Nahen Ostens jedenfalls kein Staat besser abschneidet als Israel. Der Index beruht ja nicht nur auf einem simplen quantitativen Verständnis von Wohlstand, sondern umfasst auch (im engeren Sinn) nicht-materielle Aspekte von Lebensqualität wie auch die Verteilung des Wohlstandes.

Israels demokratische Qualität, ausgewiesen im Freedom-House Ranking, findet eine wichtige Ergänzung im HDI-Ranking. Israels Gesellschaft ist nicht nur frei, jedenfalls deutlich freier als die Gesellschaften in der Nachbarschaft. Israel bietet seinen (jüdischen und arabischen) Bewohnerinnen und Bewohnern auch eine bessere Lebensqualität als jeder andere Staat im Nahen Osten.

Tabelle 4
Human Development Index (HDI) 2014 (die ersten 30 Plätze)*

1.	Norwegen	6.	Island
2.	Australien	7.	Schweden
3.	Niederlande	8.	Dänemark
4.	Schweiz	9.	Kanada
5.	Deutschland	10.	Irland

11.	Finnland	16.	Vereinigtes Königreich
12.	Slowenien	17.	Belgien
13.	Österreich	18.	Frankreich
14.	Luxemburg	19.	Japan
15.	Tschechische Republik	20.	Israel

21.	Slowakei	26.	Malta
22.	Spanien	27.	Ungarn
23.	Italien	28.	USA
24.	Estland	29.	Polen
25.	Griechenland	30.	Zypern

Quelle: Wikipedia

*Einige Staaten konnten deshalb nicht im Ranking berücksichtigt werden (u. a. Neuseeland, Saudi-Arabien, Kuba), weil die Datenlage nicht vollständig war.

Israels Platz im HDI-Ranking zeigt, dass seine große Heterogenität nicht dazu geführt hat, als eine besonders ungleiche Gesellschaft bezeichnet zu werden. Die Platzierung Israels lässt jedenfalls den plausiblen Schluss zu, dass eine Araberin oder ein Araber in Israel nicht nur politisch freier lebt als in den meisten (allen?) arabischen Staaten – frei im Sinne der Teilnahme am politischen Prozess. Das Ranking zeigt auch, dass die kulturellen und die materiellen Lebenschancen (Bildung, Verteilung des Wohlstandes) der arabischen Bevölkerung Israels jedenfalls deutlich über der in den meisten (allen?) arabischen Staaten liegen.

Israels Platz im Ranking weist auch auf den „Melting-Pot-Faktor" des Landes hin. Jemenitische und äthiopische Jüdinnen und Juden aus vor- oder frühmodernen Lebensverhältnissen wurden in Israel integriert. Das rief oft genug Spannungen hervor. Jüdinnen und Juden aus dem Jemen, die kurz nach der Staatsgründung nach Israel kamen, wurden nur zu oft in einer aus späterer Sicht unakzeptablen, paternalistischen und autoritären Weise von oben herab behandelt – bis hin zur Wegnahme von Kindern, die es „besser" haben sollten als bei ihren „primitiven" Eltern. Und äthiopische Jüdinnen und Juden, die in den 1980er-Jahren nach Israel kamen („Äthiopische Aliyah"), wurden von einem Teil des religiösen Establishments zunächst als nichtjüdisch abgelehnt. Sie galten, wegen ihrer jahrtausendelangen Isolation und der dadurch bewirkten Sonderentwicklung, für viele nicht als „wirkliche" Juden.

Doch auch die hier zum Ausdruck kommenden Ressentiments sind nicht spezifisch jüdisch oder israelisch. „Volksdeutschen" Flüchtlingen schlug 1945 in den westlichen Besatzungszonen Deutschlands oft genug Widerstand derer entgegen, die ihre damaligen ärmlichen Verhältnissen nicht mit anderen Deutschen teilen wollten. Die muslimische Bevölkerung Malaysias und Indonesiens signalisiert in ihrer Mehrheit gegenüber muslimischen Flüchtlingen, die aus Myanmar (Burma) vertrieben worden sind, nicht gerade eine solidarische Aufnahmebereitschaft. Und die Einstellung zur Volksgruppe der Roma in Europa gibt auch keinen Anlass, die Ablehnung von „Fremden" als typisch für Israel hinzustellen.

Vergleicht man Israels Position im HDI-Ranking mit dem vom World Economic Forum veröffentlichen „Gender Gap Index 2014", so fällt auf, dass hier Israel deutlich weniger gut abschneidet. Dieser Index misst die Balance (oder das Fehlen einer solchen) zwischen Frauen und Männern. Unter 142 Ländern nimmt Israel den 65. Platz ein. Diese durchschnittliche Platzierung des Landes drückt einige Widersprüche aus: Israel hat einen Spitzenplatz im Bereich der Erziehung – auf allen Ebenen des Bildungssystem wird Israel attestiert, dass in Israel Frauen und Männer den gleichen Zugang haben und diesen auch nützen. Deutlich weniger gut, ja auffallend schlecht wird Israel bei Fragen sozioökonomischer Gleichheit bewertet: Die Einkommensunterschiede bei gleicher Arbeit zwischen Frauen und

Männern sind sehr deutlich, und auch in der politischen Elite (Positionen in Parlament und Regierung) schneidet Israel nur durchschnittlich ab – und das, obwohl mit Golda Meir in Israel noch vor Margret Thatcher oder Angela Merkel eine Frau an der Spitze der Regierung (1969 bis 1974) stand – freilich erst kurz nach dem Antritt von Indira Gandhi als Premierministerin Indiens. Israel hat im genderbezogenen Ranking nur eine mittelmäßige Position, obwohl die Streitkräfte Israels noch lange vor denen der USA oder Frankreichs Frauen rekrutiert und damit eine traditionell ausschließlich männliche Rolle auch für Frauen geöffnet hatten.

Das höchst durchschnittliche Abschneiden Israels in diesem Index verlangt nach Erklärungen. Eine durchaus plausible Antwort findet sich in den demografischen Verschiebungen in der israelischen Gesellschaft. Die beiden Segmente, die wegen ihrer hohen Geburtenzahlen in stetigem Wachstum begriffen sind, zeichnen sich auch durch eine traditionell strenge Differenzierung zwischen den Aufgaben der Frauen und denen der Männer aus: die arabisch-muslimische und die ultraorthodox-jüdische Subgesellschaft. Die Kinder beider Milieus werden ganz offensichtlich vom israelischen Bildungssystem voll erfasst, und Israel weist ja in dieser Beziehung einen Spitzenwert auf: Der Zugang zur Bildung steht nicht nur Kindern beiderlei Geschlechts gleichermaßen offen, die Bildungschancen werden auch in gleichem Umfang genützt – und zwar auch im arabisch-muslimischen und im ultraorthodox-jüdischen Gesellschaftssegment.

Nach dem Bildungsabschluss aber wirken sich die zwischen den jungen Frauen und jungen Männern höchst unterschiedlichen Erwartungen auf beide aus: Junge muslimische Frauen und junge ultraorthodoxe Jüdinnen werden häufig rasch auf ihre traditionelle Funktion reduziert: möglichst viele Kinder zu bekommen und sich jenseits jeder beruflichen Karriereerwartung ganz der Kindererziehung und der Familie zu widmen. Es ist zu vermuten, dass der Gender Gap in der säkular-jüdischen Gesellschaft Israels sich ganz anders, und zwar viel weniger tief erweist als im ultraorthodox-jüdischen und im muslimischen Segment der Gesellschaft.

Doch Israels widersprüchliches Ranking im „Gender Gap Index" unterstreicht nur einmal mehr Israels Normalität. Israel ist alles andere als perfekt. Israels Gesellschaft ist geprägt von Widersprüchen, von Ungerechtigkeiten – aber das sind in unterschiedlichem Maße die Gesellschaften anderer Länder auch. Israel ist eine Demokratie, und zu einer solchen zählt der offen einzugestehende Mangel an Perfektion. Die unterschiedlichen Karrierechancen zwischen Frauen und Männern, trotz eines gleichen Zugangs zur Bildung, ist ein solcher Mangel. Ethnisch-nationale Vorurteile sind ein anderer Mangel.

In Israel gibt es rassistische Vorurteile. Sie richten sich etwa gegen afrikanische Flüchtlinge, die – z. B. von Ostafrika (etwa Eritrea) kommend, in Israel auf ihrem zumeist beabsichtigen Fluchtweg nach Europa gestrandet sind. Vorurteile richten sich auch gegen arabische Israelis, die nicht allen jüdischen Israelis als vollwertige Mitbürgerinnen und Mitbürger gelten. Gesteuert von irrationalen (Rassismus) und teilweise rationalen (befürchtete negative Auswirkungen auf den Arbeitsmarkt) Ängsten erweisen sich Teile der israelischen Gesellschaft als zumindest latent xenophob. Israel zeigt auch hier, dass es nicht anders ist als die anderen.

Die etablierten Demokratien in Europa und Nordamerika weisen analoge Mängel auf: Barack Obamas Wahl zum Präsidenten der USA hat den amerikanischen Alltagsrassismus nicht beendet. In Deutschland – gerade in der früheren DDR – zeigen gewaltsame Ausschreitungen gegen Flüchtlinge ein explosives Vorurteil gegen Menschen, die als „fremd" gelten. Und die oft eskalierenden Konflikte in den vor allem von Zuwanderern der ersten oder zweiten Generation bewohnten Vororten von Paris, den „banlieues", sind alles andere als ein Erfolg des französischen Integrationsmodells.

7.2. Wie kann Israel den Makel der Okkupation loswerden?

Das Freedom-House-Ranking und der HDI schließt selbstverständlich alle Daten aller Menschen in Israel ein – also auch der arabischen Israelis. Nicht berücksichtigt sind, ebenso selbstverständlich, die Daten der Bewohnerinnen und Bewohner der Westbank (mit Ausnahme der jüdischen Siedlungen).

Jede seriöse, nicht nur von Vorurteilen bestimmte Israelkritik wird das auch nicht bestreiten: Israels spezifisches Demokratie- und Menschenrechtsproblem hat grundsätzlich nichts mit dem eigentlichen Israel zu tun, mit dem Israel, das dem Territorium im Sinne der israelischen Definition entspricht – also Israel innerhalb der Waffenstillstandslinien von 1949 plus annektierter Gebiete (Ostjerusalem, Golan) plus die jüdischen Westbank-Siedlungen. Israels Demokratie- und Menschenrechtsbilanz wird spezifisch wegen des Besatzungsregimes auf der Westbank kritisiert – und das prinzipiell zurecht. Die Besatzung selbst, die in unterschiedlicher Intensität seit 1967 besteht, ist der Makel in Israels Demokratie- und Menschenrechtsbilanz.

Seit 1967 regiert Israel in den besetzten Gebieten etwa zwei Millionen Menschen arabischer Identität, die zwar – durch die Umsetzung von Teilen des Oslo-Abkommens – ein gewisses Maß an Autonomie genießen, die aber grundsätzlich keine Möglichkeit haben, die Politik der Besatzungsmacht mitzubestimmen. Die Palästinenserinnen und Palästinenser haben nicht die Freiheitsrechte, die ihnen in einer Demokratie zustehen müssten. Die palästinensischen Autonomiebehörden, an deren Bestellung die arabischen Bewohner der Westbank mitwirken, stehen unter der Oberhoheit Israels. Israel kontrolliert die Einreise in die und die Ausreise von der Westbank. Israel beansprucht auch das Recht, wann immer es dies für notwendig hält, mit Militär- und Polizeigewalt in die sich selbst verwaltenden palästinensischen Territorien einzugreifen.

Israel verweist darauf, dass dies zur eigenen Sicherheit notwendig ist; und dass ein Ende der Besatzung voraussetzt, dass die grundlegenden Fragen des Grenzverlaufs, des Status der jüdischen Siedlungen und der aus israelischer Sicht unbedingt erforderlichen Sicherheitsgarantien in Form eines umfassenden Friedensvertrages gelöst werden müssen. Das sind plausible, nachvollziehbare Argumente. Sie ändern aber nichts an dem prinzipiell unakzeptablen Status der Westbank.

Ein Friedensvertrag, der für viele unmittelbar nach dem Oslo-Abkommen in greifbarer Nähe schien, ist nicht zustande gekommen; und es ist wahrscheinlich, dass er in absehbarer Zukunft auch nicht zustande kommen wird. Ist das Fehlen des Friedensvertrages nur ein Vorwand, um das Besatzungsregime mit allen seinen Härten für die Palästinenserinnen und Palästinenser aufrecht zu halten? Grundsätzlich wohl nicht, denn Israel wendet hohe Kosten dafür auf, den Status quo zu erhalten. Die Fortführung der Besatzung kommt Israel sehr teuer – und das in mehrfacher Hinsicht, finanziell und politisch. Allerdings hat sich Israel selbst eine Hürde aufgebaut, die den Weg zum Frieden erheblich erschwert – die Siedlungen.

Ein Friedensvertrag, dessen Konturen ja absehbar sind, liegt ganz eindeutig nicht im Interesse der „hardliner" auf beiden Seiten – auch wenn er im Interesse der jüdischen Mehrheit Israels und der Mehrheit der Palästinenser liegen mag. Es sind diese „hardliner", die bisher immer einen Friedensvertrag verhindert haben:

• Likud und die verschiedenen Parteien und Bewegungen, die in der Tradition Jabotinskys die Waffenstillstandslinie ohnehin (äußerstenfalls) als einen Schritt in die Richtung von Großisrael (Eretz Israel) gesehen haben, artikulieren immer wieder grundsätzliche Bedenken gegen einen Palästinenserstaat, dem große Teile zufallen müssten, die aus jüdisch-traditioneller Sicht zum jüdischen Kernland gehören: Judäa, Samaria. Warum sollte Israel, warum sollten Jüdinnen und Juden – so die Argumentation, auf das jüdische Recht verzichten, in diesem historischen Kernland des Judentums zu siedeln und auch dessen Schicksal zumindest mitzubestimmen? Der Waffenstillstand 1949 brachte eben keinen

Frieden, sondern nur ein Provisorium. Warum sollte Israel seine Grenzen, seine territoriale Finalität an den Zufälligkeiten dieses Provisoriums orientieren?

- Diese israelischen Kräfte haben mit dem Ausbau der Siedlungen den territorialen Kompromiss, der wohl unvermeidlich Teil eines Friedensvertrages sein müsste, erheblich erschwert. Die Siedlungen sind Stolpersteine auf dem Weg zum Frieden – und diese Stolpersteine werden immer mehr. Israel hat sich dadurch den Weg zu einem Frieden in Form einer Zweistaatenlösung selbst wesentlich erschwert. Israels Siedlungspolitik steht einem Frieden, der den Grundlinien des Oslo-Abkommens folgt, im Wege.

- Die palästinensischen „hardliner" und ihre Verbündeten in der arabischen Welt und im Iran haben ebenso wenig Interesse an einem Friedensvertrag, weil ein solcher die Dämonisierung und Delegitimierung Israels erschweren würde. Hamas, Hezbollah und andere in und außerhalb Palästinas können allein dadurch, dass sie immer wieder Gewaltakte setzen, ebenfalls Stolpersteine auf dem Weg zum Frieden aufbauen. Eine Terrorwelle wie die zweite Intifada, in den Jahren ab 2000, zerstört oder stört zumindest die Basis der Kräfte in Israel, die an einem Frieden auf der Grundlage der Zweistaatenlösung interessiert sind.

- Die palästinensisch-arabische Seite hat durch die Verewigung des Flüchtlingsstatus der 1948 geflohenen oder vertriebenen Araberinnen und Araber ebenfalls ein Hindernis aufgebaut, das auf dem Weg zum Frieden kaum überwindbar erscheint. Dass Millionen von Menschen, die Nachfahren der Flüchtlinge von 1948 nicht einfach nach Israel zurückkehren können, wissen alle. Und alle müssten den Verzicht auf eine buchstäbliche Umsetzung des Rückkehrrechtes akzeptieren – außer diejenigen, die mit dem Beharren auf das Rückkehrrecht die Existenz Israels zerstören oder zumindest eine Friedenslösung blockieren wollen.

• Die extremistischen Kräfte beider Seiten haben sich eine Veto-macht gesichert. Sie können geradezu beliebig jeden Fortschritt im Friedensprozess unterbinden. Ohne dass diese Kräfte sich mitein-ander absprechen müssten – jeder palästinensische Terror-anschlag und jede neue jüdische Siedlung auf der Westbank verhindert Fort-schritte im Friedensprozess. Ein Anschlag auf einen Bus in Jerusa-lem und ein weiterer Siedlungsbau sind die beiden einander ergän-zenden Seiten der Politik der Ablehnung der Zweistaatenlösung. Die Extremisten beider Seite spielen einander in die Hände.

Das Fehlen eines Friedensvertrages führt dazu, dass Israel seine so positive Bilanz bei einem Vergleich der zentralen Demokratiewerte relativiert. Israel, die einzige Demokratie in der Region, herrscht über mehr als zwei Millionen Menschen – gegen deren Willen. Israel, das in Sachen Freiheit und Gerechtigkeit gut bis sehr gut abschneidet, verhindert, dass mehr als zwei Millionen Menschen in den Genuss von Freiheit und Gerechtigkeit kommen. Israels so positive Bilanz hat eine dunkle Kehrseite.

Daran ändert der an sich berechtigte Hinweis nur wenig, dass die arabische Seite ebenso die Verantwortung für das Fehlen eines Friedens-vertrages hat, ja, dass die arabische Seite lange Zeit – zwischen dem Mord an König Abdullah und dem Besuch Sadats in Jerusalem – Isra-els Friedenssignale nicht beantwortet und Friedenschancen nicht ausgelotet hat. Israel hat jedenfalls auch die konkret sichtbare Ver-antwortung für das Fehlen von Freiheit und Gerechtigkeit für mehr als zwei Millionen Menschen. Und wenn auch Israel darauf verwei-sen kann, dass es – am Beispiel der Räumung der Siedlungen im Sinai durch die Regierung Begins und der Siedlungen in Gaza durch die Regierung Sharon – vertrauensbildende Maßnahmen und damit Zeichen für eine Deeskalation des Konflikts gesetzt hat, die von der arabischen Seite nicht (im Fall Gaza) oder nur unzureichend (im Fall Sinai) beantwortet wurden – Israel ist der letztlich zumindest auch Verantwortliche, auch wenn dieser wie ein Gefesselter in Ratlosigkeit erstarrt erscheint.

Um den Friedensvertrag mit Ägypten zu ermöglichen, räumte die Regierung Begin nicht nur die Siedlungen auf der Sinai-Halbinsel. Israel gab, als Preis für den Friedensvertrag mit Ägypten, auch die für Israel strategisch wichtige Erdöl-Förderung auf dem Sinai auf; ebenso wie die Möglichkeit, vom Sinai aus die freie Zufahrt zum einzigen Hafen Israels am Roten Meer – Eilat – zu sichern. Gerade Menachem Begin und, nach ihm, Ariel Sharon konnten für sich beanspruchen, aktiv um Vertrauen geworben zu haben, um einer umfassenden Friedenslösung näher zu kommen.

Doch der Stolperstein, der bleibt, ist die zunehmende Zahl jüdischer Siedlungen im Westjordanland – also in der Region, die aus palästinensischer Sicht den Kern eines Staates Palästina bilden müsste. Das Ausmaß der Siedlungen und das politische Gewicht der Menschen, die in diesen Siedlungen leben, ist ein Faktor, der jeden Kompromiss zwischen Israel und einem (zukünftigen) Staat Palästina extrem erschweren muss. Die Siedlungen stehen einem Frieden im Wege.

Die Siedlungspolitik bedeutet, dass im Westjordanland palästinensischer Grund und Boden enteignet und für – jedenfalls im Verhältnis zu den Palästinensern und Palästinenserinnen – privilegierte jüdische Israelis zur Verfügung gestellt wird. Der Siedlungsbau ist insgesamt hoch subventioniert und belastet auch deshalb noch zusätzlich das israelische Budget, weil die Siedlungen (und die Zufahrt zu diesen) mit hohem Aufwand geschützt werden müssen. Die Siedlungen sind, und zwar nicht nur in den Augen der Palästinenser, ganz einfach Landraub – gestützt auf das Recht des Stärkeren.

Ob dieser Landraub rechtlich durch das Kriegsvölkerrecht gedeckt ist oder nicht, scheint sekundär zu sein. Politisch zerstört die Siedlungspolitik einen Teil des Ansehens, auf das Israel wegen seiner Demokratie- und Menschenrechtsbilanz wohl Anspruch hat. Politisch ist Israel in der Rolle derer, die für den Landraub verantwortlich sind. Klar ist freilich auch, dass die „hardliner" auf der anderen Seite bereit sind, jeden Friedensvertrag zu sabotieren; dass diese „hardliner" auf arabisch-palästinensischer Seite wohl mit Genuss Israel, das allen anderen Staaten des Raumes in so vieler, aber eben auch humanitärer Hinsicht ganz einfach überlegen ist, in der Rolle des Schuldigen fixiert sehen wollen. Und Israel tut ihnen, der iranischen Regierung und Hamas, Hezbollah und Saudi-Arabien den Gefallen, sich in diese politisch-strategische Falle verkrallt zu haben.

Verkrallt, gelähmt erscheint Israel auch gegenüber Gaza zu sein. Die Raketenangriffe auf Israel erreichten 2014 eine neue Qualität: Es wurde deutlich, dass diese angeblich so „primitiven" Raketen auch den Ben-Gurion-Flughafen bei Tel Aviv erreichen und damit Israels wichtigste Lebensader in die Welt zerstören könnten. Israel hat auf solche Angriffe immer so reagiert, wie das ganz offensichtlich von seinen radikalen Gegnern vorausgesehen, ja vermutlich gewollt war: mit Gewalt, die erhebliche Opfer in der Zivilbevölkerung forderte.

Selbstverständlich ist Israel kein moralischer Vorwurf zu machen, dass es auf Gewalt mit Gegengewalt reagiert. Selbstverständlich kann Israel nicht einfach passiv hinnehmen, wenn Raketen auf israelisches Gebiet abgeschossen werden. Selbstverständlich besitzt Israel das Recht, sich militärisch zur Wehr zu setzen. Diejenigen, die mit einer provokanten Einseitigkeit Israel deshalb kritisieren – etwa wegen der „Unverhältnismäßigkeit" der israelischen Gegenschläge – wissen keine Antwort auf die Frage, was Israel denn tun soll: Erst nach der zehnten Rakete reagieren? Erst nach dem fünften Toten in Israel? Die Kritik an Israel muss eine politische, nicht eine moralisierende sein: Israel handelt mit jedem Bombardement, mit jeder Militärintervention in Gaza oder auch im Südlibanon im Rahmen eines Drehbuches, das von Israels Feinden geschrieben wird.

Der Hinweis ist natürlich richtig, dass ohne Raketenangriffe aus Gaza Israel – das Gaza 2005 geräumt hat – keinen Grund zu militärischen Gegenschlägen hätte. Und der Mangel an Alternativen ist entscheidend: Israel sieht keine anderen Mittel zur Verteidigung seiner Bevölkerung als Militärschläge, die auf eine PR-Niederlage in der Weltöffentlichkeit hinauslaufen und – vor allem – das Problem nicht an der Wurzel packen.

Thomas Friedman hat sich schon 1989, also einige Jahre nach dem Friedensvertrag zwischen Israel und Ägypten, aber einige Jahre vor dem Oslo-Abkommen mit der Frage befasst, was Israel denn tun könnte und sollte, falls die Hoffnungen auf Frieden weiter enttäuscht werden. Neben der Möglichkeit, dass es doch zu einem umfassenden Friedensschluss kommt, schreibt Friedman auch davon, dass Israel sich von den besetzten Gebieten einfach zurückziehen könnte. Die Kosten, insbesondere die politischen Kosten, die Israel für eine endlos anmutende Besetzung der Westbank zu zahlen hat, wären auf die Dauer von größerem Nachteil für Israel als die Verschiebung der Sicherheitsaufgabe.

Ariel Sharon hat 2005 das bezüglich Gaza vorgemacht. Er hat – ohne mit der PLO eine (wohl kaum vorstellbare) Vereinbarung zu treffen – den Gazastreifen räumen lassen: Das Militär zog sich zurück, und die (wenigen) israelischen Siedlungen in Gaza und Umgebung wurden auch unter Einsatz des israelischen Militärs geräumt. Die weitere Entwicklung in Gaza war freilich – jedenfalls aus der Sicht Israels – der Attraktivität einer möglichen Weiterführung dieses Rückzugsmusters in Form einer Übertragung auf die Westbank nicht zuträglich. Gaza wurde zu einer Art Festung, aus der Raketenangriffe Israel immer wieder zum punktuellen Eingreifen provozieren. Die nach Bevölkerung und Fläche ungleich größere Westbank ist daher nicht auf einem Rückzugsprogramm irgendwelcher regierungsfähiger israelischen Parteien.

Ein einseitiger Rückzug aus der Westbank wäre zwar einerseits leichter als ein Rückzug auf der Grundlage eines Friedensvertrages. Denn ein solcher zeichnet sich nicht ab. Die Hoffnung auf ihn wurde zu oft enttäuscht. Die Vetomächte – die extremistischen Gruppen, Parteien, Fraktionen auf beiden Seiten – verhindern eine einvernehmliche Lösung. Ein einseitiger Rückzug Israels wäre in mancher Hinsicht leichter durchzuführen, denn Israel könnte ihn unilateral beschließen und durchführen – wie das in Gaza 2005 geschehen ist. Ein solcher Rückzug bliebe nicht in dem Gestrüpp stecken, das die Friedensgespräche zwischen Israel und den Palästinensern bisher immer begleitet und einen erfolgreichen Abschluss verhindert hat.

Doch die Vetomacht der unterschiedlichen nationalistischen und religiösen Gruppierungen in Israel selbst sind – jedenfalls auf absehbare Zeit – stark genug, einen Rückzug von der Westbank zu verhindern. Sie haben neben dem „Eretz Israel"-Argument auch ein sehr verständliches Motiv: die nach wie vor ungelöste Sicherheitsfrage. Wenn Israel nicht in der Lage ist, die von Gaza in Form von Raketenangriffen ausgehende Bedrohung zu verhindern – welche sicherheitspolitischen und geostrategischen Konsequenzen würde der Abzug aus Judäa und Samaria mit sich bringen?

Es ist verständlich, dass Israel derzeit nicht in der Lage ist, über einen Rückzug aus den besetzten Gebieten der Westbank ernsthaft nachzudenken und ihn zu planen. Die Folge ist freilich, dass sich Israel damit einzementiert – in einer Situation, die für Israel zumindest auf längere Sicht mehr Nachteile als Vorteile hat. Aber der einseitige Rückzug hätte wohl noch viel größere Nachteile, für die Gegenwart und die nahe Zukunft. Und wie in Demokratien generell, ist es schwer möglich oder sogar unmöglich, einen langfristigen Vorteil gegenüber einem kurzfristigen durchzusetzen.

Der Status quo erscheint relativ stabil – weil die erkennbaren realistischen Alternativen für beide Seiten, für Israel und Palästina, höchst unattraktiv wären. Für den Status quo bezahlt aber Israel einen hohen Preis in Form von militärischem Aufwand; aber mehr noch in Form einer Selbstlähmung: Israel kann weder vor noch zurück. Israel ist in der wohl entscheidenden Frage seiner Existenz gelähmt. Diese Lähmung ist auch von Israels Gegnern mit verursacht. Aber es ändert nichts daran, dass Israels Erfolgsbilanz durch das zur Permanenz erstarrte Besatzungsregime einen Makel in Kauf nimmt. Und dieser Makel besteht nicht (nur) in einer schlechten PR – mit der nur zu oft einseitigen Kritik etwa aus Europa hat Israel zu leben gelernt. Dieser Makel führt zu einem strategischen Nachteil, zu einer weitgehenden Bewegungsunfähigkeit Israels, seine Zukunft in einem arabisch-moslemischen Umfeld zu gestalten.

Dieses Umfeld kann Israel nicht einfach wegdenken, sich nicht einfach wegwünschen. Zu diesem Umfeld ist es auf Dauer verurteilt.

8. EINE GESCHICHTE DER VERSÄUMTEN GELEGENHEITEN

Der Mangel von Israels Demokratie ist die Folge des fehlenden Friedens – mit den Palästinensern, mit der arabischen Welt insgesamt. Dass Israel in den besetzten Gebieten über etwa zwei Millionen Palästinenser gegen deren Willen regiert, daran hat auch die Autonomie weiter Teile der Westbank prinzipiell nichts geändert. Der Fehlschlag aller Friedensinitiativen und damit die nun schon etwa ein halbes Jahrhundert andauernde Instabilität hat zwei Verantwortungen, zwei Seiten – eine jüdisch-israelische und eine arabisch-palästinensische.

Das hat mit der Gegenläufigkeit der beiden nationalen Narrative zu tun, die den Konflikt definieren: Israel wäre zwar, so akzeptiert von Menachem Begin im Friedensabkommen mit Ägypten und so auch von Jitzchak Rabin in der Vereinbarung von Oslo, mit dem Rückzug von weiten Teilen der besetzten Gebiete einverstanden – aber mit der gewichtigen Ausnahme des Ostteils von Jerusalem und der unmittelbaren Umgebung der Stadt. Und Palästina (und damit auch die arabische Welt insgesamt) ist grundsätzlich bereit, ein Israel innerhalb der Waffenstillstandslinie von 1949 anzuerkennen.

So weit die beiden prinzipiellen Zugänge, die – auf den ersten Blick – einen Friedensschluss nur vom „guten Willen" beider Seiten abhängig zu machen scheinen. Aber in der Realität stellen sich dem Frieden zwei zumindest bisher unüberwindliche Hindernisse entgegen: objektive Hindernisse, und deren Wahrnehmung.

• Die Rhetorik eines Teils der palästinensischen Seite und eines Teils der arabischen Gesellschaften und Regierungen außerhalb Palästinas und auch des Iran, die nach wie vor zur Zerstörung jeder jüdischen Staatlichkeit in dem aufruft, was bis 1948 das britische Mandatsgebiet Palästina war. Dass Israel für seinen Rückzug aus Gaza mit Raketenangriffen „belohnt" wurde, verstärkt den

Verdacht Israels, auf palästinensischer Seite gibt es offenkundig bedeutende Kräfte, die einen Friedensvertrag nur als Zwischenstufe ihrer auf die Zerstörung Israels gerichteten Strategie auffassen. Israel, so das Argument auf der jüdisch-israelischen Seite, fehle es daher an einem vertrauenswürdigen, verlässlichen Partner auf der „anderen" Seite. Die palästinensische Führung sei an einem Frieden nicht wirklich interessiert – oder aber nicht fähig, sich in den eigenen Reihen durchzusetzen.

- Die zionistische Motivation ist, den ganzen Raum zwischen Jordan und dem Mittelmeer wenn schon nicht zum Staat Israel („Eretz Israel") zu machen, so doch Jüdinnen und Juden zu ermöglichen, in diesem Raum zu leben. Damit ist aber der Verdacht der paläsinensischen Seite begründet, Israel denke gar nicht daran, die Westbank zu räumen. Denn die von der israelischen Politik geförderten jüdischen Ansiedlungen in den besetzten Gebieten deuten darauf hin, dass Israel mit jeder neuen Siedlung bewusst weitere Hindernisse auf dem Weg zum Frieden aufbauen wolle. Israel ziele auf die Zerstörung jeder realen Chance auf eine palästinensische Staatlichkeit – sonst würde doch Israel auf der Grundlage der Grenzen der Waffenstillstandslinien Frieden schließen, und bezüglich Jerusalem und des Rückkehrrechtes der Flüchtlinge von 1948 würde dann schon ein Kompromiss gefunden werden. Aber ebendies wird durch das Verhalten Israels verhindert.

Hinter diesen einander widersprechenden Wahrnehmungen stehen objektive Hindernisse, die zwar nicht unmöglich zu überwinden wären, die aber bisher nicht überwunden sind:

- Die Frage Jerusalem. Diese Stadt wird von beiden Seiten als Hauptstadt beansprucht. Was im Raum steht, das ist – in einer gewissen Analogie zum Teilungsplan der UN von 1947 – Jerusalem beiden Seiten zu geben; Jerusalem würde also die Hauptstadt Israels und Palästinas werden. Dies wäre für Israel vermutlich dann eine vorstellbare Lösung, wenn der palästinensische Hauptstadtcharakter Jerusalems auf eine symbolische Präsenz reduziert bliebe und die Einheit der Stadt insgesamt nicht durch eine Teilung rückgängig gemacht würde. Doch welche Grenzen einer solchen bloß symbolischen Präsenz gesetzt wären – mit Zustimmung Palästinas – ist völlig unklar. Wird die Präsenz des Staates Palästina zu eng definiert, wird die palästinensische Seite nicht zustimmen können. Wird die Präsenz weiter definiert, wird dies auf der israelischen Seite als ein Schritt zur Teilung der Stadt interpretiert und daher abgelehnt werden.

• Die Frage der Sicherheit. Israel sieht – vor allem auf Grundlage der Erfahrungen zwischen 1949 und 1967 – die Gefahr, dass ein Staat Palästina, der eine längere Grenze mit Jordanien (die Westbank, am Jordan) und mit Ägypten (Gaza, am Sinai) hätte, das Einsickern von Terroristen ermöglichen würde. Die Waffenstillstandsgrenzen von 1949 würden ja eine Außengrenze mit Palästina mit sich bringen, die vor die Tore Tel Avivs reicht. Israel sieht sich auch durch die zweite Intifada, die Jahre nach dem Oslo-Übereinkommen 2000 einsetzte, in seinem Misstrauen bestätigt: Die mit teilweiser Autonomie ausgestatteten palästinensischen Behörden hatten entweder kein Interesse oder keine Instrumente, den gegen Israel gerichteten Terror zu unterbinden. Das Interesse Israels würde es erfordern, dass die Souveränität Palästinas in Fragen der Sicherheit reduziert bleibt, auch und gerade mit Bezug auf die Außengrenzen eines möglichen palästinensischen Staates. Israel wird einer simple Neuinterpretation der Waffenstillstandslinie in staatliche Grenzen nicht zustimmen können; und Palästina wird kaum weitgehende Abweichungen von dieser Linie akzeptieren.

8.1. Die ersten Chancen

Die erste Gelegenheit, einen sich abzeichnenden gewaltsamen Konflikt zwischen den zionistischen Bestrebungen und den arabisch-nationalen Erwartungen zu dämpfen und einen Ausbruch von Feindseligkeiten zu verhindern, hatten am Ende des Ersten Weltkrieges die neuen Herren von Palästina, die Briten. Sie hatten im Krieg die Hoffnungen beider Seiten gegen den Kriegsgegner mobilisiert, gegen das Osmanische Reich. Die britische Politik fand Unterstützung – in Form von jüdischen Einheiten, die in der Britischen Armee kämpften, und in Form des Guerillakrieges, der vor allem von den Haschemiten organisiert wurde, die aus dem Hedschas, von der Arabischen Halbinsel kamen.

Die Haschemiten stellten lange Zeit die Herren über Mekka und Medina, unter einer relativ vagen osmanischen Oberherrschaft. Erst nach dem Ersten Weltkrieg ersetzte das aufsteigende Saudi-Arabien die Haschemiten als Schutzmacht und Beherrscher der allen Muslimen heiligen Stätten. Mit der Aussicht auf die Übernahme weiter Teile der von einer arabischen Bevölkerungsmehrheit bewohnten osmanischen Provinzen waren die Haschemiten und mit ihnen verbündete „Stämme", Clans, ab 1916 zu faktischen Bündnispartnern der Briten geworden. Die zionistische Perspektive wiederum konnte sich auf die Balfour-Deklaration stützen, die in den Augen des Zionismus das Gründungsdokument eines jüdischen Staates in Palästina war. Dass die britische Politik damit zwei Geister gerufen, zwei gegenläufige Erwartungen geweckt hatte, die eine Stabilisierung der britischen Mandatsherrschaft verhindern sollten, ja mussten, wurde den Briten bald klar, als es ihnen nicht gelang, die beiden nationalen Strömungen zu einem Kompromiss zu bewegen. Und als die Briten 1948 abzogen, hatten sie ihre Chance vertan, zwischen den jüdischen und den arabischen Vorstellungen von der Zukunft Palästinas, einen friedlichen Kompromiss zu erreichen. Der Ausrufung des Staates Israel im Mai 1948 folgte der offene Krieg zwischen Israel und den arabischen Staaten, ein Krieg, der mit einem Waffenstillstand beendet wurde – mit der Konsequenz einer Teilung Palästinas und einer Teilung Jerusalems.

Die Hoffnungen, dass sich aus dem von den Vereinten Nationen vermittelten Waffenstillstand, der Anfang 1949 von Israel und den arabischen Staaten unterzeichnet wurde, ein stabiler Friede verwandeln ließe, erfüllten sich nicht. Alle arabischen Staaten weigerten sich, die Existenz des Staates Israel anzuerkennen. Israel wäre 1948 vermutlich bereit gewesen, die Waffenstillstandslinien einschließlich der Teilung Jerusalems als Grundlage eines Friedensvertrages anzuerkennen oder zumindest auf dieser Grundlage zu verhandeln. Der Rückkehr der arabisch-palästinensischen Flüchtlinge freilich konnte und wollte Israel nicht zustimmen. Israels Position war, im Gegenzug auf die jüdischen Flüchtlinge zu verweisen, die aus dem jordanisch besetzten Teil Palästinas vertrieben worden waren – aus Ostjerusalem etwa, oder aus Hebron. Und aus arabischen Staaten – Irak, Jemen, Marokko, Algerien – waren Jüdinnen und Juden nach Israel gekommen oder würden in den kommenden Jahren zuwandern, die (im Zusammenhang mit antijüdischen Ausschreitungen) von Israel ebenfalls als Flüchtlinge – aber eben als jüdische Flüchtlinge – anerkannt und entsprechend integriert worden waren.

Doch die arabischen Staaten verzichteten 1949 und in den Jahren danach auf die Chance, Israel durch Gebietsansprüche, etwa in Galiläa und durch den Bezug auf den Teilungsplan der UN von 1947 (der für Israel ein kleineres Territorium vorgesehen hatte als das Gebiet, das Israel 1949 kontrollierte), in Verlegenheit zu bringen. So konnte Israel sich als der bewegliche, kompromissbereite Konfliktpartner profilieren. Die arabische Seite wurde als unnachgiebig und inflexibel wahrgenommen. Die Politik der arabischen Staaten war erkennbar nicht auf einen Kompromiss mit Israel ausgerichtet, sondern auf dessen Zerstörung.

Die israelische Regierung versuchte dennoch weitere Friedensfühler auszustrecken, in Form von Geheimdiplomatie. Ansprechpartner war das auch militärisch unter starkem britischen Einfluss stehende Königreich Jordanien. König Abdullah war freilich (noch) nicht bereit, Israel formell anzuerkennen; und Israel hatte sich in den Geheimverhandlungen wohl auch zu wenig bewegt. Doch die Verhandlungen endeten, als König Abdullah 1951 einem Mordanschlag zum Opfer fiel, als er die muslimischen Heiligtümer in dem von Jordanien annektierten Ostjerusalem besuchte. Er sollte nicht der Letzte bleiben, der für seine Friedensbemühungen mit dem Leben bezahlen musste: Anwar Sadat und Jitzchak Rabin wurden ebenfalls von Friedensgegnern der jeweils eigenen Seite ermordet.

1951 endeten die zaghaft angebahnten Friedensgespräche zwischen Israel und Jordanien. Und als 1952 der ägyptische König durch einen Militärputsch gestürzt wurde und Abdel Nasser als Diktator Ägyptens zur Führungsfigur der Arabischen Liga aufstieg, dessen Programm eine aggressive Politik gegen Israel, aber auch eine Anlehnung an die Sowjetunion beinhaltete, verschärfte sich der Konflikt weiter. Die Folge war 1956 der Angriffskrieg Israels, Großbritanniens und Frankreichs gegen Ägypten; ein Angriff, der allein schon deshalb in eine politische Katastrophe mündete, weil die Angreifer an den USA vorbei gehandelt und die Führungsmacht des Westens äußerst verärgert hatten. Israel hatte, wie es erkennen musste, von dieser Allianz mit den beiden im Abstieg begriffenen Kolonialmächten nichts zu gewinnen. Israel hatte die in der arabischen Welt vorherrschende Einschätzung, der jüdische Staat sei Teil einer neokolonialistischen Gesamtstrategie, so nur verstärkt. Israel sah sich als Agent des Imperialismus „entlarvt".

Der Suezkrieg von 1956 war der erste Schritt in eine Veränderung der auf Israel gerichteten Perspektive im Westen. Israel begann, in den Augen vieler Beobachter vor allem in Europa, seine politische Unschuld zu verlieren. Israel hatte als Bündnispartner Großbritanniens gehandelt, das seine am Höhepunkt des britischen Imperialismus gewonnene Kontrolle über den Kanal zurückgewinnen wollte; als Alliierter Frankreichs, das nach seiner Niederlage in Indochina nunmehr in den letzten großen Kolonialkrieg verstrickt war, in Algerien. Und auch diesen konnte Frankreich nicht gewinnen. Israel stand auf der falschen Seite – jedenfalls in den Augen der Liberalen und Linken in aller Welt; und gerade diese brauchte Israel als Freunde.

Das Land, das sich so viel Sympathien gerade unter der europäischen Linken erworben hatte – weil seine Existenz der stärkste Beleg für die Verbrechen von Nationalsozialismus und Faschismus war; weil es mit der genossenschaftlichen Struktur seiner Wirtschaft auf dem Weg zu einem demokratischen Sozialismus schien – dieses Land erschien nun als Steigbügelhalter eines europäischen Neoimperialismus, der noch dazu den Wind der Geschichte gegen sich hatte.

Nach 1956 waren die Chancen auf einen Frieden zwischen Israel und seinen arabischen Nachbarn minimal. Vom ägyptisch besetzten Gaza und von der jordanisch okkupierten Westbank sickerten immer wieder Terrorkommandos ins Land und verübten Anschläge. Das Heer der palästinensischen Flüchtlinge, Hunderttausende, das sich schon zu einem Millionenheer in den Flüchtlingslagern Jordaniens, Ägyptens (Gaza), des Libanon und Syriens ausgewachsen hatte, glaubte jeden Grund zur Annahme zu haben, demnächst wieder in ihre alten Häuser und Wohnungen zurückkehren zu können – nach (West-) Jerusalem und Jaffa, nach Lod und Haifa. Und diese rückblickend irrationalen Erwartungen wurden von einer von Nassers Ägypten dominierten arabischen Propagandamaschine aufgeschaukelt, die Israels baldigen Untergang voraussagte.

Diese Erwartungen waren damals nur unter einer Voraussetzung realistisch: unter der Bedingung, dass die Existenz Israels ein kurzes Ablaufdatum hätte. Da dies nicht der Fall war, verblieben die Flüchtlinge in ihren Lagern. Sie wurden von den arabischen Staaten nicht integriert. Ihre Funktion war, als Instrument gegen Israel zu dienen. Die palästinensischen Flüchtlinge zählen zu den wahren Opfern des Konfliktes – auch und wesentlich zu den Opfern arabischer Verweigerungspolitik.

In wohl keiner anderen Phase seiner Existenz war Israel so gefährdet wie in den 1950er und 1960er-Jahren, als sich der militärische Erfolg von 1956 in eine politische Niederlage verwandelte und die strategischen Nachteile der Waffenstillstandslinien, die jordanischen

Truppen eine Präsenz bis vor den Großraum von Tel Aviv erlaubten, allen ersichtlich waren. Doch die Politik Nassers, auf die Vernichtung des Staates Israel gerichtet, scheiterte – an der Überschätzung der eigenen, der arabischen militärischen Fähigkeiten und an der Unterschätzung Israels.

Der Krieg im Juni 1967 zeigte noch einmal, dass Israel und die jüdische Diaspora in der Lage waren, eine breite weltweite öffentliche Meinungsfront zu mobilisieren. Das Bild vom israelischen David, der den arabischen Goliath besiegte, baute freilich auf einer Voraussetzung: Israel musste in dem Konflikt mit den arabischen Staaten als der zunächst Schwächere wahrgenommen werden, bevor es seine Stärke demonstrieren konnte. Aber der Erfolg des israelischen David zerstörte dessen zukünftige Instrumentalisierung: David war zum (militärischen) Goliath geworden.

Die Begeisterung, die etwa in den Straßen von New York Israel Anfang Juni 1967 entgegenschlug, war ein Zeichen dafür, dass Israel nach wie vor die Emotionen der westlichen Welt zu mobilisieren vermochte. Freiwillige – jüdische und nichtjüdische – boten sich als Kämpfer für Israel an. Israel war der Darling der westlichen Welt. Das sollte freilich bald anders werden – Israels Image wurde Opfer von Israels militärischen Erfolgen.

8.2. Der Sechstagekrieg: Nein, nein, nein – und die Fortführung der Gewalt

Nach dem unbestreitbaren triumphalen Sieg im Krieg vom Juni 1967 hatte Israel – zunächst – alles erreicht, was es sich hätte unmittelbar wünschen können: die Zerschlagung des auf einen Angriffskrieg ausgerichteten arabischen Militärapparats (in Ägypten, in Syrien, in Jordanien); die Vereinigung (West-) Jerusalems mit der im jordanischen Teil gelegenen Altstadt und damit die Öffnung der wichtigsten religiösen Stätten des Judentums wie der Klagemauer, die zu besuchen Juden zwischen 1948 und 1967 nicht erlaubt war, und damit die

Realisierung der alten Grußformel der jüdischen Diaspora „nächstes Jahr in Jerusalem"; und die Gewinnung von faktischen (wenn auch nicht legal untermauerten) Grenzen, die ganz andere Chancen für eine Defensivstrategie boten: im Südwesten der Suezkanal; im Nordosten die Höhe des Golan, von wo aus Damaskus sichtbar war; und im Osten das Jordantal als natürliche Grenze zwischen dem Palästina der Mandatszeit und dem nun wieder auf seine ursprüngliche Dimension zurückgeworfenen Jordanien.

In diesem Moment seines Triumphes machte Israel den arabischen Staaten das historische Angebot, alle im Zuge des Krieges von 1967 besetzten Gebiete wieder aufzugeben – freilich mit der Ausnahme von Ostjerusalem, falls die arabische Seite mit Israel in aller Form Frieden schließen und so die Anerkennung der Existenz des jüdischen Staates explizit aussprechen würde. Doch die Reaktion der Arabischen Liga war ein trotziges, rational nicht leicht erklärbares, mehrfaches Nein: „Nein" zu Friedensverhandlungen und damit zu einem Frieden, „Nein" zur Anerkennung der Existenz Israels.

Dieses Nein kam zu einem Zeitpunkt, als weder auf der Westbank noch in Gaza noch am Golan eine jüdische Siedlungstätigkeit eingesetzt hatte. Im Raum stand das Wort von Moshe Dayan, des Verteidigungsministers, Israel würde in den besetzten Gebieten als „aufgeklärter Besatzer" agieren. Und zunächst war keine Rede davon, dass über Ostjerusalem hinaus die Besetzung in eine Annexion umgewandelt werden könnte. Israel trat bescheiden auf.

Was wäre das für eine Gelegenheit gewesen, wenn noch keine Siedler-Lobby einen territorialen Kompromiss und damit eine Friedenslösung erschwert hätte. Was hätte das vor allem für die palästinensische Bevölkerung im Westjordanland und in Gaza bedeutet, wenn die israelische Besatzung nach einigen Wochen oder Monaten wieder abgezogen wäre! Welche Entwicklungsdynamik hätte einsetzen können – gleichgültig, ob diese zu einem Staat Palästina oder zur Reintegration der Westbank in Jordanien, des Gazastreifens in Ägypten und des Golan in Syrien geführt hätte! Das arabische Nein von

1967 war die wohl folgenreichste Verweigerung in der Geschichte der arabisch-israelischen Beziehungen.

Die arabischen Staaten hatte vor 1967 Israels militärische Schlagkraft unterschätzt. Und nach ihrer Niederlage unterschätzten sie Israels Fähigkeit, ökonomisch stark zu werden und trotz einer zunächst wachsenden diplomatischen Isolierung – ausgedrückt im Abbruch der diplomatischen Beziehungen mit der UdSSR und ihren Satelliten – sich die dauerhafte Unterstützung des Freundes zu sichern, auf den es zuallererst ankam: der USA.

Die nächste Friedenschance ergab sich nach dem Jom-Kippur-Krieg. Das geopolitische Umfeld hatte sich gegenüber 1967 geändert. Ägypten war nach Nassers Tod auf Distanz zur Sowjetunion gegangen und hatte die sowjetischen Militärberater und anderes sowjetisches Personal ausgewiesen. Die USA entwickelten sich zur wichtigsten Macht auch im Nahen Osten, auch im arabischen Raum. Und Anwar Sadat holte sich die Legitimation für seine bald einsetzende Friedensofferte paradoxerweise durch eine militärische Offensive, einen Angriffskrieg gegen Israel.

Die Anfangserfolge der vordringenden ägyptischen und syrischen Armeen führten Israel vor Augen, dass es nicht mehr von einer unbegrenzten militärischen Vormachtstellung im Nahen Osten ausgehen konnte. Und diese Erfolge sollten – so die Erwartung des ägyptischen Präsidenten – diesen auch gegenüber der Opposition in der Arabischen Liga immunisieren, wenn er als nächsten Schritt Israel anerkennen würde. Als partieller militärischer Sieger glaubte er, politischen Spielraum für seine Friedensoffensive zu haben.

Die israelischen Armeen, die zum Zeitpunkt des Waffenstillstandes nicht weit vor Kairo und unmittelbar vor Damaskus standen, mussten auf dem Verhandlungswege zum Rückzug gebracht werden. Und mit dem unvermeidlichen Rückzug – was hätte Israel auch in Kairo gemacht, in einer Stadt, die mehr Einwohner hatte als ganz Israel – setzte eine US-Politik der Versöhnung ein. Der von Henry Kissinger als Vertreter der USA bestimmte Verhandlungsstil – Kissinger verhandelte mit Ägypten und dann mit Israel, mit

Israel und dann mit Syrien, als Zwischenträger und Mediator – erlaubte den Kriegsgegnern Israels, die Fassade der Nichtanerkennung zu wahren. Doch die Resultate von Kissingers Mission konnten sich sehen lassen: Sie brachten zwar keinen Frieden, aber eine mit allen Seiten abgesprochene und von allen Seiten respektierte militärische Entflechtung, einschließlich des israelischen Rückzugs vom Suezkanal, die Wiederherstellung der ägyptischen Kontrolle über diesen Wasserweg und die Wiedereröffnung des Kanals. Der Friede schien ein Stück nähergekommen zu sein.

Erst nachdem Sadat seine Erfolge abgesichert hatte, die sich von den Misserfolgen seines Vorgängers Nasser ganz entscheidend unterschieden, setzte er den nächsten Schritt. Er flog 1977 nach Israel und hielt in der Knesset seine historische Rede, die ein einziges Friedensangebot war. Sein Gegenüber war Menachem Begin und die von ihm geführte Rechtsregierung – auf den ersten Blick ein Hindernis für einen Schritt in Richtung Frieden als Antwort auf Sadats Initiative: ein Anhänger von Groß-Israel als Partner eines ägyptischen Friedensangebots?

Doch wahrscheinlich war der aus der Jabotinsky-Tradition kommende nationalistische Begin der ideale Partner für Sadat: Wäre Begin in Opposition gewesen, hätte er jede Kompromissbereitschaft einer von der Linken geführten israelischen Regierung vermutlich massiv bekämpft. Ähnlich wie dies die Rolle von Charles de Gaulle bei der Beendigung des Algerienkrieges vorführte, hatte Begin als „Rechter" mehr Spielraum für eine „linke" Politik. Begin an der Regierung fand im eigenen Land keine nennenswerte Opposition vor, als er in Camp David, wohin US-Präsident Jimmy Carter Sadat und Begin eingeladen hatte, 1979 die Verhandlungen über den Friedensvertrag abschloss. Dieser bedeutete den vollständigen Rückzug Israels vom Sinai und die Räumung der jüdischen Siedlung auf dieser Halbinsel.

Der Friedensvertrag überlebte die Ermordung Sadats, freilich von Ägypten nun als „Kalter Frieden" gehandhabt – mit viel feindseliger, auch antijüdischer Rhetorik. Zu sehr war aber Ägypten nun mit den geostrategischen Interessen der USA verbunden und von diesen abhängig, als dass Hosni Mubarak den Friedensvertrag aufkündigen und damit zu einem Unsicherheitsfaktor in der Region hätte werden können. Doch Sadats Erwartung, der von ihm gewagte Tabubruch würde im arabischen Raum zu einer Kettenreaktion in Form von anderen Friedensverträgen und damit zu einem umfassenden Nahost-Frieden führen, war nicht in Erfüllung gegangen. Sadat, der Israel anbot, den Staat aus der Isolierung zu befreien, war nun selbst isoliert. Und das führte schließlich 1981 zu seiner Ermordung.

Ein Schlüsseljahr und ein Beispiel für mögliche, dramatische geopolitische Veränderungen im Nahen Osten war 1979. In diesem Jahr brachte die iranische Revolution ein Regime an die Macht, das bereit war, mit den schärfsten antiisraelischen Kräften im arabischen Raum um die Rolle des größten, des maximalen Israel-Hassers zu kämpfen. Ein massenmörderischer Vorbote in diesem Konflikt war der 1980 beginnende achtjährige Krieg (der erste Golfkrieg) zwischen dem Irak und dem Iran, zwischen zwei Staaten, die einander mit einer radikalen „antizionistischen" Rhetorik zu überbieten versuchten. 1979 besetzten islamische Extremisten die große Moschee in Mekka – ein deutliches Zeichen für eine mangelnde Stabilität des saudischen Regimes. Dieses zog daraus die Konsequenz, den orthodoxen Gralshütern des wahabitischen Sunni- Islam (noch) mehr Einfluss einzuräumen: auf Erziehung, auf Familie, auf die Reglementierung des öffentlichen Diskurses. 1979 okkupierte die Rote Armee Afghanistan, ein strategischer Schachzug, der letztlich den Taliban und damit eine ebenfalls extreme Strömung des Sunni-Islam begünstigte.

Dass 1979 Sadat und Begin einen Friedensvertrag unterzeichneten, war ein wichtiger Kontrapunkt einer sonst eher für Israel bedrohlichen Entwicklung. Für Israel aber bedeutet diese Entwicklung, dass der Status quo nicht wirklich stabil sein kann. Viele Bestimmungsfaktoren, auf die Israel überhaupt keinen Einfluss nehmen kann – wie etwa der Arabische Frühling und dessen dramatisches Scheitern – sind für Israel von existenzieller Bedeutung. Israel muss andere dramatische, geopolitische Veränderungen, deren Ausrichtung nicht seriös vorhersagbar ist, immer in Rechnung stellen.

Nach 1979 kam die nächste Friedenschance, wieder infolge eines Krieges. Der (erste) Irak-Krieg, 1991, war auch ein Krieg arabischer Staaten untereinander. Arabische Staaten – allen voran Syrien und Saudi-Arabien – hatten sich der von den USA geführten militärischen Intervention angeschlossen, um die Okkupation Kuwaits durch den Irak rückgängig zu machen. Es war ein deutliches Zeichen für die Fragilität und Hohlheit der so oft propagierten arabischen Einheit – und gleichzeitig ein Warnsignal für Israel. Denn als der Irak im Jänner 1991 mit Raketen Israel angriff, um sich als Führer des arabischen und antiisraelischen Nationalismus zu profilieren und so die gegen ihn gerichtete arabische Allianz zu spalten und zu schwächen, richteten diese Raketen zwar keinen großen Schaden an. Und sie verzögerten auch nicht die Befreiung Kuwaits und damit die irakische Niederlage. Aber die Bilder von jubelnden Palästinensern, die in der von diesen Raketen demonstrierten arabischen Macht die Revanche für ihre eigenen Demütigungen sehen wollten, zeigten Israel, wie tief die Gräben zwischen Juden und Palästinensern waren. Die darauf folgende erste Intifada, eine breite palästinensische Bewegung der Verweigerung jeder Zusammenarbeit mit den israelischen Besatzungsbehörden, unterstrich die Explosivität der israelisch-palästinensischen Beziehungen.

In Israel hatte sich inzwischen die Auffassung durchgesetzt, dass der Weg zu einem Frieden nicht an den Palästinensern vorbeiführen konnte. Es konnte keine Aussicht auf den Frieden geben – ohne die PLO, die wichtigste (wenn auch nicht einzige) Vertreterin palästinensischer Interessen. Israel musste seine Verweigerungshaltung gegenüber der als terroristische Organisation gebrandmarkten PLO ändern, um in einer auf Stabilität und Frieden gerichteten Strategie Fortschritte zu machen.

US-Präsident George H. W. Bush setze sein durch die Befreiung Kuwaits gewonnenes Ansehen in der arabischen Welt ein, um Israelis und Palästinenser an einen Tisch zu bringen. 1992 fand in Madrid eine Konferenz statt, bei der Israelis und Vertreter Syriens und der PLO verhandelten. Das war ein Durchbruch. Doch im Juni verlor der Likud unter dem Begin-Nachfolger Moshe Shamir die Knesset-Wahlen, und Bush verlor im November die US-Präsidentschaftswahl. In Israel kam wieder die Arbeiterpartei unter Jitzchak Rabin an die Regierung, und ein neues Kapitel wurde aufgeschlagen: Es begannen die streng geheimen Verhandlungen zwischen der israelischen Regierung und der Führung der PLO.

Die PLO und Israel verhandelten nun direkt und bilateral. Die Verhandlungen führten zum Oslo-Abkommen – kein Friede, aber vertrauensbildende Maßnahmen, die als wichtiger Schritt auf dem Weg zu einem umfassenden Frieden galten. Israel erkannte die PLO als legitime Vertretung der Palästinenser in der Westbank und in Gaza an – und Israel wurde von der PLO anerkannt. Die Zweistaatenlösung lag nun auf dem Tisch, als ein von beiden Seiten akzeptiertes, prinzipielles Ziel eines Friedensprozesses. Doch die entscheidenden Fragen waren in Oslo ausgeklammert geblieben: der Status von Jerusalem, die Rückkehr der palästinensischen Flüchtlinge von 1948, Israels Sicherheitsbedürfnis – und der genaue Grenzverlauf zwischen den beiden Staaten.

Das Oslo-Abkommen setzte Standards, hinter den Israel und die PLO kaum mehr zurückfallen hätten können. Insofern hatte Oslo einen dauerhaften Erfolg. Aber es folgten nicht die nächsten Schritte, dem Ziel eines Friedens kamen die beiden Konfliktpartner nicht wirklich näher. Oslo hatte eine Gesprächsbasis hergestellt, die es davor nicht gegeben hatte. Und es wies den USA, indirekt, ausgedrückt in der Zeremonie vor dem Weißen Haus im September 1993 – als Rabin und Arafat einander die Hände schüttelten und Bill Clinton, unmittelbar hinter ihnen stehend, sich lächelnd in der Pose des Friedensstifters zeigte – die zentrale Rolle in dem in diesem Augenblick zwar nicht abgeschlossenen, sehr wohl aber – wie man meinte – ernsthaft beginnenden Friedensprozess zu.

8.3. Die Oslo- und die Gaza-Erfahrungen

Das Oslo-Abkommen wurde nie zur Gänze akzeptiert: Nicht in Israel, wo Rabin eine Welle auch gewaltbereiter Opposition von Teilen der israelischen Rechten entgegenschlug. Nicht auf der palästinensischen Seite, auf der Arafat in eine rhetorische Ambivalenz flüchtete, um die Widerstände zwischen den Fraktionen der PLO und auch anderer radikaler Kräfte (etwa der Regierung Syriens, aber auch des Iran) zu überspielen, die nach wie vor an der Vernichtung Israels als politisches Ziel festhielten. Die zögerliche Umsetzung des Oslo-Vertrages veranlasste US-Präsident Bill Clinton, sich (wie zwei Jahrzehnte davor Jimmy Carter) direkt und persönlich einzuschalten, um das in Oslo erzielte Ergebnis in einen stabilen Frieden zu verwandeln. Doch weder in Camp David, 2000, noch im ägyptischen Taba, Anfang 2001, gelang der Durchbruch.

Die wesentlichen Bestandteile eines israelisch-palästinensischen Friedensvertrages standen am Ende der Verhandlungen von Camp David und Taba fest. Allen war klar, dass ein möglicher Friede nur so aussehen könnte:

• „Land for Peace", also die Räumung der Westbank (mit Ausnahme Ostjerusalems) und des Gazastreifens sowie die Umwandlung dieser Territorien in einen Staat Palästina.

• Eine symbolische Anerkennung des Rückkehrrechts der Flüchtlinge von 1948 und deren Nachkommen, in Verbindung mit einer finanziellen Abgeltung dafür, dass eine solche Rückkehr real nicht stattfinden würde.

• Jerusalem als zwar ungeteilte, aber doppelte Hauptstadt mit einer zumindest zeremoniellen Präsenz Palästinas und seiner Regierung; und eine gemeinsame Verwaltung jedenfalls der Altstadt und damit des alten Kerns von Jerusalem.

Woran es lag, dass Yasser Arafat und Ehud Barak 2000 und 2001 ihre Unterschrift unter ein solches Dokument nicht zu setzen wagten, ist im Detail nicht klar. Wechselseitige Schuldzuweisungen verstellen den Blick auf die unter Ausschluss der Öffentlichkeit geführten Verhandlungen und deren Fehlschlag. Doch der tiefere Grund war klar: Noch vor Ende 2000 war die Zweite Intifada ausgebrochen, die – anders als die erste – von Anfang an gewaltbetont war. In den urbanen Zentren Israels wurden Israelis Opfer von Terroranschlägen. Arafat wollte oder konnte diese Gewaltexplosion nicht verhindern. Und unmittelbar nach dem Scheitern von Taba verloren Barak und die Arbeiterpartei die Knesset-Wahlen. Damit wurde ein in der Tradition Rabins stehender Regierungschef in die Opposition geschickt. Der in Konturen bekannte, aber nicht unterzeichnete Friedensvertrag erschien als entscheidender Faktor für den Rechtsruck in Israel: Die israelische Mehrheit konnte und wollte der Friedensrhetorik der palästinensischen Seite keinen Glauben mehr schenken.

Die Chance war vertan, und der Ausbruch der Intifada hatte wohl dazu beigetragen, dass nun wieder eine Periode der von Likud dominierten Regierungen einsetzte. Diese Regierungen rechts von der Mitte rangen sich zwar zu Bekenntnissen zur Zweistaatenlösungen durch, sie hatten jedoch – auch im Hinblick auf verschiedene Koalitionspartner – Schwierigkeiten, ihren Bekenntnissen auch Taten folgen zu lassen, insbesondere im Hinblick auf die jüdischen Siedlungen im Westjordanland; Siedlungen, die den Gegnern einer Friedenslösung auf palästinensischer Seite Argumente liefern mussten.

Ariel Sharon, die erste Zentralfigur dieser Periode, hatte als General im Jom-Kippur-Krieg und im Libanon-Krieg von 1982 (als Israel Teile des Libanon besetzt hatte, um Terrorangriffe auf israelisches Gebiet zu unterbinden) sich den Ruf eines Vertreters einer harten Linie erworben. Aber er stand auch in der Tradition Begins, der gerade einen solchen Ruf genutzt hatte, um einen Frieden mit Ägypten zu schließen. Und er riskierte die Spaltung seiner Partei, des Likud, als er – zur Überraschung fast aller Beobachter – 2005 die Besetzung des Gazastreifens einseitig beendete und auch die jüdischen Siedlungen in Gaza gegen den teilweise heftigen Widerstand der Siedler auflöste.

Was als vertrauensbildende Vorleistung gedacht war, brachte den Frieden nicht näher. Die Mehrheit des Likud folgte Sharon nicht auf seinem Weg, und Benjamin Netanjahu wurde nun zur zentralen Figur der israelischen Rechten. Israel wurde für die Weichenstellung Sharons, der bald danach nach einem Schlaganfall aus der Politik ausscheiden musste, nicht belohnt. Nicht die PLO errang die Kontrolle über Gaza, sondern die aus der fundamentalistischen, sunnitischen Moslembruderschaft kommende Hamas. Diese und andere Kräfte, die nach wie vor am Ziel der Vernichtung Israels festhielten, verwandelten Gaza in ein Zentrum der gegen Israel gerichteten Aggression.

Bewusst wurde dabei in Kauf genommen, ja offenkundig angestrebt, dass Israel durch immer neue Raketenangriffe zu militärischen Gegenschlägen provoziert wurde. In dem dicht besiedelten Gebiet des Gazastreifens mussten die israelischen Gegenschläge große Opfer unter der Zivilbevölkerung fordern, die in der Weltöffentlichkeit propagandistisch genutzt werden konnten – im Sinne einer Anklage gegen Israel, es würde sein Recht zur Verteidigung in einem nicht verhältnismäßigen Sinne nutzen und, angesichts der hohen Opferzahlen, Kriegsverbrechen begehen. Israel konnte dadurch als ein Staat hingestellt werden, der wahllos palästinensische Kinder tötete sowie Spitäler und Schulen zerstörte. Israel konnte den so geführten PR-Krieg nicht gewinnen, gerade weil es militärisch überlegen war.

Tom Friedman hat schon vor Jahren festgestellt, dass eine Zweistaatenlösung, wie sie in den Verhandlungen von 2000 und 2001 schon relativ nahe schien und insbesondere den Rückzug Israels aus dem Westjordanland beinhalten würde, in Israel weder auf eindeutige Zustimmung noch auf eindeutige Ablehnung stoßen würde. Friedman schätzt, dass etwa fünf Prozent der jüdischen Bevölkerung Israels unter allen Umständen einen solchen Abzug befürworten würden – das ist das linke Friedenslager. Etwa 20 Prozent würden die Zweistaatenlösung grundsätzlich ablehnen, weil der Verzicht auf

Judäa und Samaria (und damit auf ein historisches jüdisches Kernland) ihnen unzumutbar erscheint. 75 Prozent aber wären unentschlossen. Ein Teil davon wäre geneigt, unter bestimmten Bedingungen – die vor allem die Sicherheit Israels betreffen – einem solchen Frieden zuzustimmen. Dies wären die Wählerinnen und Wähler der Arbeiterpartei, das heißt – bezogen auf die Knesset-Wahl von 2015 – der Zionistischen Union. Ein anderer Teil wäre wegen der Zweifel an der Ernsthaftigkeit der Friedensabsichten auf der palästinensischen Seite eher skeptisch und würde aus diesem Grund heute vor allem Likud wählen. (Friedman 513)

Diese Beobachtung, die wohl relativ stabil für die letzten Jahrzehnte gelten kann, bedeutet, dass eine eindeutige Mehrheit für eine realistische Friedenslösung innerhalb Israels nicht gefunden werden könnte, dass eine knappe Mehrheit aber möglich ist. Ob eine solche zustande kommt, hängt auch von den Details bezüglich eines grundsätzlich nicht geteilten Jerusalem und von den Sicherheitsauflagen ab, die ein Staat Palästina zu erfüllen hätte. Ein dauerhafter Friede ist nur möglich, wenn sich beide Seiten bewegen, wenn sie bereit sind, ihre selbst gezogenen „roten Linien" zu überschreiten und um des Friedens willen Konzessionen zu machen, die derzeit noch nicht erwartet werden können. Der Status quo aber ist für beide Seiten offenkundig nicht unattraktiv, nicht gefährlich genug, um für beide Seiten die Schritte zu setzen, die für einen Frieden erforderlich sind.

Israel sieht sich in einer Falle. Es handelt sich um ein blutiges Spiel, in dem extremistische Kräfte, vom Iran und anderen Akteuren mit Waffen ausgestattet, Israel fast beliebig zu Gegenschlägen manipulieren können, zu Luft- und Artillerieangriffen, oder auch zu zeitlich begrenzten Einmärschen in Gaza. Damit hatten Hamas und Co. ihr Ziel erreicht – die Chancen auf den Frieden zu verschlechtern. Und Israel fand bisher keinen wirksamen Weg, sich aus der Rolle einer ferngesteuerten Marionette zu befreien, die nach dem Drehbuch von Hamas oder auch Hezbollah agierte. Es sind die extremen Feinde Israels, die auf diese Weise Israels Politik zu steuern in der Lage sind.

9. ISRAEL ALS „DEFINING OTHER"

Der Staat Israel existiert in einer Region, die in ihrem Bewusstsein und damit auch in ihrem Verhalten von besonders vielen, einander widersprechenden Bildern gesteuert wird; Bilder, die emotional besetzte sind; Bilder, die auf der selektiven Wahrnehmung von Vergangenheit und Gegenwart beruhen; Bilder, die weltweit Emotionen hervorrufen; Gefühle, die allzu leicht zur Begründung von Feindschaft und unter Umständen auch zu Gewalt führen.

Israel stört. Israel stört viele der vereinfachenden Bilder, die sich über längere Zeit verfestigt hatten. Israel wird als Störenfried gesehen – als ob die Region vor der Gründung Israels so friedlich gewesen wäre.

Israel stört die christliche Wahrnehmung vom „Heiligen Land". Jede Besucherin, jeder Besucher Israels muss wahrnehmen, dass das Christliche in Israel nur ein Randphänomen ist. Israel toleriert und fördert den christlich-religiös motivierten Tourismus. Aber für die Existenz Israels ist die christliche Wahrnehmung nur insoweit wichtig, als evangelikale, also fundamentalistisch-protestantische Kirchen vor allem in den USA vehement eine proisraelische Politik unterstützen, weil sie mit Israel Endzeit- und Weltuntergangsvorstellungen verbinden. Darüber hinaus zählt aber Israel zu den Ländern, in denen christliches Alltagsleben kaum wahrnehmbar ist – jedenfalls nicht in den Großräumen von Tel Aviv und Haifa.

Israel stört die arabische Wahrnehmung von einer arabisch-nationalen Kontinuität. Israels funktionierende Staatlichkeit steht im Widerspruch zum Selbstbild der arabischen Welt, das Palästina in seiner Gesamtheit arabisch zeichnet – von einer arabischen gesellschaftlichen und politischen Ordnung bestimmt. Palästina stand in der Neuzeit zwar – bis 1918 – unter osmanisch-türkischer Oberhoheit. Der muslimische Charakter des Osmanischen Reiches hilft aber, die türkische Herrschaft nicht als wesentlichen Störfaktor des Narrativs von der arabischen Kontinuität zu sehen. Zu dieser konstruierten arabischen Kontinuität passt die ebenfalls konstruierte jüdische Kontinuität ganz und gar nicht.

Israel stört die muslimische Wahrnehmung von Palästina und insbesondere von Jerusalem als Zentrum islamischer Tradition. Die beiden großen Moscheen auf dem Tempelberg Jerusalems, insbesondere der Felsendom, machen Jerusalem zur dritten heiligen Stadt des Islam – nach und neben Mekka und Medina. Dass eine nichtislamische Macht seit 1967 über diese Stätten herrscht – auch wenn sie eine islamische Selbstverwaltung des Tempelberges und der beiden Moscheen zulässt (infolge und trotz der Annexion Ostjerusalems) –, dass Israel die Stadt insgesamt zu regieren beansprucht, ist mit dem Selbstbild des Islam nur schwer oder überhaupt nicht vereinbar.

Israel stört die latent oder manifest antijüdische Wahrnehmung von der „rassisch" oder völkisch bedingten Unfähigkeit des Judentums, mehr zu sein als ein „Fremdkörper" in „Wirtsvölkern". Der historische Antisemitismus in Europa hat den Juden den Zugang zum Landbesitz und zum Kriegsdienst verwehrt. Aus dieser Diskriminierung entstand das Vorurteil, dass Juden zwar für Handel und Geldwesen, nicht aber für die Landwirtschaft und auch nicht für das Militär geeignet wären. Gerade aber die Landwirtschaft wurde zu einer israelischen Erfolgsgeschichte und die militärischen Erfolge Israels passen erst recht nicht zu den antijüdischen Klischees.

Israel stört durch seine gesellschaftlichen, wirtschaftlichen und politischen Erfolge die im Nahen Osten übliche Rechtfertigungsrhetorik: dass in der Region pluralistische Demokratie nicht möglich wäre; dass eine auf Gleichstellung der Geschlechter hinauslaufende Gender-Dynamik auf eine unüberwindliche Gender-Differenz, auf fest verankerte traditionelle Unterschiede zwischen den Geschlechtern stoßen würde; dass unter den klimatischen Bedingungen des Raumes eine stetige Vermehrung des Wohlstandes nur in Form eines Rentier-Kapitalismus möglich ist, also in Form einer auf Rohstoffexporten basierenden Wirtschaft. Israel ist die erfolgreiche Ausnahme von den Klischeebildern des Orientalismus – und das schafft Ressentiments.

Israel provoziert allein dadurch, dass es als Staat existiert und als solcher erfolgreich ist, Abneigung und Feindschaft. Israel zeigt sich „fremd", weil so viele Israel als fremd sehen wollen.

9.1. Israel und der alte Antisemitismus

Israels Erfolge liefern, wenn man nach einer Bestätigung der eigenen Vorurteile Ausschau hält, scheinbar genügend Gründe für den alten, den traditionellen Antisemitismus. Die Partnerschaft mit den USA? Diese ist zu einer Marionette der jüdischen Weltverschwörung degeneriert. Die Siege Israels in seinen Verteidigungskriegen? Ein Beleg für die Unverträglichkeit des „ewigen Juden", der immer und überall als Störfaktor wirkt. Die blühende Wirtschaft des Landes? Ja, Handel treiben und dabei andere ausbeuten, das konnten „die Juden" schon immer. Das insgesamt doch stabile Gleichgewicht zwischen dem säkularen und dem religiösen Israel? Revolutionäres und biblisches Judentum haben sich – wie schon so oft – wieder einmal verschworen. Der hohe Stand wissenschaftlicher Forschung in Israel? Wissenschaft ist, wie ein Wiener Gemeinderat um 1900 es ausgedrückt hat, „wenn ein Jud' von einem anderen Jud' abschreibt."

Natürlich kann es Israel diesem traditionellen Antisemitismus nicht recht machen. Denn der Antisemitismus des 19. und des 20. Jahrhunderts sagt auch heute nichts über Juden, sondern – wie es Jean Paul Sartre formuliert hat – alles über Antisemiten aus. Es ist der Antisemit, der den Juden braucht und ihn auch aus Versatzstücken einer komplexen Realität konstruiert. Es ist der Antisemit, der den Juden braucht – und ihn nötigenfalls auch erfindet. Gegen die Konstruktion „des Juden" durch den traditionellen Antisemitismus gibt es kein rationales Argument, keine nachvollziehbare Widerlegung.

Der Staat Israel erspart diesem Antisemitismus aber die Notwendigkeit, Juden neu erfinden zu müssen. Israel ist ein Staat, geschaffen von Juden und für Juden. Auf ihn kann alles Scheinwissen projiziert werden, das sich im Laufe der Jahrhunderte des Judenhasses angesammelt hat. Dass Israel durch seine Existenz und seine Erfolge diesen traditionellen Antisemitismus Lügen straft, stört, aber zerstört nicht den intellektuell unerträglichen, aber nach wie vor wirksamen Mischmasch der antijüdischen Vorurteile.

Für die Menschen vor allem in Deutschland und in Österreich, die nicht umhin können, sich den Verstrickungen ihrer Länder und ihrer Gesellschaft in den mörderischen Antisemitismus des NS-Regimes zu stellen, liefert Israel einen scheinbaren, aber bequemen Ausweg: Seht her, auch die Juden sind nicht nur Opfer; seht her, auch die Juden sind Täter; seht her, sie gehen mit den Palästinensern so oder zumindest so ähnlich um wie unsere Urgroßeltern, Großeltern oder Eltern mit Juden umgegangen sind.

Das ist – natürlich – blanker Unsinn, weil es zwar sehr wohl und immer wieder und in großer Zahl Menschenrechtsverstöße von israelischer Seite gegenüber Palästinensern, freilich auch von arabisch-palästinensischer Seite gegenüber Juden gegeben hat und auch gibt. Doch zu keinem Zeitpunkt haben sich diese Verletzungen von Grundrechten auch nur annähernd der Dimension des Holocaust genähert. Oder kann man sich jüdische Abgeordnete im deutschen Reichsrat von 1940 vorstellen? Arabisch-palästinensische Abgeordnete in der Knesset sind eine Selbstverständlichkeit. Kann man sich vorstellen, dass es die mit Hitler-Bild und Hakenkreuz geschmückten Banknoten der deutschen Reichsbank mit erklärenden Zweitaufschriften in jiddischer oder auch in hebräischer Sprache gegeben hätte? Aufschriften in arabischer Sprache finden sich auf den Banknoten des israelischen Schekel. Waren speziell von Juden für Juden gemachte Rundfunksendungen im „Dritten Reich" vorstellbar? Sendungen in arabischer Sprache, gestaltet von Palästinensern und ausgestrahlt von Israel, sind selbstverständlich.

Was immer auch an der israelischen Politik gegenüber Arabern und Palästinensern kritisierbar ist – es ist jedenfalls nicht in der qualitativen und quantitativen Dimension dem absolut Bösen zuzuordnen; und es ist nicht erstmalig, es ist nicht ein Zivilisationsbruch. Dieses Merkmal des Erstmaligen und des Zivilisationsbruches trifft auf den Holocaust zu, nicht aber auf die Nakba genannte Vertreibung von Araberinnen und Arabern 1948 aus Israel; und es trifft auch nicht auf die Behandlung der Palästinenser in den besetzten Gebieten nach 1967 zu.

Doch eine solche differenzierende Betrachtung ist dem Antisemitismus fremd. Antisemiten aller Schattierungen sind froh, endlich wiederum etwas Böses im Agieren von Juden gefunden zu haben, das nicht aus den abstrusen Fantasien der „Protokolle der Weisen von Zion" besteht. Dass Juden und Jüdinnen keine Engel sind – auch wenn der Philosemitismus zu dieser positiven Verzerrung neigen mag – wird vom Antisemitismus als Beleg dafür verwendet, um aus Juden Teufel zu machen.

Es ist gerade die Normalität jüdischen Verhaltens; es ist die Politik Israels, die wie die Politik der USA oder Schwedens, Japans oder Indiens vor allem nationale Interessen vertritt. Diese Politik ist konkret nicht als ein selbstverständlich hinzunehmender, sehr wohl auch kritisierbarer Ausdruck von Eigeninteressen, aber nicht als Folge einer besonderen jüdischen Eigenschaft. Es ist die in ihrer Normalität von Interessen gesteuerte israelische Politik, die einseitig und willkürlich vom traditionellen Antisemitismus als spezifisch „jüdisch" etikettiert wird. Israel, so das „Ceterum censeo" des Antisemitismus, muss anders sein.

Israel muss damit leben, dass es eine Funktion für den alten Antisemitismus hat. Israel – was immer es auch tut oder unterlässt – wird dem Antisemitismus Gründe dafür liefern, dass die Juden so sind, wie dies die Antisemiten ohnehin schon immer gewusst haben wollen. Nicht, dass der Antisemitismus Israel unbedingt braucht; nicht, dass allein Israel den Antisemitismus am Leben erhält. Aber wenn es Israel nicht gäbe, die Antisemiten der Welt müssten sich andere, zusätzliche Scheingründe für ihre negative Punzierung der Juden suchen.

Der alte Antisemitismus ist schon 1943 von Jean-Paul Sartre in komplexer Weise analysiert worden. Der Antisemitismus ist Ausdruck eines gesellschaftlichen Bedürfnisses, einen Teil der Gesellschaft für alle Übel verantwortlich zu machen. Dem Antisemitismus können es Jüdinnen und Juden und daher auch der Staat Israel nie recht machen. Dass sich Israels Wirtschaft am Weltmarkt behauptet, dass sich die Streitkräfte Israels in mehreren Kriegen erfolgreich bewährt und damit die alten antijüdischen Vorurteile widerlegt haben – das alles tut nichts zur Sache. Denn die Sache des Antisemitismus ist ja die ständige Bestätigung eines Vorurteils, das sich keiner Überprüfung zu stellen hat.

Der Antisemitismus ist eine empirisch nicht überprüfbare Zuweisung von Kollektivschuld. Die Hypothese jüdischer Generalschuld kann nicht widerlegt werden, weil sie in sich unschlüssig, ja dumm ist. Der alte Antisemitismus reagiert wie der Patriarch von Jerusalem in Gotthold Ephraim Lessings „Nathan der Weise", der – was auch immer „der Jude" tut oder nicht tut – nur zu einem Schluss kommen kann: „Der Jude wird verbrannt".

Israel ist die Bestätigung, dass der Staat der Juden ein Staat wie andere auch ist. Es gibt Kriminalität, und es gibt den Gegensatz zwischen Arm und Reich. Es gibt Korruption und dauerhafte Spannungen zwischen Anspruch und Wirklichkeit. Es gibt Religiöse und Nichtreligiöse. Es gibt Menschen, die nach einer traditionellen Einteilung politisch links stehen – und solche, die politisch rechts zu verorten sind. Es gibt den politisch, sozial, ökonomisch messbaren Graben zwischen Frauen und Männern, und es gibt die Spannungen zwischen Jung und Alt. Und Israel hat auch Probleme, ein stabiles demokratisches Muster für einen fairen Umgang mit seinen Minderheiten zu entwickeln. Israel ist mit den Herausforderungen konfrontiert, die alle Staaten, die jede Politik beschäftigen müssen. Mit einem Wort: Israel ist nicht anders als die anderen.

Doch diese Beobachtungen, die alle auf eine gesellschaftliche Normalität Israels verweisen, können von den Antisemiten nicht zur Kenntnis genommen werden. Denn der Antisemitismus braucht „den Juden", so wie dieser im Laufe der Jahrhunderte konstruiert wurde. Und ebendeshalb kann der Antisemit den real existierenden Juden ebenso wenig zur Kenntnis nehmen wie den real existierenden Staat Israel.

9.2. Israel als „Common Denominator"

Israel ist auch ein „Defining Other" für die muslimisch geprägten Staaten der Region, insbesondere für die arabischen Staaten und den Iran. Diese Staaten sind sich in nichts einig, sie tragen ihre Konflikte oft in Form von Kriegen oder auch Stellvertreterkriegen aus – etwa wenn der Iran die schiitisch geführte Regierung in Bagdad und das allewitische Assad-Regime in Damaskus stärkt, Saudi-Arabien hingegen hinter den sunnitisch dominierten (anderen) Golfstaaten wie etwa Bahrain steht, um sie gegen den Ansturm von schiitischen Bewegungen zu schützen, die wiederum vom Iran unterstützt werden.

Zwischen 1980 und 1988 tobte in der Region ein Großkrieg – zwischen dem Iran und dem Irak. Der Iran fand dabei die zumindest politische Unterstützung einiger arabischer Staaten, wie Syrien und Libyen. Der Irak wiederum konnte auf die ebenfalls zumindest politische Hilfe Jordaniens und Saudi-Arabiens zählen. Dieser Krieg, der größte und mörderischste nahöstliche Krieg seit mehreren Hundert Jahren, hatte mit Israel nichts, aber auch gar nichts zu tun. Es war ein Krieg zwischen zwei Staaten, die beide Israels Existenzrecht ablehnten.

Die in bald mehr, bald weniger gewaltsam geführten Auseinandersetzungen verstrickten Staaten des nahöstlichen Raumes sind in Konflikte eingebunden, die vor allem (aber nicht ausschließlich) entlang der Konfliktlinie zwischen Sunniten und Schiiten geführt werden. Diese innerislamischen nahöstlichen Gegensätze sind für traditionelle und mehr noch für nicht traditionelle Kriege verantwortlich. Aber diese Staaten werden von einem gemeinsamen Nenner zusammengehalten: von der Feindschaft gegenüber Israel, einer Feindschaft, die jedenfalls mit den Ausnahmen Ägyptens und Jordaniens auch in der diplomatischen Nichtanerkennung ihren Ausdruck findet und damit auf eine Bestreitung des Existenzrechtes für Israel hinausläuft. Gäbe es Israel nicht, wäre die ohnehin brüchige Arabische Liga von noch geringerer Bedeutung oder vielleicht auch gar nicht mehr vorhanden. Die arabische (und iranische) Welt des Nahen Ostens braucht Israel als integrierendes Feindbild.

Als Anwar Sadat 1977 die regionale Isolierung Israels durchbrach und nach Jerusalem flog, um vor der Knesset für das Ende der bilateralen Feindseligkeiten zu werben und die Dynamik einleitete, die 1979 zum Friedensvertrag führte, betrat er einen gefährlichen Pfad: Er bedrohte eine zentrale panarabische Gemeinsamkeit. Was denn, wenn nicht Israel, hält die Allianz aus feudalen Monarchien, Militärdiktaturen, religiös-fundamentalistischen Systemen und Halbdemokratien zusammen, wenn nicht die Gegnerschaft zu Israel? Sadat musste für seinen Tabubruch einen hohen Preis bezahlen. Ägypten wurde aus der Arabischen Liga ausgeschlossen und Sadat wurde ermordet.

Nach Sadats Tod erreichte sein Nachfolger, der wie sein Vorvorgänger Gamal Abdel Nasser und Sadat selbst aus der Offizierskaste kam, eine Annäherung an die Arabische Liga und schließlich die Wiederaufnahme Ägyptens in diese internationale Organisation. Hosni Mubarak sorgte dafür, dass die diplomatischen Beziehungen zu Israel – die er mit Rücksicht auf die Interessen der USA nicht aufkündigen konnte – so kühl wie nur möglich blieben. Das Einfrieren des Friedens zwischen Ägypten und Israel erlaubte die Versöhnung Ägyptens mit der Arabische Liga. Ägypten war wieder im Kreis der Israel-Feinde willkommen.

Israel genießt eine Sonderstellung, die es nur zu gerne aufgeben würde: Israel ist als einziger völkerrechtlich anerkannter Staat von Nachbarn umgeben, die diesen Staat auslöschen wollen. Israels

Existenz beruht auf einem Beschluss der Generalversammlung der Vereinten Nationen. Israel hat diplomatische Beziehungen zu den fünf ständigen Mitgliedern des UN-Sicherheitsrates. Doch die Mehrheit der Staaten in Israels Nachbarschaft bestreiten das Recht des jüdischen Staates, als solcher zu existieren – unabhängig von der Frage der Grenzen.

Ginge es um diese Grenzen, so hätten die arabischen Staaten das 1967 auf dem Tisch liegende Angebot Israels annehmen können, Israel anzuerkennen – und Israel hätte die nach dem Sechstagekrieg besetzten Gebiete mit Ausnahme Ostjerusalems geräumt. Ob dann Jordanien die Westbank, Ägypten den Gazastreifen und Syrien die Golanhöhen wieder besetzt hätten – oder ob auf der Grundlage eines breiten arabischen Konsenses aus diesen Gebieten ein Staat Palästina geschaffen worden wäre: Das wäre nicht in Israels Zuständigkeit gewesen. Die vor und erst recht nach dem Oslo-Abkommen von 1993 offene Grenzfrage zwischen Israel und den Palästinensern wäre so 1967 in einer Form geregelt worden, die palästinensische Interessen besser berücksichtigt hätte als jede danach diskutierte Friedenslösung – und natürlich für die Bevölkerung in den nach wie vor besetzten Gebieten besser als der Status quo.

Doch die arabischen Staaten, 1967 trotz der ägyptischen (und syrischen und jordanischen) Niederlage noch unter dem Einfluss Gamal Abdel Nassers, lehnten das Friedensangebot und damit die Anerkennung Israels ab. Diese Ablehnung eines Vorschlages, dem in den folgenden Jahren und Jahrzehnten keine für die arabische Seite bessere Friedenschance folgen sollte, kann auf zwei Motive zurückgeführt werden:

• Die arabischen Staaten hatten 1967 trotz ihrer militärischen Niederlage noch immer die Perspektive, langfristig Israel als Staat vernichten zu können. Die in der arabischen Welt vorhandene Tendenz, Israel als „Kreuzfahrerstaat" zu sehen, der sich nicht auf Dauer etablieren könnte, begründet die arabische Neigung, einfach in der Erwartung abzuwarten, dass die Zeit gegen Israel arbeitet. Das Problem Israel würde sich von selbst lösen, auch wenn dieses Ende noch Jahrzehnte oder länger auf sich warten ließe.

• Die arabischen Staaten waren nicht bereit, auf die sie alle verbindende Gemeinsamkeit zu verzichten: auf die grundsätzliche Ablehnung der Existenz Israels. Der Minimalkonsens der arabischen Staaten war die Gegnerschaft zu Israel. Dieser Konsens sollte die innerarabischen Konflikte und die arabischen Fehlleistungen zudecken. Die Gegnerschaft zu Israel ist eine panarabische Fassade, die zudecken soll, dass es keine wirkliche panarabische Substanz gibt.

Das Verhalten der arabischen Staaten 1967 bestätigt das Wort Abba Ebans, das der frühere Außenminister Israels vor allem auf die politische Führung der Palästinenser gemünzt hatte: Diese würden keine Chance auslassen, eine Chance auszulassen. Die Verweigerungspolitik der meisten arabischen Staaten ist eine Politik auf Kosten Dritter: der Palästinenser. Diese werden in ihrer Rolle als Opfer Israels festgeschrieben. Sie müssen Opfer bleiben. Und die durch die Verleihung des Flüchtlingsstatus an Kinder, Enkel, Urenkel auf ein Millionenheer angeschwollenen Flüchtlinge von 1948 werden so in Geiselhaft einer bewusst konstruierten Illusion gehalten; in der Illusion, zurückkehren zu können: dorthin, wo israelische Wohnblöcke stehen; dorthin, wo israelische Produktionsstätten errichtet sind; dorthin, wo der Ben-Gurion- Flughafen sich ausbreitet oder Autobahnen gebaut werden. Der Opferstatus der Palästinenser wird so über die Generationen hinweg perpetuiert.

Damit hoffen offenkundig die arabischen Staaten, das Aufbrechen ihrer internen Gegensätze zu verhindern. Sie brauchen Israel als Feindbild, damit zwischen feudalen Monarchien mit vormodernen politischen Strukturen, den sich revolutionär gebenden Einparteiensystemen und den Militärdiktaturen so etwas wie die Fassade einer Einheit bestehen kann. Hinter dem Feindbild Israel sollen die Widersprüche der arabischen Welt verborgen werden.

Doch die Ereignisse nach dem Arabischen Frühling könnten der Anfang vom Ende dieser Illusion sein: Hinter den Kriegen in Syrien, im Irak, in Libyen; hinter den Auseinandersetzungen zwischen dem ägyptischen Militärregime und der Muslimbruderschaft; hinter den blutigen Konflikten zwischen Schiiten und Sunniten; hinter der alles zerstörenden Gewalt des „Islamischen Staates" tritt die gemeinsame Front gegen Israel zurück. Für alle, die sehen wollen, müsste jetzt klar sein: Das zentrale Problem der moslemisch-arabischen Welt im Nahen Osten heißt nicht Israel.

Das alles kann sich freilich rasch wieder ändern. Wenn die innerarabischen Konflikte sowie die von Stellvertreterkriegen begleitete Frontstellung zwischen dem Iran und Saudi-Arabien einer zumindest oberflächlichen Stabilität Platz machen sollte, wird der Bedarf am Feindbild Israel wieder zunehmen. Was, wenn nicht Israel, soll eine arabische Gemeinsamkeit wiederherstellen? Der Drang zu Demokratie? Die Verpflichtung zur Einhaltung von Menschenrechten? Eine vor allem den Status von Frauen fördernde Bildungs- und Sozialpolitik?

Ohne Israel droht die arabische Welt als einheitlich handlungsfähiger Block endgültig zu zerfallen – in miteinander nicht nur rivalisierende, sondern einander offen bekämpfende Akteure. Die unbedingte Gegnerschaft zu Israel hilft, die Fiktion arabischer Einigkeit aufrechtzuerhalten.

9.3. Israel und der neue (linke?) Antisemitismus

Die zionistische Bewegung war sehr stark von einem sozialistischen Idealismus bestimmt. Dieser kam und kommt im Genossenschaftswesen der Yishuv vor 1948 und des Staates Israel ab 1948 ebenso zum Ausdruck wie in der Rolle, die der sozialdemokratischen Mapai (Arbeiterpartei) bei der Staatsgründung zufiel. Die erste Schlüsselfigur des neuen Staates war David Ben-Gurion, der schon während der Mandatszeit Gewerkschaften organisiert hatte – ein typischer

Arbeiterführer eben. Die europäische Linke – linke Parteien und Gewerkschaften und Intellektuelle – hatte in den ersten Jahren der staatlichen Existenz Israels große Sympathien für diese Neugründung. Auch die Sowjetunion wetteiferte in diesen Anfangsjahren mit Frankreich und den USA um bestmögliche diplomatische Kontakte zu Israel. Und Israel bemühte sich um bestmögliche Verbindungen auch zur UdSSR. Die Regierung Ben-Gurion entsandte mit Golda Meir eine der prominentesten Persönlichkeiten der Arbeiterpartei als erste Botschafterin Israels nach Moskau.

Innerhalb der europäischen Sozialdemokratie drückte die Mitgliedschaft von Ben-Gurions Mapai in der Sozialistischen Internationalen die Zugehörigkeit der – zunächst – dominanten politischen Kräfte zur Familie des demokratischen Sozialismus aus. Proisraelische Überzeugungen waren nach 1945 innerhalb der Linken Europas „in". „Shalom" wurde demonstrativ als Grußformel von Linken in aller Welt verwendet.

Israel wurde in der Anfangsphase des Konfliktes mit den arabischen Staaten, insbesondere während des Krieges von 1948 und unmittelbar danach, als der David wahrgenommen, der mutig und erfolgreich der Macht des arabischen Goliath entgegentrat. Dass in den arabischen Staaten von Demokratie nicht die Rede sein konnte und dass in diesem Raum feudale und autoritäre Strukturen herrschten, begründete eine proisraelische Sympathiewelle in den „progressiven" Milieus Europas.

Das sollte sich ändern. Beginnend mit dem Krieg von 1956, aber insbesondere nach Israels Sieg 1967 kehrte sich die Parteinahme bei großen Teilen der (vor allem europäischen und zunächst vor allem extremen) Linken um. Israel wurde mehr und mehr nicht als sozialistisches Experiment gesehen, das sich gegen reaktionäre Mächte zur Wehr setzen musste. Israel wurde zur regionalen Vormacht, die durch die Besetzung der im Sechstagekrieg eroberten Gebiete zu einer Art Kolonialmacht geworden war. Das Feindbild eines Gutteils der europäischen Linken war fast plötzlich nicht mehr von arabischen Reaktionären sondern vom israelischen Imperialismus bestimmt.

Hinzu kam, dass die UdSSR bereits vor dem Krieg von 1967 zum wichtigsten strategischen Partner Ägyptens und Syriens geworden war und nach dem Ende des Krieges die diplomatischen Beziehungen zu Israel abbrach. Israel wurde nun vor allem von den USA unterstützt, dem klassischen Feindbild aller „Antiimperialisten" in der zweiten Hälfte des 20. Jahrhunderts.

Wäre es nur um eine Neudefinition der Rolle Israels in den regionalen und globalen Konflikten gegangen, so hätte sich darüber trefflich diskutieren und auch streiten lassen. Doch ein Teil der europäischen Linken unterstützte offensiv die an einer Vernichtung des Staates Israel orientierten extremen Kräfte im arabischen Raum – und wurde von diesen unterstützt. Das führte zu einem ideologischen Amalgam: Antisemitische Versatzstücke, die freilich immer nur „antizionistisch" genannt werden durften, flossen in den Diskurs eines Teils der Linken ein.

Die deutsche RAF (Rote Armee Fraktion), die italienischen Roten Brigaden und die französische Action Directe kooperierten gerade auch in Fragen der militärischen Ausbildung mit den terroristischen Kräften des arabischen Raums. Und in die wechselseitigen Sympathiebekundungen flossen „klassische" antijüdische Affekte ein. Ulrike Meinhof, eine der Schlüsselfiguren des deutschen Linksterrorismus der 1970er-Jahre, gab im deutschen Strafprozess gegen Horst Mahler – dem Anwalt der RAF, der aber bald zum unverhohlenen Rechtsextremisten werden sollte – zu Protokoll: „Der Antisemitismus war seinem Wesen nach antikapitalistisch ... Ohne dass wir das deutsche Volk vom Faschismus freisprechen – denn die Leute haben ja wirklich nicht gewusst, was in den Konzentrationslagern vorging –, können wir es (das deutsche Volk, AP) nicht für unseren revolutionären Kampf mobilisieren." (Aly, 158)

Das „deutsche Volk" vom „Faschismus" (gemeint ist natürlich der Nationalsozialismus) „freisprechen", um es für den gewaltbereiten Linksextremismus zu mobilisieren: Von dieser Position erstaunlicher Anmaßung aus gesehen ist es nur logisch, dass eine Kooperation zwischen den extremen antiisraelischen Kräften im Nahen Osten und linksextremen Bewegungen Europas einsetzte; eine Kooperation, die auch die Einschulung in terroristische Gewalt umfasste. Von dieser Position aus ist es auch verständlich, dass bei Demonstrationen gegen die Globalisierung in Europa gelegentlich auch ein goldenes Kalb mit dem Davidstern mitgetragen wird. Für einen erheblichen Teil vor allem der europäischen, postsowjetischen, extremen Linken ist die alte Gleichung des alten Antisemitismus wieder aktuell: Die Juden sind schuld.

Israel hatte es sich durch seine Erfolge mit einem Großteil der Linken in aller Welt verdorben. Diese hatten politisch artikulierte Sympathien mit einem Israel, das sich auf eine Opferrolle reduzieren ließ. Ein in seinem Abwehrkampf militärisch siegreiches Israel, eine immer weniger von einem sozialistischen Genossenschaftswesen und immer mehr vom Kapitalismus bestimmte israelische Wirtschaftsordnung aber signalisierten das Ende der Opferrolle. Und damit verlor Israel seine Anziehungskraft für die „antiimperialistische" Linke. Denn diese Linke hat für ein starkes Israel keine Verwendung.

Dass weite Teile der Linken vor allem Europas zu Gegnern Israels wurden und dass diese Linken zumindest im Nahostkonflikt mehr oder weniger automatisch mit der palästinensischen Seite sympathisieren, hat mehrere Aspekte. Die Nationswerdung Palästinas erspart der palästinensischen Seite, sich die grundsätzliche Frauenfeindlichkeit in Saudi-Arabien, die religiös-fundamentalistischen Gewaltexzesse in Syrien oder im Irak oder die Ausbeutung von (zumeist südasiatischen) Gastarbeitern in Kuwait, Katar und den Vereinigten Arabischen Emiraten vorhalten zu lassen. Die palästinensische Seite erscheint in den Augen der Linken als politisch unschuldig – eine Kategorie, die übrigens so gar nicht in eine marxistische Denkweise passt. Und die Haltung dieser zumeist Linksintellektuellen im Westen gegenüber Israel entspricht einer enttäuschten Liebe – erst recht keiner marxistischen Kategorie. Israel hat viele enttäuscht, weil es nicht anders ist als die anderen.

Es ist auffallend, dass es vor allem extreme Linke sind, die aus der Tradition Leon Trotzkis kommen, die diese Identifizierung von Judentum und Kapitalismus und damit zumindest tendenziell auch von Judentum und Imperialismus artikulieren. Dass unter ihnen eine nicht geringe Zahl jüdischer „Antizionisten" ist, widerlegt eigentlich die dieser Tendenz zugrunde liegende Annahme eines spezifisch jüdischen Verhaltensmusters, das sich durch die Geschichte zieht: Juden treten – gerade dann, wenn es um Politik geht – nur selten als einheitliche Front auf. (Shindler, 173 – 193)

Der jüdische Antizionismus entspricht nicht unbedingt dem gerne verwendeten Bild vom „jüdischen Selbsthass". Das wäre zu vereinfachend, zu verzerrend. Aber der im jüdischen linksintellektuellen Milieu relevante Antizionismus drückt eine notgedrungen immer wieder enttäuschte Überforderung des Judentums aus – eine Überforderung, die in manchen jüdischen Milieus vor allem Europas deutlich ist. Diese Überforderung besteht in der Erwartung, Jüdinnen und Juden müssten die besseren Menschen sein, solidarischer mit den Unterdrückten dieser Welt als dies anderen zugemutet werden kann. Und wenn Israel in seiner Normalität nationalen Interessen und nicht sozialistischen Idealen folgt – etwa in seiner Siedlungs- und Besatzungspolitik – dann verletzt es das ethisch höchst anspruchsvolle Selbstbild dieser linken jüdischen Milieus. Doch Jüdinnen und Juden sind per se weder bessere noch schlechtere Menschen.

Dieser hohe Anspruch antizionistischer Jüdinnen und Juden mag sympathisch wirken: Menschen verlangen von der Gruppe, der sie oft gegen ihren Willen zugerechnet werden, die Einhaltung strengerer ethischer Standards als von anderen. Es ist aber eine Erwartung, die enttäuscht werden muss – weil es eben keine Jüdinnen und Juden an sich gibt, sondern nur eine verschieden konstruierte und dekonstruierte und vor allem höchst widersprüchliche jüdische Identität.

Dass die USA zur „Schutzmacht" Israels wurde; dass die „jüdische Lobby" die Politik der USA bestimmt – diese bestenfalls halbrichtigen Klischees sorgen für das Amalgam zweier Feindbilder: Der Antiamerikanismus der extremen Linken verbündete sich mit einem extremen Antizionismus. Wer gegen den „Imperialismus" der USA auftritt, tritt – mit einer Art inneren Logik – auch gegen den israelischen „Kolonialismus" auf.

Dass diese Logik auch die des Joseph Goebbels war, dass sie auch heute vom gewaltbereiten Rechtsextremismus vertreten wird, das wird offenkundig akzeptiert. Der Hauptfeind des linken Antizionismus ist nicht der in der Vergangenheit schreckliche Wirklichkeit gewordene Rassismus, der Hauptfeind ist die Allianz des (Neo-) Imperialismus, vertreten durch die USA, mit dem Zionismus.

10. ISRAEL UND DIE USA

Vieles an der Beziehung zwischen den USA – dem nach wie vor reichsten, nach wie vor militärisch mächtigsten Land der Welt – und Israel – einem kleinen Staat im Nahen Osten, der in den USA jedenfalls nicht zu den großen der 50 US-Staaten zählen würde – ist von Mythen und einseitigen, polemischen Interpretationen belastet.

Da ist einmal das Gerede von den „mächtigen Juden der Wall Street", die von den USA aus die Welt regieren und für Israels Sicherheit sorgen, indem sie die US-Politik im Interesse des jüdischen Staates manipulieren. Da ist das Gerede von den Cowboys, die triggerhappy und gewaltbereit, wie es eben dem Klischee entspricht, Israel benutzen, um den Nahen Osten und insbesondere dessen Öl ausbeuten zu können. Und da ist das über die verschiedenen Medien verbreitete Gerücht, das von vielen Menschen in aller Welt geglaubt wird, dass der israelische Mossad die Verantwortung für die Anschläge des 11. September 2001 hätte. Dass in diesen Verschwörungsszenarien der Mossad sich mit dem FBI (oder der CIA) als wahrer Schuldiger ablöst, zeigt nur auf die Austauschbarkeit abstruser Feindbilder: Israel ist Amerika und Amerika ist Israel.

Das antijüdische und das antiamerikanische Klischee ergänzen einander. Der jüdische und der amerikanische Kapitalist, der jüdische und der amerikanische Spekulant, der jüdische und der amerikanische Militarist, der jüdische und der amerikanische Meisterspion verschmelzen ineinander. Israelische und US-amerikanische Interessen erscheinen gleichgeschaltet. Dass aber eine enge Zusammenarbeit zwischen Israel und den USA – jenseits der oberflächlichen Unterstellungen – auch das Ergebnis eines nüchternen Interessenkalküls auf beiden Seiten ist, wollen viele nicht so gerne wahrhaben.

Israel ist ein verlässlicher Partner der USA – und diese sind ein verlässlicher Partner Israels. Obwohl die beiden Staaten nicht durch eine offizielle Militärallianz verbunden sind, bestehen parallele Verhaltensmuster, die auf eine Abstimmung in wichtigen Fragen der Außen- und Sicherheitspolitik weisen. Angesichts der höchst unterschiedlichen Größe der beiden Länder ist die Frage naheliegend, wer von dieser Partnerschaft mehr profitiert.

Die Wahrnehmung der Beziehung zwischen der westlichen Vormacht und dem Staat der Juden wird von der Frage beherrscht, wer da wen mehr braucht oder auch missbraucht: Ist Israel der Schwanz, der mit dem Hund USA wedelt – oder ist Israel die Marionette, die das tut, was in Washington oder New York gewollt wird?

Die Realität ist freilich einfacher und banaler. Die USA waren keineswegs immer von einer projüdischen oder proisraelischen Politik geprägt: Unter der Präsidentschaft Franklin Roosevelts zögerten die USA wie auch Großbritannien und andere Demokratien lange – allzu lange – die Grenzen des Landes für jüdische Flüchtlinge zu öffnen. Und als sich aus dem britischen Mandat der Staat Israel herausschälte, da gab es eine Unterstützung für die Staatsgründung – die USA stimmten in der UN-Generalversammlung 1947 für die Teilung Palästinas in einen arabischen und einen jüdischen Staat. Dasselbe Stimmverhalten zeigte freilich auch die Sowjetunion – aber auch Frankreich, in einer Konkurrenzsituation gegenüber Großbritannien (das sich 1947 der Stimme enthielt), unterstütze Israels Staatswerdung besonders aktiv, insbesondere in Form von Rüstungslieferungen. Die USA waren 1947 und 1948 keineswegs „der" Promotor Israels.

Das änderte sich 1956, als Frankreich und Großbritannien Israel motivierten, einen Krieg gegen Ägypten vom Zaun zu brechen, der den beiden europäischen Mächten den Vorwand lieferte, militärisch zu intervenieren. Die Briten wollten die Kontrolle über den von Ägypten verstaatlichten Suezkanal zurückgewinnen. Und Frankreich wollte im Umweg über eine Demütigung Ägyptens ein politisches Zentrum der algerischen Nationalisten treffen, die Frankreich in den letzten großen Kolonialkrieg der französischen Geschichte verwickelt hatten.

Doch trotz militärischer Erfolge scheiterten diese israelisch-britisch-französischen Vorhaben: an den USA, an denen vorbei dieser Krieg vorbereitet worden war; und an der UdSSR, die sich sogar mit den USA absprach, um einen gemeinsamen Druck auf Israel, Frankreich und Großbritannien auszuüben. 1956 war noch keine Rede von einer amerikanisch-israelischen Allianz. 1956 zeigte sich vielmehr, dass weder Frankreich noch Großbritannien stark genug waren, um israelische Sicherheitsinteressen bestmöglich garantieren zu können. Diese Kapazität brachte letztlich nur die USA auf.

Auch nach dem Irak-Feldzug von 1991, als Präsident George H. W. Bush den israelischen Premierminister Moshe Shamir massiv und auch öffentlich unter Druck setzen musste, damit Israel sich im Frühjahr 1992 an den Gesprächen in Madrid beteiligte und so einen Schritt in Richtung normaler Kontakte mit der PLO machte, kam es zu erheblichen politischen Spannungen zwischen den USA und Israel. Die USA wollten ihre militärischen Erfolge in Kuwait und im Irak in einen diplomatischen Erfolg umsetzen und eine Friedensdynamik in Gang setzen, die Israel und die arabische Welt einander näherbringen sollte. Die Likud-geführte Regierung Israels verweigerte sich aber lange und hartnäckig den amerikanischen Vorgaben und demonstrierte, dass sie eben nicht einfach auf einen amerikanischen Knopfdruck reagierte. Und auch die Spannungen zwischen Barack Obama und Benjamin Netanjahu unterstreichen, dass zwischen den beiden Seiten Reibungen möglich sind.

Zwischen den USA und Israel gibt es eine Fülle gemeinsamer Interessen. Das bedeutet aber nicht einen automatischen Gleichklang der Politik der einen und der anderen Seite.

10.1. Eine berechenbare Partnerschaft

Dass Israel die Unterstützung der USA braucht, hat sich 1967 und 1973 erwiesen. Es waren die USA, deren Rüstungslieferungen Israel erlaubten, den Sechstagekrieg und auch den Jom–Kippur-Krieg siegreich zu beenden. Und es waren die USA, die beide wichtigen Schritte Israels – den von 1979 (Friedensvertrag mit Ägypten) und den von 1993 (Oslo-Abkommen) – maßgeblich unterstützt hatten. Israel braucht die USA. Ebendeshalb ist die Verbindung zwischen den beiden Staaten der zentrale Punkt israelischer Außenpolitik; und ebendeshalb ist es heikel, wenn eine Regierung wie die Benjamin Netanjahus den Eindruck erweckt, sich in das Gestrüpp amerikanischer Innenpolitik hineinziehen zu lassen, um einen amtierenden Präsidenten – Barack Obama – zu schwächen.

Doch die USA brauchen auch die Unterstützung Israels. In der nachstalinistischen Phase des Kalten Krieges setzte die UdSSR ganz auf die arabische Seite. Das war Teil der sowjetischen Strategie, durch die Unterstützung von als „antiimperialistisch" etikettierten Bewegungen und Staaten der „Dritten Welt" die USA zu schwächen.

Ägypten und Syrien kämpften 1967 und 1973 mit sowjetischen Waffen gegen Israel. Und nach dem Krieg von 1967 brachen die UdSSR und alle ihre europäischen Satelliten (mit der Ausnahme Rumäniens) die diplomatischen Beziehungen zu Israel ab – eine klare Unterstützung der auf die Delegitimierung Israels gerichteten Politik der arabischen Staaten. Erst das Ende der UdSSR beendete diese Politik gezielter Isolierung Israels.

Die USA fanden ab den späten 1950er-Jahren im Nahen Osten keinen Partner, mit dem sie eine gemeinsame Strategie gegen die sowjetischen diplomatischen Offensiven ausarbeiten und umsetzten hätten können – mit Ausnahme Israels. Ägypten und Syrien waren zu sowjetischen Klienten geworden, und Saudi-Arabien, grundsätzlich antisowjetisch otientiert, provozierte immer wieder mit seinem archaischen, feudalen Absolutismus und religiösen Fundamentalismus die westliche Öffentlichkeit. Im komplexen Gefüge des Nahen Ostens wurde Israel und nur Israel zu einem berechenbaren und verlässlichen Bündnispartner der USA. Die Entwicklung der faktischen Allianz zwischen den USA und Israel lag jedenfalls im Interesse beider. Keine Rede davon, dass der eine Partner auf einen bloßen Befehl hin den Wünschen des anderen entsprechen würde. Diese Partnerschaft baut auf einer nüchternen Abwägung der Interessen beider Staaten.

Als der überraschende Angriff Ägyptens und Syriens im Oktober 1973 die israelischen Streitkräfte unter schweren Verlusten zunächst zum Rückzug zwang, waren es die USA, die rasch die Verluste an israelischem Kriegsmaterial durch Waffenlieferungen ausgleichen konnten und so die erfolgreiche israelische Gegenoffensive ermöglichten. Und es war Israel, das die danach mit dem Namen Henry Kissinger verbundene „Shuttle Mission" legitimierte, die eine militärische Entflechtung zwischen Ägypten und Israel und zwischen Syrien und Israel mit sich brachte. Israel zog sich vom Suezkanal zurück und ermöglichte so dessen Wiedereröffnung – durchaus im Interesse der USA. Alles das war ein Schritt in die Richtung, die im ägyptisch-israelischen Friedensvertrag 1979 ihren Abschluss fand: Israel räumte die Sinai-Halbinsel zur Gänze, einschließlich der Ölfelder und der jüdischen Siedlungen.

Die USA und Israel brauchen einander. Die Frage, wer in und von dieser Partnerschaft mehr profitiert, lässt keine simple und eigentlich auch keine sinnvolle Antwort zu – wenn man nicht der mit dem Nahostkonflikt verbundenen Neigung zur emotionalen Polemik Schützenhilfe geben will. Israel braucht die USA – als Akteur, der etwa im UN-Sicherheitsrat Verurteilungen Israels verhindert; als geostrategischen Partner in einem extrem instabilen Raum, der dafür sorgt, dass Israel zumindest auf dem Standard militärischer Rüstung seiner Nachbarn bleibt. Es war die mit Anwar Sadats Besuch in Jerusalem, 1977, beginnende Entkrampfung der israelisch-ägyptischen Beziehungen, die Ägyptens Partnerschaft mit den USA absicherte – beginnend mit dem sich bereits davor abzeichnenden Wechsel Ägyptens im „Kalten Krieg" von der sowjetischen auf die US-Seite. Das israelisch-ägyptische Tauwetter lag auch im Interesse der USA, der Wechsel Ägyptens vom sowjetischen Lager hin zum Westen lag auch im Interesse Israels. Und es waren israelische und US-amerikanische Interessen, die eine militärische Kooperation zwischen dem NATO-Staat Türkei und Israel ermöglichten, bis eine zunehmend islamistische Politik der türkischen Regierung dieser Zusammenarbeit den Boden entzog.

Die USA sind für Israel nicht ersetzbar – auch nicht durch die Europäische Union. Die EU ist, jedenfalls auf absehbare Zeit, nicht in der Lage, im Nahen Osten und insbesondere gegenüber Israel die Rolle zu übernehmen, die in den letzten Jahrzehnten den USA zugekommen ist. Die EU ist aus mehreren Gründen dazu nicht fähig:

- Die Gemeinsame Außen- und Sicherheitspolitik der EU ist Stückwerk. Die EU tritt weder gegenüber Israel noch im Nahen Osten insgesamt als ein Akteur auf. Es agieren Frankreich und Großbritannien und Deutschland – und das nicht immer im Einklang untereinander. Die EU hat (noch?) nicht ihr globales politisches Potenzial entwickelt.

- In den Internationalen Organisationen, insbesondere den Vereinten Nationen, agieren EU-Staaten oft nicht gemeinsam und vor allem oft gegen die Interessen Israels. Insbesondere im Sicherheitsrat, dem politisch entscheidenden Organ der UN, handeln Frankreich und Großbritannien nicht immer als verlässliche Partner Israels – anders als die USA.

- In einigen europäischen Staaten dominiert eine antiisraelische Voreingenommenheit nur zu oft die öffentliche Meinung. Das führt dazu, dass manche europäische Regierungen sich zu Verurteilungen hinreißen lassen – etwa im Zusammenhang mit den israelischen Militärschlägen gegen Gaza – ohne den Zusammenhang mit den militärischen Provokationen zu unterstreichen, die von palästinensischer Seite kommen.

Es ist bezeichnend für die europäisch-israelischen Beziehungen, dass seit Jahren, ja Jahrzehnten, Deutschland der für Israel berechenbarste europäische Akteur ist und dass die EU insgesamt in Israel gar nicht als Akteur wahrgenommen wird. Die gelegentlich auftauchenden

Fantasien einer EU-Mitgliedschaft Israels sind daher ohne jeden Bezug zur Wirklichkeit: Israel ist primär an seiner nationalen Sicherheit interessiert, und dieser ist – so glaubt Israel aus guten Gründen – nicht durch eine Israels Handlungsfähigkeit einschränkende EU-Mitgliedschaft gedient, sondern eben durch die bilaterale Partnerschaft mit den USA.

Israel braucht die USA: als Freund in den Vereinten Nationen, als verlässlicher Partner in geostrategischen Fragen. Die USA brauchen Israel: als stabile und demokratische Insel in einer Region, die gerade auch infolge des Arabischen Frühlings von Bürgerkriegen und Chaos dominiert wird. Wer denn, wenn nicht Israel, wäre in diesem mörderischen Durcheinander ein verlässlicher Partner für die US-Nahostpolitik?

Nein, die USA sind keine Marionette, deren Bewegungen von jüdischen Strippenziehern bestimmt würden; ebenso wenig wie Israel a priori ein vorgeschobener Außenposten der US-Politik ist. Die beiden – die USA und Israel – sind Partner in einer rational erklärbaren Kooperation. Und diese ist in beider Interesse.

Diese auf Interessen beruhende Partnerschaft scheint kurz- bis mittelfristig gesichert. Allerdings könnte – langfristig – die Folge eines denkmöglichen Rückzugs der USA in den Isolationismus und/oder ein stärkeres nahostpolitisches Engagement von aufsteigenden Weltmächten wie China das israelisch-amerikanische Interessenparallelogramm entscheidend verändern. Gerade wegen dieser nicht kurzfristig aber langfristig durchaus vorstellbaren Entwicklungen hat Israel jedes nur denkbare Interesse am Festhalten an der Partnerschaft mit den USA. Und Israel sollte kein Interesse haben, als Faktor der US-Innenpolitik wahrgenommen zu werden.

10.2. Die „Israel-Lobby"

In den USA gibt es Interessen, die sich in organisierter Form für den Staat Israel einsetzen – genau so, wie es eine armenische oder eine lateinamerikanische Lobby gibt. Lobbys gehören zum Alltag jeder pluralistischen Demokratie, und erst recht, wenn der Adressat ein Parlament mit relativ geringer Partei- und Fraktionsdisziplin ist – wie der US-Kongress. Für die Einflussnahme auf den Kongress genügt es nicht, die Spitzen der Parteien zu erreichen. Es ist notwendig, an die einzelnen Abgeordneten heranzukommen. Das ist aufwendig und erfordert Zeit und Geld; nicht, um Abgeordnete zu bestechen – obwohl das auch gelegentlich vorkommt – sondern um professionelle Lobbyisten zu bezahlen.

Lobbys sind Ausdruck existierender Gegensätze. Es gibt eine Öl-Lobby, eine Kohlen-Lobby und eine Atom-Lobby – und eine „grüne" Lobby, und es gibt eine Lobby der am Waffenverkauf an Private Interessierten (NRA – National Rifle Association) wie es auch eine Lobby für Menschenrechte gibt (ACLU – American Civil Liberties Union). Und die NAACP (National Association for the Advancement of Colored People") vertritt als Lobby die Interessen von Minderheiten, vor allem die der Afroamerikaner.

Alle diese Interessengruppen spielen oft mit- und wohl häufiger gegeneinander. Sie versuchen, die öffentliche Meinung zu beeinflussen und so Druck auf Politikerinnen und Politiker aufzubauen, die an ihre Wahlchancen denken. Und sie versuchen, durch Geldzuwendungen (nicht immer nur im Rahmen des gesetzlich Erlaubten), die Politik zu beeinflussen, die in den USA wegen eines Wahlkampfes in Permanenz besonders viele Geldquellen braucht. Es macht keinen Sinn, eine Interessensvertretung durch die Bezeichnung „Lobby" als quasi illegitim hinstellen zu wollen. Diese Etikettierung ist nur als wertfreie Bezeichnung von Aktivitäten in einer demokratisch legitimen Interessenvielfalt zu sehen.

Das Wirken der Lobbys passt nicht immer zu einer Vorstellung von Demokratie, in der alle Bürgerinnen und Bürger den gleichen Zugang zu ihren Abgeordneten haben sollten. Das Geflecht von Interessen und Politik ist nicht immer transparent, wie es wünschenswert wäre. Aber die AIPAC, das American Israel Public Affairs Committee, ist eine Lobby unter anderen, grundsätzlich nicht „mächtiger" als die vielen anderen Gruppen, die Politik in den USA zu beeinflussen versuchen. Ihr Einfluss ist letztlich davon abhängig, welchen gesellschaftlichen Rückhalt sie in der US-Gesellschaft hat, wie viel öffentlichen Druck sie auf die Politik zu mobilisieren vermag. Und in diesem Sinne ist sie wie alle anderen Lobbys auch grundsätzlich mit der Demokratie kompatibel.

In ihrem 2007 erschienenen Buch „The Israel Lobby and U.S. Foreign Policy" zeichnen John J. Mearsheimer und Stephen M. Walt das Bild der AIPAC als das einer Lobby, die im Interesse Israels maßgeblich die amerikanische Politik bestimmt. Bei der Darstellung dessen, was ist, kann diesem Bild wohl weitgehend zugestimmt werden. Bei der Analyse der Hintergründe ist aber Skepsis angebracht. Mearsheimer und Walt gehen davon aus, dass hier die USA gegen ihre eigenen Interessen manipuliert werden. Israel steuert mithilfe der Israel-Lobby den Kongress und den Präsidenten und die amerikanische öffentliche Meinung – und die USA erscheinen als eine ferngesteuerte Marionette.

Es kann argumentiert werden, dass etwa die israelische Siedlungspolitik nicht im Interesse der USA ist, weil sie die Chancen auf einen Friedensschluss zwischen Israel und Palästina massiv stört; Chancen auf einen Frieden, der auch im Interesse der USA ist. Es kann aber nicht argumentiert werden, dass die USA überhaupt kein Interesse an einem starken Israel hätten und dass die USA blind gegenüber den Defiziten der israelischen Demokratie wären. Barack Obamas Kritik an der Fortführung der israelischen Siedlungspolitik ist ein Beispiel dafür, dass die US-Nahostpolitik durchaus zu differenzieren in der Lage ist. Es kann nicht schlüssig argumentiert werden, dass die USA im Nahen Osten von Israel wie ein Blinder in die Irre geführt würde: Das haben schon die Präsidenten Dwight D. Eisenhower 1956 und George H. W. Bush 1992 unter Beweis gestellt.

Mit wem sollte sich die amerikanische Nahostpolitik denn abstimmen – wenn sie sich die USA sich nicht isolationistisch zurückziehen wollen – wenn nicht mit Israel? Welcher Akteur in diesem Raum hat eine glaubwürdigere Menschenrechtspolitik als Israel

– Saudi-Arabien etwa? Das Regime der Saudis ist die zweite Option der US-Politik, wenn diese verlässliche Partner im Nahen Osten sucht. Und Saudi-Arabien nimmt sehr wohl auch erheblichen Einfluss auf die amerikanische Politik, auch, weil Saudi-Arabien in der Sicht der USA, trotz der systematischen Verletzung grundlegender Menschenrechte, ein Stabilitätsfaktor in einer unberechenbaren, aber für die US-Interessen wichtigen Region ist. Aber das vormodern-feudale, frauenfeindliche Saudi-Arabien ist nicht gerade ein Freund, mit dem man in der US-amerikanischen Öffentlichkeit punkten kann; erst recht nicht, wenn man Menschenrechtsverletzungen in aller Welt kritisiert – von Nord-Korea bis zum Iran.

Und auf wen im schrecklichen Bürgerkriegschaos Syriens sollen die USA denn als möglichen Partner setzen, auf welche der einander bekämpfenden Milizen in Libyen? Und wie steht es mit dem bevölkerungsreichsten arabischen Staat? Kaum hatte Ägypten zum ersten Mal demokratische Wahlen durchgeführt, war es mit der Demokratie in diesem Land schon wieder vorbei. Wer kann schon mit annähernder Verlässlichkeit die Zukunft des Irak prognostizieren – oder die Afghanistans? Der Irak, dessen Regime – von den USA quasi inthronisiert – in den Einflussbereich des Iran gekommen ist? Im regionalen Vergleich ist Israel eine einsame Insel der Stabilität in einer extrem instabilen Region. Und als solche ist Israel für die USA für die nächste Zeit unverzichtbar – ebenso wie die USA für Israel ein unverzichtbarer Partner sind.

Die US-amerikanische Nahostpolitik ist viel komplexer, ist von so vielen, zu oft einander entgegenlaufenden Faktoren bestimmt, als dass sie als bloß von Israel ferngesteuert darzustellen wäre. Ohne dass diese Vereinfachung für sich antisemitisch ist, gleicht sie doch auffallend den durch die Geschichte geisternden Bildern von den „Weisen von Zion" im Zarenreich bis zu den sowohl die Wall Street als auch den Kreml beherrschenden Juden in der NS-Propaganda. Den Kreml gibt es nicht mehr – jedenfalls nicht als erfundene Zentrale einer jüdisch-bolschewistischen Weltverschwörung. Bleibt also die Wall Street, Synonym für die USA.

Wie mächtig ist die Israel Lobby in den USA? Bei der Beantwortung ist differenzierende Vorsicht angebracht. Die Politik Barack Obamas wurde von der Regierung Netanjahus kritisiert. Ebenso wurde Obama von konservativen Republikanern kritisiert – etwa im Zusammenhang mit dem Versuch Obamas, durch einen Verhandlungskompromiss den Bau einer iranischen Atombombe zu verhindern. Obama wurde in diesem Zusammenhang geradezu als israel-feindlich hingestellt. Doch als sich Obama 2012 der Wiederwahl stellte, erhielt er – wie schon 2008 – unter den US-amerikanischen jüdischen Wählerinnen und Wählern eine klare Mehrheit. Die Mehrheit der US-amerikanischen Jüdinnen und Juden wählten Obama, trotz dessen komplizierter Beziehung zur israelischen Regierung.

Das muss natürlich im Zusammenhang damit gesehen werden, dass seit Jahrzehnten die Mehrheit der jüdischen US-Wählerinnen und Wähler der demokratischen Partei mehr verbunden ist als den Republikanern. Das Votum für Obama war gewiss kein Votum gegen die israelische Regierung. Aber die erkennbaren Spannungen zwischen Obama und Netanjahu, die den nicht unbeabsichtigten Eindruck erweckten, die israelische Regierung wünsche den Sieg des republikanischen Kandidaten Mitt Romney, verhinderten Obamas Wahlsieg ebenso wenig wie ein Pro-Obama-Wahlverhalten der Mehrzahl der amerikanischen Jüdinnen und Juden. Die Macht der Israel-Lobby ist jedenfalls nicht so groß, dass amerikanische Präsidentschaftswahlen von ihr entschieden werden könnten.

Das Verhalten Netanjahus im US-Präsidentschaftswahlkampf 2012 lässt eher die Aussage zu, dass die republikanische Partei der USA Israel für ihre Zwecke einspannen wollte und konnte – und nicht umgekehrt. Obama sollte in der US-Öffentlichkeit als ein nicht voll vertrauenswürdiger Partner Israels hingestellt werden. Aber dieses Kalkül der Republikaner, Israel im Interesse US-amerikanischer Innenpolitik zu instrumentalisieren, ist fehlgeschlagen. Das bedeutet natürlich nicht, dass sich beide Kreise – die US-Politik und die Politik Israels – nicht überschneiden. Jede simple Antwort auf die Frage, wer in der engen Beziehung zwischen Israel und den USA die diktierende

Seite ist, muss jedoch in die Irre führen. Die Partnerschaft zwischen den beiden Staaten entspricht einer nachvollziehbaren Interessenlage auf beiden Seiten.

Dass Israel und die USA nicht immer und ewig auf einer politischen Linie sind, dass es durchaus – auch – unterschiedliche Interessen gibt, die der Vorstellung von entweder israelischen Strippenziehern, die Amerikas Politik bestimmen, ebenso widersprechen die das Bild von einer amerikanischen Befehlszentrale, die Israel politische Anordnungen übermittelt, das zeigt der Fall des Joanathan J. Pollard. Dieser war in den 1980er-Jahren an einer sensiblen Stelle der US-Streitkräfte beschäftigt. Aber Pollard arbeitete auch – gegen gute Bezahlung – für einen israelischen militärischen Geheimdienst, dem er eine Unmenge von höchst geheimen Unterlagen übermittelte.

Pollard wurde gefasst und zu einer viele Jahrzehnte umfassenden Gefängnisstrafe verurteilt. Aber er wurde auch für einen Teil der israelischen Öffentlichkeit zu einem Helden. Israel verlieh Pollard, schon (oder noch) im Gefängnis, die israelische Staatsbürgerschaft. Und eine Bewegung in Israel setzte sich für Pollards vorzeitige Freilassung ein. Pollard wurde auch ein israelischer Anwalt bezahlt. Dass dieser Anwalt auch der Verteidiger des rechtsextremen Mörders von Jitzchak Rabin war, deutet auf die Verbindung der extremen israelischen Rechten und der Pro-Pollard-Bewegung hin. Dass diese auch in Kauf nahm, eine Verstimmung zwischen der US-Regierung unter verschiedenen Präsidenten und Israel zu riskieren, demonstriert die viel komplexere Beziehung zwischen Israel und den USA, als es manche Beobachter glauben wollen.

Die israelische Rechte treibt ein riskantes Spiel, wenn sie sich zu sehr auf die US-amerikanische Rechte verlässt. Sie kommt damit in Widerspruch zu den US-amerikanischen jüdischen Wählerinnen und Wählern, die traditionell – und wie bei der Wahl (und Wiederwahl) Barack Obamas bewiesen – mehrheitlich nicht auf der Seite der Republikaner stehen; und schon gar nicht auf der Seite der Tea-Party-Anhänger oder des christlichen Fundamentalismus.

Die Mehrheit der US-amerikanischen Jüdinnen und Juden ist von einer starken und auch belastbaren Loyalität gegenüber Israel geleitet – aber nicht von einer automatischen Präferenz für die Politik der israelischen Regierung. Bisher hat der Widerspruch zwischen dem politisch und religiös eher liberal eingestellten amerikanischen Judentum und dem politischen und religiösen Konservatismus, der in Israel den Ton angibt, noch nicht dazu geführt, dass diese Loyalität gefährdet wäre. Aber Benjamin Netanjahu hätte für seine Politik wohl kaum eine Mehrheit unter den Jüdinnen und Juden der USA. Und die liberale Lobbyingorganisation „J Street", die eine jedenfalls nicht Likud-nahe Stimme im US-Judentum mobilisiert, zeigt, dass die Entfremdung einer israelischen Regierung von der liberalen Grundströmung unter den amerikanischen Jüdinnen und Juden nicht einfach für alle Zukunft auszuschließen ist.

In den USA gibt es einen traditionellen Antisemitismus, der etwa lange Zeit dafür verantwortlich war, dass unter dürftigen Vorwänden bis etwa um die Wende zum 20. Jahrhundert jüdische Studentinnen und Studenten von den besten der US-Universitäten ferngehalten wurden. Und Henry Ford, eine Ikone des amerikanischen Selbstbewusstseins, veröffentlichte ein antisemitisches Buch – „Der internationale Jude". Dieses Buch gehörte zur Lieblingslektüre des insgesamt nicht sehr lesefreudigen Adolf Hitler. Der wegen seiner Atlantik-Überquerung als Held gefeierte Charles Lindbergh, der sich im Vorfeld der deutschen Kriegserklärung 1941 massiv für deutsche Interessen einsetzte, verwendete in seinen öffentlichen Auftritten antijüdische Klischees. Und in den USA existiert heute eine Partei, die sich Nationalsozialistische Partei, die sich American Nazi Party nennt – und die Hassparolen gegen Juden schlechthin und Israel im Besonderen verbreitet, vor allem über das Internet, das aber mit wenig Erfolg.

In den USA gibt es auch den neuen, „linken" Antisemitismus. Noam Chomsky sieht eine weltbeherrschende Allianz zwischen Israel und den US, wobei bei Chomsky den USA die Rolle des Manipulators, Israel die Rolle der Marionette zukommt. Und auch an

amerikanischen Universitäten gibt es – wenn auch insgesamt weniger wirksam als in Europa – eine gegen Israel gerichtete Bewegung,
die auf den Boykott und eine Delegitimierung des jüdischen Staates
setzt.

Die USA sind nicht einfach Wachs in den Händen Israels, auch
wenn uns die Anti-Israel Lobbys mit Berufung auf die Proisrael-Lob-
bys das glauben machen wollen. Und Israel ist nicht Wachs in den
Händen der USA.

11. ISRAEL UND EUROPA

Israel ist ein Staat des Nahen Ostens (oder in der Begrifflichkeit der USA und Großbritanniens: des „Middle East"). Aber für viele in dieser Region ist Israel eine europäische Enklave; eine europäische Nische im Nahen Osten – mit einem Wort: ein Fremdkörper.

Aus arabischer Sicht hat dies eine negative Konnotation: Kreuzzüge und Kolonialismus werden mit der Qualifikation Israels als Vorposten Europas und Agenten eines europäischen Neokolonialismus verbunden. Diese Sicht erlaubt der arabischen Umwelt, Israel als ein feindliches, gleichzeitig aber auch zeitlich begrenztes Phänomen zu sehen. Von den Kreuzfahrern sind nur die Ruinen ihrer Festungen geblieben. Und der Kolonialismus der Periode zwischen 1500 und 1960 ist ebenfalls zu Ende gegangen, letztendlich zerbrochen an seinen Widersprüchen zwischen realem Ausbeutungsinteresse und angemaßtem Zivilisierungsanspruch. Warum also sich mit der Neuauflage des Kreuzfahrerstaates, warum sich mit der Fortsetzung des europäischen Kolonialismus abzufinden? Warum Frieden schließen mit Israel, wenn dieser Staat ohnehin nur für eine überschaubare Periode Realität sein wird?

Aus israelischer Sicht hat das Bild der europäischen Enklave positive Konnotationen – freilich nicht nur positive. Europa ist ein kultureller, wirtschaftlicher, sozialer und letztendlich auch politischer Bezugspunkt für den Staat, der sich von der ihn umgebenen nichteuropäischen Nachbarschaft abgelehnt und bekämpft sieht. Sich mit Europas Zivilisation und Kultur, aber auch mit Europas Stabilisierung nach 1945 zu identifizieren – dazu neigen viele jüdische Israelis, von denen ja die Mehrheit europäische Wurzeln hat. Da Israelis nicht oder nur mit Einschränkungen (Ägypten) Urlaubsreisen in der Region machen können, ist Europa eine bevorzugt Destination jüdischer Israelis. Die Verbindungen mit der europäischen Diaspora sind ein weiteres Band, das zwischen dem jüdischen Israel und Europa einen gewissen Gleichklang herstellt.

Europa, das ist für Israel ein positiver aber auch ein negativer Bezugspunkt. Positiv ist, dass die meisten jüdischen Israelis ihre persönliche Geschichte als europäisch wahrnehmen. Auch Jüdinnen und Juden, deren Familien aus Nordafrika nach Israel gekommen sind, fühlen sich „mental" und kulturell eher mit Paris verbunden als mit Casablanca und Algier. Die israelische Kultur sieht sich integriert in den Westen, Marc Chagall und Daniel Barenboim stehen für eine lebendige Verbindung mit Europa. Das israelische Theater und die Literatur, die in Israel gelesen wird, sind vor allem europäisch geprägt.

Aber Europa hat das Judentum ausgespien. Es waren Jüdinnen und Juden aus dem europäischen Russland, die – diskriminiert und Opfer von Pogromen – dem Zionismus eine Realität verschafften. Es waren dann auch diejenigen, die – von antisemitischen Regierungen (Ungarn, Polen) in der Zeit zwischen den Weltkriegen durch Quoten und andere Beschränkungen zu Bürgerinnen und Bürgern zweiter Klassen gemacht – die von Palästina angezogen wurden. Es waren deutsche (und bald auch österreichische und tschechische und polnische) Jüdinnen und Juden, die vor der Beraubung und Vertreibung durch das nationalsozialistische Deutschland nach Palästina geflohen waren. Und es waren die Überlebenden des Holocaust, der in der Verantwortung Europas (und speziell Deutschlands) stand, die den letztlich entscheidenden Anstoß gaben, dass der Staat Israel gegründet werden konnte.

Europa ist der zentrale Bezugspunkt des jüdischen Israel. Mit Europa beginnen die persönlichen Narrative der meisten jüdischen Israelis, mit Europa fühlen sich die meisten besonders verbunden – im Schlechten wie im Guten. Europa ist die positive wie auch die negative Wurzel Israels. Aber diese höchst ambivalente Verwurzelung reibt sich mit den geopolitischen Bedingungen eines Staates im Nahen Osten. Denn Israel liegt eben nicht in Europa, sondern im „Vorderen Orient" – nahe dem Übergang von Asien nach Afrika.

Israel ist sehr europäisch, oder besser, kosmopolitisch mit einer europäischen Atmosphäre. Aber es kann aus dieser historischen, mentalen, kulturellen Verbindung mit Europa keine ernsthaften politischen Konsequenzen ziehen. Und Israels ambivalentes Verhältnis zu Europa birgt auch die Gefahr, dass ein europäisch fühlendes Israel es verabsäumt, entsprechende Folgerungen aus seiner geopolitischen Lage zu ziehen. Denn Israel wird auch weiterhin in einem arabischen Umfeld leben müssen. Und zu viel Konzentration auf Europa kann von dem Blick auf die eigentliche Umgebung Israels ablenken.

11.1. Eine logische Verbindung, aber ...

Israel und Europa haben vieles gemein. Israels Demokratie folgt dem Muster parlamentarischer Systeme, die auf einer engen Verflechtung von Parlament und Regierung aufgebaut sind: dem Modell der Westminster-Demokratie, und nicht dem Modell des US-amerikanischen Präsidentialismus. Israels Regierungen werden durch Mehrheitskoalitionen nach der Wahl der Knesset gebildet – analog der Form der Regierungsbildung in den meisten Demokratien Europas. Israels Staatsoberhaupt hat eine weitgehend auf das Symbolische reduzierte Funktion – wie die Königin des Vereinigten Königreiches oder der deutsche Bundespräsident. Israels Parteiensystem weist viele Parallelen zur europäischen Parteienlandschaft auf, wie sich das in der prominenten Rolle der Arbeiterpartei (Mapai) innerhalb der Sozialistischen Internationalen vor allem in den ersten Jahrzehnten der Existenz Israels zeigte. Histadrut hatte und hat viele Kooperationen mit (vor allem den sozialdemokratisch dominierten) Gewerkschaften Europas.

Nach dem Zusammenbruch der UdSSR und aller europäischen Systeme sowjetischen Typs baute Israel auch seine Verbindungen zu dem (früheren) Osteuropa aus. Das zeigte sich an der politischen Zuwanderung vor allem aus den Nachfolgestaaten der Sowjetunion – der vielleicht letzten Aliyah, der letzten Welle jüdischer

Massenzuwanderung nach Israel. Die meisten der staatsgründenden politischen Elite Israels waren in Europa geboren. Und auch heute noch sind einige prominente Politiker – wie Avigdor Lieberman – Zuwanderer aus Europa der ersten Generation.

Aber die Beziehung Israels zu Europa ist auch von einem Wunschdenken geprägt. Je deutlicher wurde, dass das Oslo-Abkommen nicht zu einer umfassenden Friedensregelung führte, je klarer auch war, dass die von den USA gewünschte strategische Partnerschaft mit der Türkei keineswegs stabil sein würde, und je instabiler sich Israels Nachbarschaft infolge des Arabischen Frühlings zeigte, desto attraktiver musste Europa erscheinen: als ein Kontinent, der nach 1945 seine mörderische Vergangenheit zurückgelassen hatte; der stabil und offen erscheint.

Israel tritt in vieler Hinsicht europäisch auf: beim Songcontest der europäischen TV-Anstalten oder bei den entlang kontinentaler Linien organisierten Sportwettbewerben. Israel legt Wert darauf, in der Gruppe „Europa" agieren zu können. Das liegt aber wohl auch und primär daran, dass eine Aufnahme Israels etwa in asiatische Sportverbände am arabisch-islamischen Veto scheitern müsste. Dennoch: Ein Blick auf die Alltagswirklichkeit scheint Israel als einen europäischen Staat auszuweisen – von der kilometerlangen Strandpromenade in Tel Aviv bis zu den Cafés in der Dizengoff Straße.

Das wird auch durch die Logistik der Verkehrsverbindungen unterstrichen. Wer Israel besuchen will, macht dies zumeist von Europa, über Europa – unter Umgehung von Israels Nachbarn. Und wenn Israelis in das Ausland reisen wollen, dann ist Europa (neben den USA) das erste Angebot. Die fortlaufende Isolierung Israels im nahöstlichen Raum bindet Israel an Europa.

Aber was für ein Europa ist dies? Europa ist keine Einheit – wie dies etwa die USA sind. Europa besteht aus Nationalstaaten, die sich zumeist der Illusion einer nationalen Souveränität hingeben und gerade in ihrer Außen- und Sicherheitspolitik das unterstreichen wollen. Die Rolle, die US-Präsidenten wie Carter und Clinton, die US-Außenminister wie Kissinger und Kerry als Vermittler im

Nahostkonflikt spielten, diese Rolle kann niemand in Europa, kann Europa nicht spielen. Europa ist in dem für Israel entscheidenden Konflikt nicht handlungsfähig.

Als im Jänner 2015 ein islamistisches Terrorkommando in Paris die Redaktion von „Charlie Hebdo" überfiel und mehrere Menschen ermordete, erschütterte dies ganz Europa. Es ging um das hohe Gut der Pressefreiheit, die mir dieser Tat bedroht wurde. Doch dieser Angriff galt auch „den Juden": Im Anschluss an die Morde in der Redaktion stürmten die Täter einen jüdischen (koscheren) Supermarkt und töteten ebenfalls mehrere Personen.

Der erste Mordanschlag galt Menschen, weil diese etwas getan hatten – sie hatten die religiösen Gefühle von Muslimen verletzt. Der zweite Mordanschlag galt Menschen, weil diese als Jüdinnen oder Juden geboren waren – unabhängig davon, was sie getan oder nicht getan hatten. Die europäische Öffentlichkeit, die seit Jahrzehnten kaum eine Möglichkeit auslässt, um den Zivilisationsbruch und die Erstmaligkeit des Holocaust zu thematisieren, hatte einige Probleme, die Morde an den Pariser Jüdinnen und Juden als eine Fortsetzung des Holocaust zu verstehen. In Paris, 2015, wurden Menschen ermordet, weil sie jüdisch waren – unabhängig davon, wie sie zur Siedlungspolitik der israelischen Regierung standen, unabhängig davon, ob sie sich in der Vergangenheit für oder gegen das Selbstbestimmungsrecht Algeriens eingesetzt hatten. Es genügte, dass sie Juden waren. Und das wiederum war ihr Todesurteil.

Die europäische Öffentlichkeit hatte wohl auch deshalb Probleme, diesen Konnex herzustellen, weil die Täter Muslime mit arabischem Hintergrund waren. Und nur zu leicht sahen viele in Europa nicht den Zusammenhang mit Treblinka, Sobibor, Auschwitz-Birkenau; sie sahen den Zusammenhang mit der israelischen Siedlungs- und Besatzungspolitik. Oder, besser, sie wollten einen solchen Zusammenhang sehen. So, als ob deshalb der Judenmord des Jahres 2015 auf eine Art mildernde Umstände zählen konnte.

Der offene Antisemitismus der traditionellen, extremen Rechten wird in Europa verurteilt – von den Parteien der gemäßigten Rechten bis zu den Parteien der Linken. Aber verurteilt werden Personen, werden politische Bewegungen, die gerne als Ewiggestrige hingestellt und verurteilt werden. Dass durchaus Heutige die Geschäfte der Ewiggestrigen fortführen, wird gerade dann übersehen, wenn die mörderischen Judenhasser von heute sich irgendwie als „antiimperialistisch" interpretieren lassen. Dann gelten rasch Milderungsgründe.

Europa hat Schwierigkeiten, Judenmorde der Gegenwart mit der gleichen Deutlichkeit beim Namen zu nennen wie die Judenmorde der Vergangenheit. Und auf dieses Europa, das kollektiv den Jahrestag der Befreiung von Auschwitz als eine Art von europäischem Besinnungstag begeht, sollte sich Israel verlassen? Dieses Europa, das Israel ambivalent und auch misstrauisch gegenübersteht; dieses Europa, das der Opfer in Gaza gedenkt – und dabei gerne die Opfer der Hamas übersieht? Nein, mit diesem Europa kann Israel auf diplomatische Höflichkeit und auf mehr oder weniger kluge Reden bei Staatsbesuchen in Yad Vashem rechnen; aber nicht mit diesem Europa als verlässlichen Freund und Partner.

Europa, das ist – auch – die Europäische Union. Diese ist der Versuch, aus den vielen Staaten ein politisches Konzert zu machen, das gemeinsam agiert, das einer Partitur folgt, das einen – demokratisch bestimmten und kontrollierten – Dirigenten (oder auch Dirigentin) hat. Ist dieses Europa der EU für Israel attraktiv?

Gelegentlich hört oder liest man Diskussionsbeiträge, die Israel als ein mögliches Mitglied der Union sehen wollen. Das ist freilich Wunschdenken – artikuliert vor allem von solchen, die sich mit dem Funktionieren der EU nicht vertraut gemacht haben. Die EU ist europäisch – und auch wenn das, was europäisch ist, nicht immer eindeutig definiert erscheint, so ist die Union (wie 1957 in Rom definiert) nur für europäische Staaten offen. Dieses geografische Kriterium scheint zwar, im Fall der Aufnahme Zyperns, vernachlässigt worden zu sein. Und der Kandidatenstatus der Türkei ist ein markanter Grenzfall. Die Union ist zwar kein „Christenklub", aber auch kein Klub der „weißen Europäer", zu dem sich manche jüdische Israelis hingezogen fühlen mögen.

Wie könnte Israel in dieses Europa überhaupt hineinpassen? Viele bemühen, wenn das „Wesen" Europas definiert werden soll, eine „jüdisch-christliche Zivilisation". Ob zu dieser auch Auschwitz gezählt wird? Manche meinen auch, Europa sei mit der historischen Bedeutung von Jerusalem, Athen, Rom gleichzusetzen. Auch mit dem Blutbad, das christlich-europäische Kreuzfahrer in Jerusalem angerichtet haben? Es ist auch ein Teil eines vielleicht sympathisch wirkenden Philosemitismus mancher Menschen in Europa, dass sie Israel umarmen und willkommen heißen wollen. Doch gut gemeint ist häufig das Gegenteil von gut – oder, in diesem Fall, das Gegenteil von durchdacht.

Europa, das ist – auch – der östliche Brückenpfeiler der NATO. Die Mehrzahl der Staaten Europas und die Mehrzahl der Mitgliedsstaaten der EU sind Mitglieder des 1949 gegründeten Verteidigungsbündnisses – vor allem auch die beiden Nuklearmächte Großbritannien und Frankreich. Ins Leben gerufen unter den Rahmenbedingungen des Kalten Krieges, steht die NATO nach wie vor unter erheblichem Einfluss der USA. Und gerade die „Osterweiterung" der NATO – die Aufnahme früherer Mitgliedsstaaten des Warschauer Paktes – war ja auch von dem Wunsch Polens und der anderen vormals kommunistischen Staaten bestimmt, einen US-amerikanischen Schutzschild in Anspruch nehmen zu können.

Eine EU-Mitgliedschaft Israels ist nicht nur nicht aktuell, sie ist auch für die vorhersehbare Zukunft keine Option – nicht für die Union und nicht für Israel. Die EU hat die Frage nach ihrer territorialen Finalität nicht geklärt. Das Problem der EU mit einer Türkei-Mitgliedschaft hat sich von selbst gelöst, wegen der innertürkischen Entwicklungen. Eine solche Mitgliedschaft wird es wegen der islamistischen, Post-Atatürk-Tendenzen des türkischen Regimes auf lange Zeit nicht geben. Doch die Frage einer Mitgliedschaft Georgiens – die dieses Land anstrebt – wird die EU wohl in der nächsten Zukunft ausreichend beschäftigen. Ein Staat, der geografisch eindeutig nicht europäisch, sehr wohl aber christlich geprägt ist, ein Staat, der in territorial bedingte Konflikte mit der Russischen

Föderation verwickelt ist, ein Staat, der ungelöste Grenzprobleme wegen der Sezession zweier Regionen hat: Ein solcher Staat bringt genug Kopfzerbrechen für die EU. Warum sollte sich die Union mit einer Mitgliedschaft Israels beschäftigen, die noch viel größere Komplikationen als eine Mitgliedschaft Georgiens mit sich bringen würde? Vor allem aber: Israel zieht einen Beitritt nicht einmal abstrakt-theoretisch in Erwägung. Israel denkt gar nicht daran, EU-Mitglied zu werden.

Die NATO wiederum, die nach dem Ende des Warschauer Pakts ohnehin in einer Sinnkrise war – aus der ihr die russische Politik gegenüber der Ukraine herausgeholfen hat, ist auf eine nahöstliche Rolle überhaupt nicht vorbereitet. Und mit der Türkei ist ein Staat NATO-Mitglied, dessen Beziehungen zu Israel sich erkennbar, ja dramatisch verschlechtert haben. Eine NATO-Mitgliedschaft Israels steht nicht zur Diskussion.

Was bleibt, das ist die kulturelle Verbindung Israels zu Europa. Israel hat ein Mehrparteiensystem – wie die europäischen Demokratien auch. Israel hat eine unabhängige Rechtssprechung – wie sie europäischen Standards entspricht. Israel ist in seiner Eigenschaft als kultureller Produzent in Europa willkommen – von Buchmessen bis zu den Konzerten der 1-A-Liga der europäischen Hochkultur. Israel kann auch den europäischen Songkontest gewinnen – ausgezeichnet durch die Zustimmung aus Europa.

Doch gleichzeitig wird eine Großstadt wie Malmö von einer antiisraelischen („antizionistischen") Atmosphäre beherrscht, die es ratsam erscheinen lässt, israelische Sportteams dort nicht antreten zu lassen. Und in Österreich wurde ein israelisches Fußballteam 2014 gewaltsam attackiert – nicht von ihren Gegnern auf dem Feld, sondern von antizionistischen, antiisraelischen, antijüdischen Zusehern aus dem Publikum.

In diesen und anderen Fällen sind die gewaltbereiten Israel-Gegner Muslime, die nach Europa eingewandert und zumeist auch die Bürgerrechte eines europäischen Staates genießen. Ihre antiisraelische Emotionalität wird so europäisiert, Europa wird von diesem islamischen Antisemitismus betroffen. Der Islam als am schnellsten wachsende Religionsgemeinschaft in Europa bringt – auch – den muslimischen Judenhass nach Europa. Das ist sicherlich nicht Ausdruck der offiziellen Haltung des Euro-Islam. Dessen Vertreterinnen und Vertreter (zumeist mit türkischem oder arabischem oder auch südasiatischem Hintergrund, wie vor allem in Großbritannien) distanzieren sich immer von solchen antijüdischen, antiisraelischen Exzessen. Aber sie können diese nicht verhindern.

Nirgendwo können sich Jüdinnen und Juden absolut sicher fühlen. Überall können ihnen antijüdische Aggressionen entgegenschlagen. Doch in Europa ist das wahrscheinlicher als in Nordamerika. Europa, Israel historisch und kulturell so verbunden, ist gleichzeitig so weit entfernt. Die europäische Linke (oder nicht unwesentliche Teile davon) sind schnell mit dem Faschismusvorwurf zur Hand, wenn es um die israelische Rechte oder auch um Israel insgesamt geht. Und die europäische Rechte (oder nicht unwesentliche Teile von ihr) fühlen mit klammheimlicher Genugtuung, dass der Antisemitismus der Vergangenheit doch seine Berechtigung hätte haben können: Juden sind eben nicht einfach „brav".

11.2. Europa kann Israel brauchen – aber braucht Israel Europa?

Europa könnte von Israel einiges gewinnen: eine wirtschaftliche Dynamik, die dem Europa der Union abhandenzukommen droht; einen Fortschrittsoptimismus, der durch Erfahrungen der letzten Jahrzehnte wohl begründet erscheint; eine gesellschaftliche Buntheit, die Israel weitgehend integriert hat – und die Europa große Schwierigkeiten bereitet, wie in der „Flüchtlingspolitik" deutlich wird; eine relativ junge Gesellschaft, die das von Überalterung bedrohte Europa gut ergänzen könnte: All das wären Argumente dafür, dass Europa eigentlich nur froh sein sollte, würde die psychologische, politische, ökonomische Entfernung zu Israel abnehmen.

Freilich, Europa scheint überhaupt nicht vorbereitet, den speziellen Sicherheitsinteressen Israels zu entsprechen. Gegenüber Israel gibt es keine europäische Politik, die dem Konzept einer gemeinsamen europäischen Außen- und Sicherheitspolitik entsprechen würde. Europa tritt in der Region, in der sich Israel befindet, nicht als ein Akteur auf. Allein schon deshalb kann Europa die USA in deren Rolle als verlässlicher Partner Israels nicht ersetzen.

Das Europa, dem sich Israel gegenübersieht, ist ein Europa der Vielstaatlichkeit. Die gemeinsame Außen- und Sicherheitspolitik der Europäischen Union ist Stückwerk, Europa agiert mit einer Vielstimmigkeit, die nur zu oft kakofone Misstöne mit sich bringt.

Diese Erfahrung (und Enttäuschung) mit europäischer Politik machte Israel von Anfang an. Das Interesse des deutschen Kaisers, das Theodor Herzl festzustellen glaubte, brachte dem Zionismus vor 1914 nichts. 1918 und danach schwankte die britische Mandatsmacht zwischen der Verpflichtung, die sie in der Balfour-Deklaration eingegangen war, und dem Interesse, es den scheinbar mächtigeren, jedenfalls zahlreicheren Arabern und der sich abzeichnenden arabischen Staatlichkeit rechtzumachen. 1945 und danach unterstützte Frankreich massiv die Staatswerdung Israels, um die britischen Ambitionen mit Bezug auf ein mögliches Groß-Syrien in Schach zu halten – und die britische Regierung war bis 1948 zu einer eindeutig antizionistischen Politik umgeschwenkt. Die Sowjetunion wiederum beobachtete Israel zunächst deshalb wohlwollend, um zu überprüfen, ob dieses sozialistische Laboratorium sich nicht in einen sowjetischen Alliierten verwandeln ließ.

Das alles waren legitime Motivationen einer von nationalen Interessen getriebenen Politik. Das alles unterstrich aber nur, dass „Europa" nicht handeln konnte und dass Israel seine Interessen nicht mit „Europa" verbinden kann. Aber als „Europa" zu handeln schien, in Form der Absprachen zwischen dem Vereinigten Königreich, Frankreich und Israel, 1956, endete dies in einem politischen Desaster. Dieses Europa war viel zu schwach und erschien viel zu konfus, um sich in der bipolaren Welt des Kalten Krieges selbständig Gehör zu verschaffen.

Israel wurde aus geopolitischen Gründen unvermeidlich in den Kalten Krieg hineingezogen. Israel brauchte eine auch militärisch definierte Sicherheit. Und nach 1956 war Israel klar, dass diese nur in einer Partnerschaft mit den USA möglich war – und nicht mit einer nebulosen, schwankenden Allianz mit einem schwankenden Europa. Die US-Unterstützung wurde zum zentralen Faktor der israelischen Außenpolitik, und die UdSSR brach alle Brücken zu Israel ab. Zwischen den späten 1965er und frühen 1970er-Jahren war die Mehrzahl von Israels Nachbarn in unterschiedlichem Maße von der UdSSR militärisch abhängig und Israel von den USA.

Aber Europa? Für Israel (und die übrige Welt) gab es bis 1990 nur Westeuropa – und Osteuropa. Europa wurde nicht zu einem Akteur. Und auch Westeuropa war – aus israelischer Sicht – ein schillerndes Phänomen: Das Frankreich der Fünften Republik schwenkte unter Charles de Gaulle zu einer kritischen Politik gegenüber Israel ein, um Frankreichs Sonderinteressen im arabischen Raum zu stützen, und auch, um der sich abzeichnenden amerikanischen Hegemonie einen anderen Akzent entgegenzusetzen. Großbritannien wiederum pflegte weiterhin seine besonderen Beziehungen zu Jordanien – was Jordaniens Beteiligung am Krieg gegen Israel 1967 nicht verhindern konnte.

In dieser Phase wurde die Bundesrepublik Deutschland trotz – oder besser wegen – der deutschen Verantwortung für den Holocaust zu einem berechenbaren Partner Israels. Entgegen der antijüdischen Affekte auf der extremen Rechten und in bewusster Abgrenzung gegenüber der antiisraelischen Ausrichtung der DDR-Politik setzte Westdeutschland die unter Konrad Adenauer begonnene Politik einer um Freundschaft bemühten, grundsätzlichen Loyalität gegenüber Israel fort.

Israel trifft in Europa auf eine höchst widersprüchliche Reaktion. Rechtspopulistische Parteien in Europa – in den Niederlanden, in Frankreich, in Österreich, in Schweden, in Finnland – versuchen sich mit proisraelischen Aussagen zu profilieren. Sie tun dies trotz einer partiellen Kontinuität zum Antisemitismus der Vergangenheit – ein Widerspruch, der in den Aussagen von Jean-Marie Le Pen und Marine Le Pen deutlich zum Ausdruck kommt. In Westeuropa schlägt Israel seit einigen Jahrzehnten eher von der politischen Linken eine prinzipielle Feindschaft entgegen, in der Übernahme des „antiimperialistischen" Narrativs von palästinensischer Seite.

Die freundlichen Töne, die Israel von der populistischen Rechten Westeuropas vernehmen kann, sind vor allem die Folge des Antiislamismus der populistischen Rechtsparteien. Diese sehen in Israel einen potenziellen Verbündeten im Kampf gegen einen expansiven Islamismus, der – so die Sicht dieser Rechten – Europas „Identität" bedroht. Und: Der Feind meines Feindes ist mein Freund. Israel wird so von Teilen der vor allem westeuropäischen Rechten positiv besetzt.

In Osteuropa hingegen ist der alte Antisemitismus aus der Tiefkühltruhe heraus gekrochen, in der er zur Zeit der kommunistischen Diktatur gesperrt war, ohne offen zum Thema gemacht zu werden. In Polen und in Ungarn (etwa die Partei „Jobbik") ist der alte Antisemitismus lebendig, der Ende des 19. und in der ersten Hälfte des 20. Jahrhunderts dominant war: das jüdische Volk als das Volk der „Gottesmörder"; das Judentum verantwortlich für kapitalistische Ausbeutung und kommunistische Repression; das Judentum als eine „Rasse", deren „Blut" nicht mit dem der anderen vermischt werden dürfe; das Judentum als ein „Volk", das seine Wirtsvölker aussaugt: Israel ist in dieser Sichtweise ein Staat, der voll in dieser – konstruierten – jüdischen Tradition steht. Israel wird, bleibt Teil eines Feindbildes.

Die Kakofonie zwischen altem Antisemitismus (Jobbik) und neuem (linken) Antisemitismus, den ein Teil der Globalisierungskritiker oft in Verbindung mit einem inzwischen auch schon traditionellen Antiamerikanismus vertritt, macht Europa aus israelischer Sicht unberechenbar. Wer weiß schon, in welche Richtung sich Ungarn und Polen entwickeln oder welchem Einfluss an sich gemäßigte, sozialdemokratische Linksparteien im Kampf um die Stimmen der antikapitalistischen, der „antizionistischen" Linken ausgesetzt sein werden?

Der islamische Antisemitismus in Europa ist ein relativ neues Phänomen, das Israel auch in Rechnung stellen muss. Sozialdemokratische und andere gemäßigte Parteien brauchen, als Konsequenz der Immigration nach Europa, auch die Stimmen zugewanderter Muslime. In welchem Ausmaß wird die Versuchung um sich greifen, sich im Wettbewerb um den Wahlsieg auch Konzessionen an die im Euroislam auch, jedenfalls teilweise vorhandene Israelfeindlichkeit zu machen?

Die Israelfreundlichkeit der (westeuropäischen) Rechtspopulisten muss Israel erst recht misstrauisch machen. Die nationale Identitätsrhetorik der populistischen Rechten ist ja vor allem eine Abgrenzung von Kosmopolitismus und Internationalismus – Positionen, zu denen Jüdinnen und Juden in der Vergangenheit oft Zuflucht gesucht haben, weil ihnen das Nationale immer eine Bedrohung war; Positionen, die ihnen auch oft von Nationalisten jedweder Art auch zugeschrieben wurden, um sie als „anders" auszugrenzen. Nur weil manche europäische Parteien am äußersten rechten Rand auf einen vorhandenen Antiislamismus setzen, ist das antijüdische Gefährdungspotenzial der europäischen Nationalismen nicht vorbei. Und bei einer weiteren Polarisierung der europäischen Parteienlandschaft könnte die antijüdische und antiisraelische Grundströmung, die es auch in Westeuropa gibt, wieder politische Prägekraft bekommen. Das ist jedenfalls in Europa wahrscheinlicher als in Nordamerika.

Kann Europa einen Beitrag zu Israels Sicherheit offerieren? Nein, jedenfalls nicht im Bereich der militärischen Sicherheit. Israel hat den US-amerikanischen militärischen und diplomatischen Schutzschild ohnehin, dafür braucht es Europa nicht. Es hat diesen Schutzschild buchstäblich, in Form US-amerikanischer Raketenabwehrsysteme. Israel braucht nicht den Umweg über eine Mitgliedschaft in der NATO, um diesen Schutzschild für sich zu sichern; und erst recht braucht Israel für seine Sicherheit nicht die Mitgliedschaft in der EU.

Hat Europa Israel einen spezifischen Beitrag zur Eindämmung des globalen Judenhasses zu bieten? Ja und nein. In den letzten Jahrzehnten ist die Wahrnehmung des Holocaust als ein weltweit erstmaliges, spezifisches Verbrechen gegen das Judentum zur weitgehenden Selbstverständlichkeit geworden. Aber diese Einsicht prägt

Regierungsaussagen – von Stockholm bis Budapest, von Madrid bis Riga. Und diese Einsicht ist auch die des hegemonialen Denkens der meisten Gebildeten in Europa, des akademischen Europa: Der Holocaust ist, neben den beiden Weltkriegen, der zentrale Aspekt eines europäischen „Nie Wieder". Aber beeinflusst diese konsequente, „offizielle" Absage an die Tradition des europäischen Judenhasses die Gesellschaft(en) Europas insgesamt? Wenn ja, dann im Sinne einer allmählichen Sickerwirkung, die sich nur langsam, über Generationen, in einer generellen Einstellung niederschlägt.

Ein Beispiel liefern die postkommunistischen Staaten Ost- und Mitteleuropas. Jahrzehntelang dominierte das marxistisch-leninistische Erklärungsmuster: Der Antisemitismus müsse aus der Perspektive des Klassenkampfes gesehen werden, und mit der Etablierung des Sozialismus, erst recht mit der Etablierung einer kommunistischen, klassenlosen Endgesellschaft würde der Antisemitismus einfach absterben. Ausdruck dieser grob vereinfachenden, ja letztlich empirisch widerlegten Erwartung war, dass die offizielle sowjetische Geschichtsschreibung immer nur vom deutschen „Faschismus" als dem Hauptfeind im „großen vaterländischen Krieg" ausging – und nicht vom deutschen Nationalsozialismus. Dessen entscheidendes Merkmal, das ihn vom „gewöhnlichen" Faschismus unterschied, war eben der Holocaust. Erst langsam und mit Verspätung, begleitet von Konflikten wie dem Diskurs „Wem gehört Auschwitz: den Polen oder den Juden?", setzt sich auch im vormals kommunistischen Europa die Wahrnehmung der Erstmaligkeit der Shoah durch; mit erheblicher Verspätung, aber doch.

Die Folge des kommunistischen Erziehungsmonopols über Jahrzehnte war, dass – sobald der offene Antisemitismus nicht autoritär unterdrückt wurde – dieser aus seinen Verstecken hervorkam und im Bündnis mit nationalistischen Kräften, zu denen auch christliche Kirchen (vor allem orthodoxe Staatskirchen) gehören, dort weiterzumachen scheint, wo er vor dem Beginn der kommunistischen Einparteienherrschaft schon war. Auch das kann und muss wohl unter dem oft verwendeten Begriff der „Rückkehr nach Europa" verstanden

werden: Die Rückkehr zu einem Europa der sich selbst zerstörenden Nationalismen und die Rückkehr eines zwar unterdrückten, aber
nicht wirklich konfrontierten Antisemitismus.

Für dieses Europa hat Israel keinen speziellen Bedarf. Warum
auch? Für die ökonomischen Interessen wird China immer gewich-
tiger und bietet sich Israel als der nach den USA wichtigste Han-
dels- und Wirtschaftspartner an. Europa? Da kann es morgen schon
passieren – und passiert auch heute schon – dass aufgrund innenpo-
litischer Überlegungen ein Boykott israelischer Waren oder eine sich
auch in den Institutionen und Gremien der Vereinten Nationen aus-
wirkende „antizionistische Rhetorik" als annehmbarer Preis für die
Unterstützung durch einen linken „Antizionismus" gelten. Und der
nationale Wirtschaftsprotektionismus, der etwa in Ungarn die Grenzen des europäischen Binnenmarktes immer wieder auslotet, ist auch
in der Tradition eines zumindest latent antijüdischen Wirtschafts-
nationalismus: Wir müssen „unseren Leuten" helfen, damit sie die
Konkurrenz der vaterlandslosen Konzerne überdauern.

Nein, Israel braucht Europa nicht wirklich: nicht als politische
Union, als deren Mitglied Israel Souveränitätseinschränkungen hin-
nehmen müsste, die es nicht akzeptieren kann – und nicht als au-
ßen- und sicherheitspolitisches Schutzschild, denn als solcher kann
Europa die USA nicht ersetzen – jedenfalls nicht in den nächsten
Jahrzehnten.

Was Israel braucht, das ist Stabilität und Berechenbarkeit. Und
davon hat Europa Israel nicht allzu viel zu bieten. Was Europa brauchen könnte, das ist ein Stück von Israels gesellschaftlicher Dynamik. Aber für eine solche scheint Europa nicht genügend vorbereitet
zu sein.

12. DER STATUS QUO

Seit dem Oslo-Abkommen von 1993 – verhandelt in der norwegischen Hauptstadt, unterzeichnet in Washington – sind mehr als zwei Jahrzehnte vergangen. Der Optimismus, bezogen auf einen stabilen Frieden zwischen Israel und den Palästinensern, zwischen Israel und seinem arabischen Umfeld insgesamt, der ist verflogen. Die zweite Intifada, die 2000 einsetzte; die Raketenangriffe aus dem Gazastreifen und aus dem Libanon; und die israelischen Militärschläge vor allem gegen Gaza demonstrierten und demonstrieren, dass dieser stabile Friede nicht erreicht wurde. Die Friedensbemühungen der Präsidenten Clinton und Obama scheiterten, und jede Seite – die palästinensische wie die israelische – wies der jeweils anderen die Schuld zu. Eine Pax Americana, ein von den USA diktierter Friede – wie der Vertrag von Dayton, 1995, bezogen auf die postjugoslawischen Kriege, wurde im Nahen Osten nicht erreicht. Die USA – nicht einmal die USA – sind stark genug, im Nahen Osten einen Frieden herbeizuzwingen.

Jede realistische Betrachtung zeigt, dass ein solcher umfassender Friede in vorhersehbarer Zeit nicht erreicht werden kann. Zu sehr ist für alle unmittelbar Beteiligten der Status quo gegenüber dem, was eine umfassende Friedensregelung bedeuten müsste, das kleinere Übel. Zu sehr ist der Status quo eine relativ berechenbare Situation, die einer relativ unberechenbaren Alternative vorzuziehen ist. Das ist jedenfalls, direkt erkennbar, die Position der israelischen Regierungen der letzten Jahre; und diese Position wird auch – weniger direkt – von der palästinensischen Seite vertreten.

Man weiß, wie ein umfassender Friede aussehen müsste, aussehen würde: ein Rückzug Israels aus einem Großteil der Westbank, nicht aber aus Ostjerusalem und dessen Umfeld, und eine Entschädigung Palästinas für die gegenüber der Waffenstillstandslinie von 1949 verlorenen Gebiete – „Land Swap", also Abtretung von Gebieten etwa im Negev oder auch in Galiläa an einen palästinensischen Staat; eine symbolische Entschädigung für die palästinensischen Flüchtlinge auch der zweiten und dritten Generation, ohne deren reale Rückkehr in die Gebiete, aus denen sie 1948 und 1949 geflohen waren oder vertrieben wurden; eine spezifische Rücksichtnahme auf die Sicherheitsinteressen Israels, insbesondere bezüglich der Außengrenzen Palästinas (vor allem hinsichtlich der Grenzen im Jordantal, aber auch des Grenzenverlaufes in unmittelbarer Nähe zu Jerusalem, zu Tel Aviv und zum Ben-Gurion-Flughafen) – was auf eine nicht unwesentliche Beschränkung der Souveränitätsrechte Palästinas und wohl auch auf eine Begrenzung der palästinensischen Militärkapazität hinauslaufen müsste; und schließlich würde ein Friede eine zumindest symbolische Präsenz Palästinas in Jerusalem mit sich bringen, das als offizielle Hauptstadt beider Staaten dienen würde.

Zu diesem Frieden sind beide Seiten offenbar nicht bereit: Israel nicht, weil die Rücknahme von Siedlungen aus der Westbank erhebliche innenpolitische Kosten hätte – sicherlich mehr als die, die Menachem Begin und Ariel Sharon beim Rückzug aus dem Sinai und dem Gazastreifen zu zahlen bereit waren; und weil alles, was auf eine auch nur symbolische Teilung Jerusalems hinausläuft, in Israel derzeit und in nächster Zukunft nicht durchsetzbar erscheint. Ebenso wenig ist die palästinensische Seite zu einem solchen Friedensschluss bereit, weil dieser Kompromiss mit den Mythen des Rückkehrrechtes aufräumen müsste; und weil die unvermeidliche Opposition im palästinensischen Lager, aber auch der arabischen, ja auch der muslimischen Welt (Iran!) das Machtmonopol einer von der PLO bestimmten politischen Struktur Palästinas gefährden würde. Beide Seiten haben interne Vetomächte (die israelische Rechte, die palästinesischen Extremisten), die stark genug wären, einen solchen Frieden zu verhindern.

Was ein Friedensschluss bedeuten würde, ist also bekannt: Ein Friede würde weitgehend dem entsprechen, was Bill Clinton mit Ehud Barak und Yasser Arafat 2000 in Camp David und Anfang 2001 kurz vor dem Ende seiner Amtszeit im ägyptischen Taba fast schon ausgehandelt glaubte. Woran der Friedensschluss scheiterte, darüber gibt es Schuldzuweisungen beider Seiten. Aber klar ist, dass Barak und Arafat letztlich nicht übereinstimmen konnten. Barak verlor wohl auch im Zusammenhang mit seiner Verhandlungsbereitschaft die israelischen Wahlen – und die im Herbst 2000 einsetzende zweite Intifada war vor allem auch ein Warnschuss für Arafat, der ihm seine politischen Grenzen auf der palästinensischen Seite vor Augen führte, und der auch Israel zeigte, wie eng Arafats Möglichkeiten waren.

Für Israel haben die Ergebnisse der letzten Parlamentswahlen 2015 wieder bestätigt, dass ein Friedensschluss im Sinne der Verhandlungen von Camp David und Taba derzeit und in nächster Zukunft keine innerisraelische Legitimität hätte. Zu sehr wird der Status quo, der ja in Israel grundsätzlich Wohlstand und (jedenfalls verglichen mit der Zeit vor 1967, aber auch mit der Periode der ersten und der zweiten Intifada) Sicherheit gebracht oder, besser, nicht verhindert hat, als relativ beste, jedenfalls aber als die am wenigsten schlechte aller realen Möglichkeiten eingestuft. Und die palästinensische, arabische, muslimische Seite muss fürchten, was schon Anwar Sadat zu erleben hatte: Die Brüchigkeit der Strukturen auf arabischer Seite verhindert eine Autorität, die sich gegen alle Widerstände durchsetzen und einem umfassenden Kompromiss zustimmen könnte.

12.1. Das kleinste aller Übel

Der Status quo ist das kleinste aller Übel – jedenfalls für Israel, und jedenfalls für die vorhersehbare Zukunft. Der Zusammenbruch der UdSSR hat die palästinensisch-arabische Seite ihres wichtigsten globalen Unterstützers beraubt. Israel hingegen kann sich auf eine grundsätzlich freundliche Haltung der USA verlassen, unabhängig davon, wer im Weißen Haus sitzt und welche Partei im Kongress dominiert. Israel kann sich auch darauf verlassen, dass die Interessen, die die ägyptische, die saudische und die jordanische Politik bestimmen, eine direkte Konfrontation mit den USA unbedingt vermeiden wollen. Eine geschlossene, aggressive, militärische Front aller Nachbarstaaten gegen Israel (wie 1948, wie 1967) ist daher nicht zu erwarten.

Es bleibt freilich der Iran als ein nach wie vor nicht eingebundener Akteur, der jedenfalls die politische Konfrontation mit den USA nicht scheut, die saudisch-ägyptisch-sunnitische Hegemonie im arabischen Raum gefährdet und nach wie vor die Existenz Israels aggressiv ablehnt. Die iranische Bedrohung macht die strategische Kooperation Israels mit den USA umso wichtiger. Die USA haben deutlich mehr Möglichkeiten, den Iran mit traditioneller und mit „weicher Diplomatie" (das heißt vor allem Wirtschaft) unter Druck zu setzten, als dies Israel könnte. Und wenn die Diplomatie scheitert, dann braucht Israel umso mehr die USA und deren militärische Macht.

Es bleibt zusätzlich auch noch die Möglichkeit, dass – nach dem weitgehenden Scheitern des Arabischen Frühlings – eine neue Welle der Unruhen sich nicht nur gegen die autoritären Regime in den arabischen Staaten richtet, sondern auch den Status quo gegenüber Israel gefährdet. Das was sich nunmehr seit Jahren in Syrien und Libyen und im Jemen abspielt – Bürgerkrieg und Chaos – ist auch eine latente Bedrohung Israels, wie auch der totalitäre Fundamentalismus der Terrorbewegung „Islamischer Staat". Diese Entwicklungen zeigen, wie sehr die durch die Friedensverträge mit Ägypten und Jordanien abgesicherte Position Israels die beste aller real möglichen Optionen ist – gemessen an der denkbaren Alternative des Absturzes der arabischen Staaten in vollständige Anarchie.

Israel hat sich in der von den Waffenstillstandslinien 1967 bestimmten Realität relativ gut eingerichtet. Ostjerusalem und der Golan wurden annektiert, Gaza geräumt. Die Westbank wird von einer nach dem Oslo-Abkommen eingerichteten abgestuften Autonomie bestimmt, deren Entwicklung freilich stecken geblieben ist – vor allem wegen der Erfahrungen der zweiten Intifada, die zu Terroranschlägen in Israel geführt hat; Gewalt, die zu einem erheblichen Teil von der Westbank aus gesteuert war. Aber ebenso ist die

Entwicklung der Westbank im Sinne des Oslo-Abkommens wegen der israelischen Siedlungsaktivität stecken geblieben, die an der Substanz eines zukünftigen Staates Palästina rührt; stecken geblieben auch wegen der israelischen Militärkontrollen, die von den Palästinensern als Schikane und Demütigung wahrgenommen werden, die Israel aber als unvermeidliche Antwort auf die Terrorgefahr sieht.

Die israelische Wirtschaft wächst, aus dem Land der spartanisch-genügsamen Pioniere der Kibbuz-Bewegung hat sich eine in die globale Wirtschaft integrierte, liberale, demokratische und kapitalistische Gesellschaft entwickelt – mit wachsenden Unterschieden zwischen Arm und Reich, aber auch mit einem 1948 nicht erwarteten Massenwohlstand. Die urbanen Zentren (Tel Aviv, Haifa, Jerusalem) sind in jeder Hinsicht Weltstädte, und die jüdische Zuwanderung aus dem vormals kommunistischen Teil Europas hat dem jüdischen Bevölkerungsteil eine stabile Mehrheit gesichert. Die heutigen Israelis können – trotz der immer wieder einschlagenden Raketen im Südwesten (aus Gaza) und im Norden (aus dem Libanon) – in relativer Sicherheit und relativem Wohlstand leben. Warum also am Status quo rütteln?

Es ist dieses Gefühl der relativen Sicherheit, in Verbindung mit den Mythen von „Eretz Israel", die einen Frieden für die Mehrheit der israelischen Gesellschaft mit dem unvermeidlichen Preis der Aufgabe weiter Teile der besetzten Westbank und einer befürchteten Instabilität in einem wenn auch nur symbolisch geteilten Jerusalem nicht attraktiv erscheinen lässt. Die Konflikte entlang der Bruchlinie zwischen Sunniten und Schiiten, zwischen dem von Saudi-Arabien (und Ägypten) bestimmten und finanzierten sunnitischen und dem vom Iran beeinflussten schiitischen Lager haben zu Stellvertreterkonflikten und schließlich zu Stellvertreterkriegen geführt – im Jemen, aber auch in Syrien. Das alles weckt Zweifel an der Paktfähigkeit der arabischen Seite.

Warum, so die in Israel herrschende Argumentationslinie, sollte Israel etwas aufgeben – zugunsten einer Vereinbarung mit einem in sich zerstrittenen Palästina, in dem eine die israelischen

Sicherheitsbedürfnisse garantierende Politik offenbar nicht durchsetzbar ist; ein Palästina, das unabhängig von Israel von den internen Auseinandersetzungen auf der arabisch-iranischen Seite massiv betroffen ist? Wozu ein Risiko eingehen, das die Wiederkehr der Jahre zwischen 1948 und 1967 bedeuten könnte, als Israel ein nur schwer zu verteidigendes Territorium kontrollierte und palästinensische Kommandos, aus dem von Ägypten besetzten Gazastreifen und aus der Westbank, die zu Jordanien gehörte, immer wieder Terror in Israel verbreiten konnten?

Der Status quo begünstigt Israel – so scheint es. Ein Vergleich mit der Zeit vor 1967, aber auch mit den von Armut charakterisierten ersten Jahrzehnten der jüdischen Gesellschaft Palästinas vor 1948 lässt den überzeugenden Schluss zu, dass es Israel noch nie so gut gegangen ist wie eben heute, wie im Status quo. Wozu an diesem Zustand etwas ändern wollen – durch Konzessionen an einen Nachbarn, der offenbar bewusst Zweifel offen hält, ob er die Existenz Israels für legitim erachtet?

Als Ariel Sharon im Jahre 2005 die israelische Besetzung des Gazastreifens beendete, die (im Vergleich mit den Siedlungen der Westbank) quantitativ wenig bedeutenden jüdischen Siedlungen zerstören ließ und ihre Bewohner, gegen deren teils heftigen Widerstand, zum Abzug aus dem Gazastreifen zwang, waren einige strategische Motive für diese Weichenstellung entscheidend:

• Der Gazastreifen, extrem dicht besiedelt, war nur unter hohem Aufwand militärisch zu sichern. Die Anstrengungen, Gaza direkt durch eine israelische Militärpräsenz zu kontrollieren, schienen in keinem sinnvollen Verhältnis zu den Vorteilen zu stehen, die Israel durch die militärische Präsenz in Gaza zu gewinnen hatte. Der Gazastreifen hatte keine lange Außengrenze – wie etwa die Westbank sie hat. Gaza hat nur eine relativ kurze Außengrenze mit Ägypten, das ganz offenkundig kein Interesse an der Förderung aggressiver fundamentalistischer Strömungen hat, weil diese auch Ägyptens Sicherheitsinteressen bedrohen würden. Der Rückzug aus Gaza schien ein berechenbares Risiko zu bringen – sehr wohl aber erhebliche Vorteile in Form eines Sympathiegewinns im arabischen Raum und auch in Europa.

- Der Gazastreifen hatte – anders als die Westbank, die aus dem Territorium des früheren Judäa und Samaria besteht – keine zentrale Bedeutung für das jüdische Narrativ. Es war und ist für die historisch begründeten und gleichzeitig mystischen Vorstellungen von „Eretz Israel" sekundär. Gaza kommt nur eine geringe Rolle im historischen Selbstbild Israels zu. Die Aufgabe von Gaza war daher nur mit verhältnismäßig überschaubaren innenpolitischen Kosten verbunden. Gaza war für Israel nicht besonders „wichtig".

- Sharon, der bis dahin als Vertreter einer expansionistischen Politik in der Tradition Jabotinskys und Begins galt, wollte mit dem Abzug aus dem Gazastreifen eine Dynamik einleiten, die den bereits fast schon erstickten Oslo-Friedensprozess wiederbeleben sollte. Doch eben das scheiterte – bald wurden aus Gaza Raketen auf israelisches Gebiet abgeschossen, und Israels Abzug aus Gaza eröffnete den extremistischen Kräften im palästinensischen Lager eine neue Option, israelische Gegenschläge zu provozieren, die zur immer wiederkehrenden internationalen Kritik an der „Unverhältnismäßigkeit" des militärischen Vorgehens führen musste und daher ein einfach zu erzielender PR-Erfolg für die extremen arabischen Kräfte war und ist, unbeschadet der so von arabisch-palästinensischer Seite bewusst in Kauf genommenen Opfer in Gaza.

Der überraschende Rückzug aus dem Gazastreifen hat Israel dem Frieden nicht näher gebracht. Im Gegenteil: Die Hamas-Aktivitäten und die anderer Kräfte in Gaza, die Hamas an Radikalismus noch zu überbieten versuchen, sowie die israelischen Militärschläge gegen Gaza haben jede noch verbliebene, realistische Vorstellung von einem nahen Friedensschluss zerstört. Friede mit der anderen Seite, die jede vertrauensbildende Geste wie Sharons Rückzug mit Raketenangriffen beantwortet? Das israelische „Friedenslager", das vor allem auf der Linken des politischen Spektrums angesiedelt war und mit dem Oslo-Abkommen identifiziert wurde, hat in der israelischen Politik ebendeshalb kaum noch eine Bedeutung.

Im Wahlkampf 2015, als eine Mitte-Links-Allianz als „Zionistische Union" der von Netanjahu geführten Allianz der Rechten die Mehrheit streitig machen wollte, spielte das Thema Frieden kaum noch eine Rolle. Die Themen der Linken waren die wachsende ökonomische Ungleichheit im Lande, war die soziale Spaltung – innerhalb Israels. Die Zukunft der Westbank wurde kaum diskutiert. Israel hat, so scheint es, sich – halb resignierend, halb zufrieden – mit dem Status quo abgefunden.

Dass Israel, dass die israelische Gesellschaft, dass die israelische Politik den Status quo akzeptieren und sich in ihm eingerichtet haben, ist verständlich. Israel ist relativ sicher, und eine wirtschaftliche Erfolgsbilanz insgesamt (ver)führt zur Auffassung, dass man mit diesem Status quo unbefristet weiter existieren könnte. Der Status quo ist jedenfalls derzeit, angesichts der mit den Palästinensern verhandelbaren und im eigenen Land durchsetzbaren Alternativen, die relativ beste aller Optionen.

Doch das Negieren der langfristigen Folgen des Status quo gleicht dem Negieren eines Problems, das in Zukunft Israel massiv bedrohen könnte. Ob diese Zukunft in wenigen Jahren oder erst in Jahrzehnten zum Tragen kommt, kann niemand vorhersagen. Aber der Status quo kann nicht über mehrere Generationen – in Israel, in den besetzten Gebieten – aufrecht erhalten werden.

Ein wesentlicher Teil der jüdisch-israelischen Gesellschaft kann heute die Verhältnisse in den besetzten Gebieten mehr oder weniger ignorieren. Diese Verhältnisse mögen die (freilich wachsende, aber immer noch kleine) Minderheit der Westbank-Siedler unmittelbar betreffen, oder auch in Ostjerusalem und im Golan für ein vermindertes Gefühl von Sicherheit sorgen. Und angesichts des brutalen Chaos in den meisten arabischen Staaten mag sich Israel auch deshalb relativ sicher fühlen, weil die Weltöffentlichkeit und erst recht die Politik in den arabischen Staaten von innerarabischen Problemen beherrscht wird. Das innerarabische Chaos – ausgedrückt im Mehrfronten-Bürgerkrieg in Syrien, in der Fehlentwicklung des Irak, im Bürgerkrieg und der saudischen Intervention im Jemen, im Zerfall Libyens, aber auch des Irak – könnte aber irgendwann einmal überwunden werden. Und dann wäre eine geeinte arabische Front wohl rasch wieder bereit, den alten Feind Israel wieder in den Vordergrund zu schieben.

Für die arabische Welt reduzierten in den letzten Jahren die chaotischen, mörderischen Zustände in vielen arabischen Staaten die Bedeutung des Konfliktes mit Israel. Dieser Konflikt ist als gemeinsamer Nenner, der die arabische Welt einigt, offenbar nicht in der Lage, die mit Gewalt geführten innerarabischen Auseinandersetzungen zwischen Sunniten und Schiiten zu verhindern. Die innerarabischen Konflikte haben für die arabischen Staaten einen höheren Stellenwert, weil er massivere, vor allem humanitäre Kosten verursacht als der Konflikt mit Israel. Israel als gemeinsamer Nenner aller sonst auseinander- und gegeneinanderlaufenden arabischen Interessen hat an Bedeutung verloren. Und ebendeshalb fühlt sich Palästina von den arabischen Staaten allein gelassen oder zumindest vernachlässigt.

Das kann sich aber rasch ändern. Die Okkupation von Kuwait, 1990, und die darauf folgende Militärintervention im Irak, 1991, waren auch Ausdruck eines innerarabischen, militärisch ausgetragenen Konflikts. Es kämpften arabische Armeen auf der Seite der USA gegen die arabische Armee des Irak. Doch bald darauf sorgte die erste Intifada für eine neuerliche Intensivierung des Konfliktes mit Israel. Zwar war der Versuch des irakischen Regimes gescheitert, durch Raketenangriffe auf Israel sich als Vorkämpfer einer antiisraelischen Einheitsfront zu legitimieren, um vom Kuwait-Krieg abzulenken. Aber auf das Oslo-Abkommen (und dessen missglückte Transformation in einen umfassenden Frieden) folgte die zweite Intifada. Die arabische Welt stand, freilich mit erheblichen Nuancen, politisch geeint hinter den palästinensischen Versuchen, mit Gewalt Israel zum Einlenken zu zwingen.

Das kann sich wiederholen. Schon in naher Zukunft kann eine wieder – relativ – geschlossene arabische Front gegen Israel mobil machen. Und dann wäre für Israel der Status quo nicht mehr so einfach fortzusetzen, vielleicht auch nicht mehr die relativ beste aller realen Optionen. Die Stabilität des Status quo kann sich rasch als trügerisch erweisen. Die finanziellen, politischen, militärischen, humanitären Kosten der Aufrechterhaltung des Status quo könnten explodieren. Dieser ist jedenfalls keine Dauerlösung – auch wenn es der israelischen Gesellschaft so erscheinen mag.

12.2. „The Day After"

Für wen arbeitet die Zeit, geht man von einer relativen, begrenzten Stabilität des Status quo aus? Versucht man eine Antwort auf der Grundlage der Entwicklung seit 1948 zu geben, so war die Zeit, so war die Entwicklung in den Jahrzehnten ganz eindeutig auf der Seite Israels. Israels jüdische Bevölkerung ist massiv gewachsen, die Ökonomie hat sich hervorragend entwickelt, und jeder Vergleich der Situation der israelischen Gesellschaft mit der in den arabischen Nachbarstaaten, einschließlich Palästinas, sprich für den Staat der Juden. Das zionistische Projekt hat nach mehr als hundert Jahren Geschichte eine erstaunliche Erfolgsbilanz vorzuweisen. Die palästinensisch-arabisch-moslemischen Versuche einer Delegitimierung Israels, die viele noch immer nur als „zionistische Entität" ansprechen, sind ganz eindeutig gescheitert.

Doch es ist ein Scheitern – bisher. Israels Erfolg baut auf Faktoren, die nicht uneingeschränkt in die Zukunft projiziert werden können. Dazu zählen:

• Der strategische Schutzschild der USA. Dieser ist zwar auch in nächster Zukunft als gegeben anzusehen, aber ob dieser Schutz, made in the USA, bedingungslos nicht nur für Jahre, sondern für Jahrzehnte vorausgesetzt werden kann, ist nicht sicher. Gerade die Regierung Netanjahus scheint an die Schwelle der Reizbarkeit der US-Politik gehen zu wollen. Und ein relativer Machtverlust der USA, auch in Verbindung mit isolationistischen Tendenzen, kann auch zu einer abnehmenden amerikanischen Bereitschaft zur uneingeschränkten Unterstützung Israels führen. Die USA waren in den ersten Jahren Israels nicht dessen bedingungsloser Protektor – das wurden die USA erst im Verlauf von Jahrzehnten. Und ebenso wenig kann für alle Zukunft vorausgesetzt werden, dass die USA ihre Rolle immer so verstehen werden, wie sich das erst allmählich nach dem verunglückten Sinai-Feldzug von 1956 und nach dem Sechstage- Krieg von 1967 entwickelte.

- Die demografische Entwicklung. Solange Israel Ziel einer quantitativ relevanten jüdischen Einwanderung war, konnte Israel die im Vergleich mit den Nachbarn geringeren Geburtenzahlen mehr als nur ausgleichen. Aber nach dem Ende der letzten großen Einwanderungswellen aus der früheren Sowjetunion muss die Hoffnung auf weitere jüdische Migrationsströme wohl reduziert werden. Zwar motiviert der „neue Antisemitismus" in Europa (etwa in Frankreich) Teile des europäischen Judentums, eine Auswanderung nach Israel in Erwägung zu ziehen – aber eine Massenzuwanderung ist wohl nicht mehr zu erwarten. Das aber eröffnet einem tendenziell wachsenden Widerspruch zwischen den beiden Ansprüchen Israels Tür und Tor: ein jüdischer Staat sein zu wollen – und gleichzeitig eine Demokratie.

- Die Bedrohung durch den Iran. Die iranische Regierung, im Wettstreit mit den sunnitisch-saudischen Kräften um die Vormachtstellung innerhalb der muslimischen Welt des Nahen Ostens, profiliert sich seit der iranischen Revolution 1979 als der wahre, der kompromisslose Gegner des „zionistischen Gebildes". Damit gewinnt der Iran Ansehen auch bei sunnitischen Arabern.

Ebendeshalb unterstützt der Iran die sunnitische Hamas. Diese wird vor allem vom Iran (und Katar), nicht (oder kaum) von Ägypten und Saudi-Arabien mit Geld und Waffen versorgt. Wenn die 2015 erreichten Ergebnisse der Atomverhandlungen der fünf plus eins (die ständigen Mitglieder des UN-Sicherheitsrates und Deutschland) mit dem Iran nicht konsequent umgesetzt werden können, verschlechtert sich die geostrategische Position Israels erheblich. Der Iran würde Israel kaum den Gefallen tun – wie der Irak 1981 – und Israel seine Nuklearkapazität für einen Militärschlag aus der Luft ganz offen präsentieren. Israel wird dann erst recht auf die USA angewiesen sein, und Israel wäre gut beraten, die US-Interessen nicht zu ignorieren.

- Eine mögliche, wesentliche Änderung der palästinensischen Strategie. Solange die PLO palästinensischen Terrorismus nicht verhindern kann oder will, solange immer wieder Kurzstreckenraketen aus Gaza die Menschen im Süden Israels am Leben bedrohen, hat die palästinensische Seite ein Glaubwürdigkeitsproblem. Die bisherige Politik der PLO (und erst recht die der Hamas) hat einen breiten Konsens in Israel herbeigeführt, der einer Friedenslösung entgegensteht. Wenn jedoch von Gaza keine Raketen mehr abgeschossen werden, wenn vielmehr aus Gaza und Ramallah, aus Bethlehem und Nablus, aus Jenin und Hebron Unbewaffnete in großer Zahl aufbrechen, um die Sicherheitsbefestigungen und Kontrollen rund um die Westbank gewaltfrei zu überschreiten, dann wird sich Israel schwer tun. Mit Maschinengewehren vor der Weltöffentlichkeit auf unbewaffnete Zivilisten schießen? Israel wäre dann in der Lage der britischen Kolonialmacht in Indien, die wenig Probleme mit gewaltsamen Aufständen hatte, gegenüber Mahatma Gandhis gewaltfreien Aktionen aber ratlos war.

Es ist verständlich, wenn Israel auf die vielen Unwägbarkeiten und auf die damit verbundenen Risiken eines Szenarios verweist, das über den Status quo wesentlich hinausgeht. Aber der Status quo beinhaltet ebenfalls große Risiken – gerade für Israels Zukunft.

Der Nahe Osten ist freilich kein idealer Raum für Prognosen. Wer erinnert sich nicht an die in Israel in den ersten Jahren nach 1948 herrschende Meinung, man wüsste zwar nicht, welcher arabische Staat zuerst Frieden mit Israel schließe, aber man kenne den zweiten Staat: Libanon? Es kam anders: Auf Ägypten folgte Jordanien, und ein formeller Friedensschluss mit dem Libanon ist nicht in Sicht. Und wer erinnert sich nicht an die „roten Linien", die Barack Obama symbolisch in den Sand der syrischen Wüste gezeichnet und damit das bevorstehende Ende des Regimes des syrischen Präsidenten verkündet hat – während 2015 für die meisten westlichen Beobachter dieses Regime das kleinere Übel im Vergleich mit dem mörderischen „Islamischen Staat" ist? Wer kann heute voraussagen, wie stabil die Verhältnisse in Saudi-Arabien in 15, 20 Jahren sein werden, welches Ende (und wann) der Bürgerkrieg in Syrien nimmt, und ob die Militärdiktaturen – die in Ägypten eine lange Tradition haben (Nasser, Sadat, Mubarak) – Jahrzehnte überstehen werden?

Ebenso kann die weltpolitische Situation, in der sich Israel in mittelfristiger Zukunft befinden wird, auch nicht mit einer nur annähernden Präzision vorhergesehen werden. Welche Rolle wird in zwei oder drei Jahrzehnten die Russische Föderation spielen – vielleicht als neuer Protektor arabisch-palästinensischer Interessen in der Tradition der UdSSR, nur um im Nahen Osten einer US-amerikanischen Hegemonie etwas entgegensetzen zu können? Welche Rolle kommt der Weltmacht China in mittlerer Zukunft zu – wird China aktiv im Nahen Osten eine Rolle spielen wollen? Und Indien, das wie China weit überdurchschnittliche Wachstumsraten aufweist, aber wie die Volksrepublik von Rohstoffimporten abhängig ist?

Das alles kann nicht seriös über einen Zeitraum von mehr als einem Jahrzehnt prognostiziert werden. Das alles liefert aber zusätzliche Gründe dafür, dass Israel das Ende der relativen Bequemlichkeit des Status quo immer im Auge haben muss. Dass sich Israel zwar für eine vorhersehbare Zeit auf den Schutzschild der USA verlassen wird können, ist mittelfristig wohl als sicher anzunehmen – auch, dass Israel keine seriöse Alternative (etwa in Form eines Schutzschildes, der Israel von Europa, von der EU bereitgestellt werden könnte) zu dieser Orientierung an den USA finden wird. Die begründbare und jedenfalls aus israelischer Sicht vernünftige sicherheitspolitische Orientierung Israels an den USA schafft aber eine Abhängigkeit von einem Faktor, der eben auch wegbrechen kann.

Israel muss sich darauf einstellen, dass sich seine Lage rasch verändern kann. Und Israel stellt sich auch darauf ein – die Atomanlagen von Dimona im Negev sind ein Beleg dafür – dass Israel langfristig denkt. Doch andere als militärische Optionen scheinen kaum vorhanden zu sein. Zwar gilt das Angebot einer Zweistaatenlösung noch immer, aber in Israel und auf palästinensischer Seite wird es zunehmend – allen Lippenbekenntnissen zum Trotz – als nicht erreichbar wahrgenommen.

Es kann natürlich sein, dass ein Zusammenbruch der mit dem Status quo verbundenen Sicherheitsarchitektur Israel dazu zwingt, trotz der Westbank-Siedlungen und der Jerusalemproblematik den palästinensischen Vorstellungen mehr als bisher entgegenzukommen. Aber warum sollten dann die Palästinenser, wenn sie sich durch ein sich abzeichnendes Ende des labilen Friedens und der damit verbundenen Schwächung Israels gestärkt sehen, Israel entgegenkommen – warum sollte auf der arabisch-palästinensischen Seite die extreme Formel von der Vernichtung des „zionistischen Gebildes", eine Formel, die von vielen Akteuren niemals wirklich aufgegeben wurde, in einem Moment abnehmender israelischer und zunehmender arabischer Stärke nicht wieder in den Vordergrund treten?

Israel muss darauf vorbereitet sein, dass sich die geostrategischen und regionalpolitischen Rahmenbedingungen radikal zuungunsten Israels verändern können. Für diese Veränderungen wird eine militärische Option nicht ausreichen – so wichtig es ist, dass diese erhalten bleibt. Immerhin hat diese Option die Existenz Israels 1948 ermöglicht und 1967 sowie 1973 gesichert. Doch Israel muss auch damit rechnen, dass eine völlige weltpolitische Umorientierung aller wesentlichen Akteure seine Existenz infrage stellen könnte. Und deshalb muss Israel eine nichtmilitärische Option bereithalten, auch wenn es dafür keine Umsetzungssignale gibt. Dazu zählt:

- An der Zweistaatenoption festhalten und sicherstellen, dass die andere (also die arabische) Seite als die wahrzunehmende ist, die entscheidende Schritte in Richtung Frieden verhindert. Israel darf sich nicht als Buhmann hinstellen lassen, dessen Verweigerung allein oder auch nur primär den Frieden verhindert.

- Israel muss, gerade weil es seinen Nachbarn in Fragen der Demokratie- und der Menschenrechtsqualität deutlich überlegen ist, in seinem Bemühen um die Stärkung dieser Qualität noch weiter gehen.

- Dazu zählt eine systematische Förderung der arabischen Israelis, durchaus im Sinne einer „Affirmative Action" – also mehr als eine rechtliche Gleichstellung: eine Förderung sozialer Gleichstellung der arabischen Staatsbürger und -bürgerinnen Israels.

- Dazu zählt die Erleichterung des Alltags in den besetzten Gebieten, auch wenn die Sicherheitskomponente nicht aus dem Auge gelassen werden kann. Es gilt, dem Apartheid-Vorwurf entgegenzutreten, ihn zumindest zu relativieren.

- Auch wenn der Graben zwischen der palästinensischen Bevölkerung in den besetzten Gebieten und Israel ohne einen umfassenden Friedensschluss nicht zuzuschütten ist – ein Friedensschluss, der von arabisch-palästinensischer Seite ebenso blockiert wird wie von israelischer –, braucht Israel die ständige Demonstration seines guten Willens, eine Verbesserung der Lebensverhältnisse auf der Westbank nicht nur zuzulassen, sondern unmittelbar zu fördern.

Das alles wird den Schock und die Gefährdung Israels am Ende des Status quo nicht verhindern können. Aber Israel muss sich vorbereitet zeigen. Und es kann nicht damit rechnen, dass zu diesem Zeitpunkt einer vielleicht nicht allzu fernen Zukunft die Erinnerung an den Holocaust ausreichen wird, die Existenz Israels zu sichern.

Der Status quo, mehr als zwei Jahrzehnte nach dem Oslo-Abkommen, ist zwar für den Augenblick und vermutlich für die nahe Zukunft stabil. Aber er ist asymmetrisch, und daher kann von einer langfristig dauerhaften Stabilität nicht ausgegangen werden – nicht bezüglich des Verhältnisses zwischen Israel und den besetzten Gebieten; nicht bezüglich der Beziehungen zwischen Israel und seiner Umgebung, die Israel nach wie vor in einer mehr oder weniger offenen Feindschaft gegenübersteht.

Im Moment scheint Israel der Nutznießer dieser Asymmetrie zu sein. Aber wenn diese äußerst labile Balance einmal kippen sollte, wird Israel die Nachteile massiv zu spüren bekommen. Israels ökonomische und militärische Erfolge – so wichtig sie für Israel sind – verstärken die Asymmetrie. Die innerarabischen Kämpfe und Unruhen, Folge des Arabischen Frühlings, verhindern nur zu oft ein Agieren der Arabischen Liga. Das Ungleichgewicht zwischen einem prosperierenden und zunehmend selbstsicheren Israel auf der einen Seite und den arabischen Staaten auf der anderen Seite wird ständig größer.

Nach dem Ende des Holocaust hat es Phasen gegeben, an denen das Überleben von Jüdinnen und Juden nirgendwo sonst auf der Welt so bedroht war wie in Israel. Das stand in Zusammenhang mit der militärischen Abwehr der Aggressionen von Israels Nachbarn – Israel musste um seine Existenz kämpfen, 1948, 1967, 1973. Das war aber auch die Folge der (zweiten) Intifada, als der Terror seine jüdischen Opfer in Israel suchte, in den Cafés von Tel Aviv und in den öffentlichen Bussen in Jerusalem. Und dies stand auch im Zusammenhang mit dem Status quo. Dieser ist – auch – eine potenzielle Bedrohung jüdischen Lebens: ein besonderer Grund, sich nicht im Status quo so einzurichten, als würde er einer dauerhaften Stabilität gleichkommen. Der Status quo wird einmal zusammenbrechen. Und Israel wird sich vor den Folgen dieses Zusammenbruches nicht nur mit militärischen Mitteln schützen können.

Die stille Allianz der Extremisten beider Seiten ist einem Frieden zwischen Israel und den Palästinensern immer im Wege gestanden. Und daran wird sich in absehbarer Zeit nichts ändern. König Abdullah wurde ermordet, weil er im Verdacht stand, die arabische Einheitsfront gegen Israel zu durchbrechen. Anwar Sadat wurde ermordet, weil er mit Israel Frieden geschlossen und dafür die Sinai-Halbinsel für Ägypten zurückgewonnen hat. Jitzchak Rabin wurde ermordet, weil er einen wichtigen Schritt in Richtung einer Zweistaatenlösung gewagt hat.

Ehud Barak verlor 2001 die Knesset-Wahlen, nachdem er sich weit vorgewagt hatte, um den Friedensprozess weiterzubringen – in Israel gab und gibt es offenbar für einen solchen Schritt keine stabile Mehrheit. Ariel Scharons Rückzug aus Gaza wurde mit der Machtübernahme von der Hamas im Gazastreifen und mit Raketenangriffen von dort beantwortet – auf palästinensischer Seite gibt es offenbar keine handlungsfähige, berechenbare Autorität, die einen solchen Schritt israelischer Vorleistung mit Deeskalation statt mit Eskalation beantworten könnte.

Es gibt keinen Konsens, der auf beiden Seiten stark genug wäre, den an sich möglichen, an sich naheliegenden Frieden, an sich logischen Frieden herbeizuführen. Und es gibt keine stille Allianz der Moderaten beider Seiten, die der anderen Allianz, jener der Extremisten, Paroli bieten könnte. Benjamin Netanjahu gewinnt gerade deshalb Wahlen, weil er demonstrativ den Friedensprozess nicht ernsthaft fortsetzen will. Und die von der PLO geführte palästinensische Autorität ist nicht in der Lage oder nicht willens, einen Schritt von der Qualität eines Anwar Sadat zu setzen – ebenso wenig wie den Raketenschlägen aus Gaza ein Ende zu setzen.

Der De-facto-Friede, definiert durch die Abwesenheit eines Krieges von den Dimensionen der Auseinandersetzungen von 1948, 1967, 1973, sichert einen Status quo, mit dem sich offenbar auf beiden Seiten besser leben lässt als mit einem Frieden, wie er als dauerhaft zwischen

Clinton, Barak, Arafat 2000 und 2001 bereits im Raum stand; und wie er der Logik des Oslo-Abkommens entsprochen hätte.

Dieser De-facto-Friede ist beiden Seiten zumutbar – jedenfalls eher, als eine Zweistaatenlösung. Doch diese relative Zufriedenheit mit dem, was ist, wird nicht von Dauer sein können: Die nächsten Generationen beider Seiten werden wegen der strukturell eingebauten Instabilität des Status quo die Nachteile zu spüren bekommen.

Israels Neigung, sich im Status quo und im damit verbundenen De-facto-Frieden einzurichten, ist verständlich. Denn die Kriege – jedenfalls die von 1948 und 1967 – waren Auseinandersetzungen um die Existenz Israels. Und viele der Feinde Israels haben nicht aufgehört, der nach wie vor etwa vom Iran vertretenen Politik das Wort zu reden – von der Vernichtung des „zionistischen Gebildes" und davon, „die Juden" ins Meer zu werfen.

Verglichen mit der existenziellen Bedrohung Israels ist der Status quo tatsächlich für Israel relativ zufriedenstellend. Und vor dem Hintergrund eines solchen Bedrohungsszenarios ist auch verständlich, dass Israel jedes Konzept eines Friedens nur in Verbindung mit hohen Sicherheitsgarantien verfolgen kann.

Es wäre vollkommen naiv, anzunehmen, dass eine Änderung der israelischen Politik allein zu einem umfassenden Friedensschluss führen kann. Zu einem solchen sind die entsprechenden Schritte der palästinensischen, der arabischen, ja – angesichts des Iran – der moslemischen Seite mindestens ebenso notwenig. Dass Israel mit solchen Schritten von der „anderen" Seite nicht rechnen kann, bedeutet aber nicht, dass Israel die Friedenspolitik insgesamt aufgibt. Denn irgendwann – eher in Jahrzehnten als in Jahren – wird Israel herausgefordert sein, sich auf eine neue geopolitische Gesamtlage einzustellen. Und diese wird sicherlich nicht bedeuten, dass sich Israel von seiner arabisch-islamischen Umgebung verabschieden kann. Israelische Friedensinitiativen wurden ja auch 1967 und davor zurückgewiesen, als noch keine jüdischen Siedlungen im Westjordanland waren und Ostjerusalem noch nicht annektiert war.

Deshalb darf sich Israel gar nicht erst der Illusion hingeben, dass eine wundersame Fügung das Land von dieser Umgebung befreien kann. Israel muss daher vorbereitet sein, für diesen „day after": militärisch und politisch. Und militärisch kann Israel vielleicht, vermutlich – mit der Unterstützung von Alliierten (wie den USA) eine existenzielle Bedrohung abwehren. Aber letztlich muss Israel auf eine Friedenslösung vorbereitet sein – und auf den damit verbundenen, für alle Seiten schmerzlichen Kompromiss. Ebendeshalb ist es notwendig, dass sich die jüdisch-israelische Gesellschaft mit seiner nichtjüdischen Umgebung vertraut macht. Und eben deshalb wird es nicht genügen, auf die Feindseligkeiten dieser Umgebung zu verweisen.

Dass um die Wende zum dritten Jahrtausend jüdisches Leben in New York und Toronto sicherer war als in Jerusalem und Tel Aviv, das aber muss Israel zu denken geben. Damit war das zionistische Projekt nicht infrage gestellt. Damit wurde nur belegt, dass es (noch) nicht an seinem erfolgreichen Ende angelangt ist. Das wird erst der Fall sein, wenn jüdisches Leben nirgendwo so sicher ist wie in Israel. Und das ist es – im Status quo – nicht und wird es wohl erst werden können, wenn der Status quo einem umfassenden Frieden Platz macht. Die Verantwortung dafür liegt natürlich nicht bei Israel allein. Sie liegt aber auch bei Israel.

Ari Shavit hat in seinem Buch „My Promised Land" die Geschichte Israels nachgezeichnet. Den Erfolgen Israels steht eine weiterhin bestehende Gefährdung gegenüber. Shavit fasst diese Gefährdung als die vier „Denials" (Verleugnungen, Verdrängungen) zusammen: Auf jüdisch-israelischer Seite ist es die Verdrängung der palästinischen Vergangenheit und des palästinischen Desasters; auf der palästinensisch-arabischen Seite die Verdrängung der jüdischen Vergangenheit und der jüdischen Katastrophe. (Shavit 162) Sich diesen verleugneten und verdrängten Realitäten zu stellen – ohne die Tragik der Palästinenser mit der Katastrophe des Judentums gleichzusetzen – wäre ein Schritt zur Vorbereitung auf den „Day After" – auf den Tag, der irgendwann einmal kommen wird, auf den Tag nach dem Ende des vermutlich vergleichsweise bequemen Status quo.

Ein wichtiger Schritt der Vorbereitung auf den „Day After" wäre die Sensibilität der einen Seite für die Narrative der anderen Seite, wäre ein Aufbrechen der „denials". Wenn freilich Israel wartet, bis die palästinensische Seite oder die arabische Seite insgesamt damit beginnt, könnte es sein, dass nichts in Bewegung kommt. Warum sollte nicht das jüdische Israel, warum sollte nicht die jüdisch-israelische Gesellschaft, warum sollte nicht das israelische Bildungssystem damit beginnen?

Entsprechende Programme existieren – etwa Lehrgänge, die jüdische und arabische Israelis mit den Narrativen der jeweils anderen Seite vertraut machen. Und sie mögen auch langfristig eine Sickerwirkung haben. Aber die herrschende Atmosphäre im jüdischen Israel ist eine des „denials", und das kann nicht dadurch gerechtfertigt werden, dass es auf der anderen Seite ein vielleicht noch tieferes „Denial" gibt.

Wenn das Ende des Status quo von Israel im eigenen Interesse gestaltet werden soll, muss die Zeit nach dem Ende entsprechend vorbereitet werden. Und dazu zählt die verbesserte Wahrnehmung des Schicksals und der Empfindungen der „anderen Seite". Für die jüdische Mehrheit in Israel bedeutet dies, verstärkt Verständnis für die Situation der arabischen Israelis zu entwickeln – und ebenso für die der Palästinenser in den besetzten Gebieten. Das bedeutet nicht, die Mitverantwortung der arabischen Seite und speziell der Führung der palästinensischen Bevölkerung herunterzuspielen oder gar zu negieren, wie dies auch von einer (kleinen) Minderheit des intellektuellen Milieus des israelischen Judentums und der Diaspora gemacht wird; das bedeutet erst recht nicht, die Erinnerung an den Holocaust als ein Propagandainstrument des Zionismus und der „jüdischen Lobby" zu denunzieren – eine Tendenz, die bei Norman Finkelstein zumindest anklingt.

Die verbesserte Wahrnehmung der „anderen Seite" hätte im Eigeninteresse Israels zu erfolgen: Wie immer sich die Lage Israels nach dem Ende des „Status quo" entwickeln würde, in Form einer Zweistaatenlösung oder in anderer Form, Israel wird als ein jüdischer und gleichzeitig multikultureller, demokratischer Staat in einem von arabischen Interessen beherrschten Raum existieren müssen. Das Ignorieren dieser Tatsache mag zwar angesichts der Feindseligkeit, die aus diesem Raum kommt, verständlich sein; ein solches Ignorieren kann aber die geostrategischen Zwänge nicht wegdiskutieren. Und es hilft auch nicht, auf die Verweigerungshaltung der arabischen Staaten zu verweisen – und auf die Gewaltbereitschaft, die auch in Teilen der palästinensischen Gesellschaft nach wie vor vorhanden ist. Es geht nicht um das Verteilen von Noten für das Verhalten von gestern. Es geht um die Vorbereitung einer friedlichen Lösung für morgen.

Es gibt in Israel eine gewisse Neigung, die Existenz der „anderen Seite" mehr oder weniger zu verdrängen. Zu oft wurde Israel in der Erwartung enttäuscht, ein rationaler Kompromiss, der die Existenz Israels nicht gefährdet, müsste doch möglich sein. Zu sehr unterscheidet sich die relative Sicherheit des „Status quo" von den Erfahrungen der Vergangenheit: die militärische Bedrohung durch arabische Staaten 1948, 1967, 1973; die Terroranschläge vor allem in den Jahren vor 1967; die zweite Intifada, die den Terror in die Zentren Israels getragen hat. Zu sehr hat das Israel der Gegenwart jeden Grund, sich als das beste Israel seit dem Beginn des zionistischen Experiments zu sehen, als dass sie auf die Unberechenbarkeit der gegenwärtigen Verhältnisse vergessen könnten.

Doch Israel braucht einen dauerhaften, nicht nur provisorischen Modus Vivendi – mit den arabischen Nachbarstaaten, mit dem arabischen Palästina. Dass sich diese weitgehend einem solchen modus vivendi verweigern, ändert nichts daran, dass Israel nach dem bestmöglichen Weg suchen muss, um Israels Existenz in einer zumindest latent feindlichen Umgebung zu sichern. Israel kann und darf nicht darauf vergessen, dass es neben und mit arabischen Staaten und arabischen Gesellschaften leben muss. Die arabische Welt in Israel, in Palästina und die arabische (und islamische) Welt insgesamt können nicht einfach ignoriert werden.

Ein solches Ignorieren ist der Politik des Staates Israel keineswegs vorzuwerfen. Aber das reale Verhalten der jüdisch-israelischen

Gesellschaft wird auch und wesentlich von der Verweigerung bestimmt, die Realität der arabischen Gesellschaft in Israel und auch in der Westbank ernsthaft wahrzunehmen. Und ebendeshalb macht es keinen Sinn, dass sich Israel als Außenposten einer westlichen Zivilisation im Nahen Osten sieht. Das mag es auch sein. Aber Israel und seine Zukunft werden eben davon bestimmt, dass es ein nahöstlicher Staat ist.

13. MAINSTREAMING ISRAEL

Israel ist das Produkt des europäischen Antisemitismus und speziell des Holocaust: ohne die rational nicht erklärbare, aber reale und mörderische Judenfeindschaft kein Israel. Diese Judenfeindschaft ist mit dem Holocaust nicht zu Ende gegangen. Im Gegenteil: Die hasserfüllte Ablehnung alles Jüdischen hat sich nach 1945 von einem im Wesentlichen europäisch-christlichen zu einem globalen Phänomen weiterentwickelt. Im arabisch-moslemischen Antisemitismus finden sich mittlerweile alle antijüdischen Klischees, die sich in Europa entwickelt haben. Die „Weisen von Zion" werden in vielen islamischen Staaten für ein seriöses Buch gehalten, und die Legende von der Verwendung des Blutes nichtjüdischer Kinder für jüdische Rituale wird in Kairo vermutlich ernster genommen als in Moskau oder Berlin.

Der Staat Israel ist eine Gründung von Opfern: von Opfern russischer und ukrainischer Pogrome, von Opfern der Raub- und Vertreibungspolitik in weiten Teilen Europas, von überlebenden Opfern der Vernichtungspolitik des Deutschen Reiches. Und Israel ist eine Gründung für Opfer. Der Zionismus wollte den verfolgten, den entrechteten Jüdinnen und Juden einen sicheren Hafen anbieten – einen jüdischen Staat.

Israel kann zurecht diesen doppelten historischen Opferstatus für sich beanspruchen. Der Hintergrund dieses Opferstatus wurde in den Jahren und Jahrzehnten nach der Staatsgründung von 1948 immer mehr von der Welt akzeptiert. In den 1970er-Jahren begann der Begriff „Holocaust", begann der Begriff „Shoah" zu zentralen Bestandteilen eines vor allem (aber nicht nur) europäisch-amerikanischen Bildungskanons zu werden. Ab den 1970er-Jahren ging man in Amerika und Europa daran, Holocaust-Gedenkstätten auf wissenschaftlicher Grundlage zu errichten – in Washington und Los Angeles, in Berlin und Paris, und schließlich auch in Warschau und Budapest. Das Bewusstsein von der Erstmaligkeit des Verbrechens der NS-Ausmordungspolitik, die speziell als jüdisch gebrandmarkte Menschen als Opfer aussortiert hatte, ist mehr als 70 Jahre nach der Befreiung von Auschwitz stärker als je zuvor.

Doch gleichzeitig erwuchs Israel in der Wahrnehmung der Welt ein Konkurrent im emotionalen Wettstreit um die historische Opferrolle: Palästina. Auch wenn für alle, die nicht in die Falle eines zumindest latent antijüdischen „Antizionismus" gehen, die Opferrolle der Menschen arabischer Muttersprache im historischen Palästina auf einer ganz anderen qualitativen und quantitativen Ebene liegt als die Opferrolle der Jüdinnen und Juden in den Jahren der NS- Herrschaft – die palästinensische Opferrolle existiert, sie wird als Konkurrenz zur oder auch als Relativierung der jüdischen Opferrolle eingesetzt und auch so wahrgenommen. Und auch wenn diese palästinensische Opferrolle von arabischen und auch anderen Akteuren jenseits, aber auch und besonders in Palästina politisch instrumentalisiert wird, so ändert dies nichts an der palästinensischen Opferrolle selbst.

Das Problem, das daraus für Israel erwächst, ist der zunächst nicht unmittelbar einsichtige Zusammenhang zwischen der einen, der jüdisch-israelischen Opferrolle – und der anderen, der arabisch-palästinensischen. Anders als die Vertreibungen der „Volksdeutschen" 1945 aus Polen, der Tschechoslowakei und Jugoslawien, eine den Menschenrechten völlig widersprechende kollektive Bestrafung für real geschehene Verbrechen derer, die in deutschem Namen gehandelt hatten, steht die Vertreibung und Flucht der Araber aus in dem von Israel kontrollierten Teil Palästinas in keinem begründbaren Zusammenhang mit NS-Verbrechen und dem von NS-Deutschland und seinen europäischen Helfern zu verantwortenden Zivilisationsbruch der Shoah.

Die Arabisch sprechende Bevölkerung in Israel und in den von Israel besetzten Gebieten, aber auch und vor allem die 1948 Geflohenen und Vertriebenen, sind zwar indirekt Opfer einer Ereigniskette, die in Europa begonnen hat. Aber es ist verständlich, dass sich diese Opfer vor allem als Opfer derer sehen, die ihnen Land weggenommen, sie vertrieben haben oder sie nun gegen ihren Willen regieren.

Palästina sieht sich nicht als Opfer der in vielen europäischen Staaten am Ende des 19. Jahrhunderts (wieder) einsetzenden, antijüdischen Pogrom- und Diskriminierungspolitik. Palästina sieht sich nicht als indirektes Opfer des Holocaust oder auch Europas. Palästina sieht sich als direktes Opfer Israels.

Israel kann den wissenschaftlich und intellektuell unsinnigen, aber politisch offenkundig relevanten Wettstreit mit Palästina um die Rolle des gewichtigeren Opfers gewinnen – gestützt auf wissenschaftliche Erkenntnisse und unterstrichen von dem Bewusstsein einer generellen Verantwortung für den Holocaust, vor allem in Deutschland und Österreich. Israel hat aber Schwierigkeiten, sich in diesem Konflikt zwischen dem israelischen und dem palästinensischen Opfernarrativ zwei, drei Generationen nach dem Ende des Holocaust und außerhalb von Europa und Amerika weiterhin als primäres oder gar einziges Opfer der Schrecknisse des 20. Jahrhunderts darzustellen. Dabei geht es nicht um das Verblassen der jüdischen Opferrolle – es geht darum, dass diese Opferrolle nicht zur Rechtfertigung der palästinensischen Opferrolle herangezogen werden kann.

Israels Opfernarrativ ist allerdings auch 70 Jahre nach dem Ende des Holocaust noch immer eine besonders starke Stütze des Staates der Juden. Dieses Narrative schafft Konsens:

- Zwischen den verschiedenen, höchst unterschiedlichen Segmenten des jüdischen Israel, die nur zu oft auch einander eigentlich ausschließende Wurzeln haben, wie orthodox Religiöse auf der einen, säkulare Sozialisten und Liberale auf der anderen Seite. Die Erinnerung an das, wozu der Judenhass in Europa bis 1945 fähig war, schafft eine starke und belastbare innerisraelische Gemeinsamkeit. Wenn die Existenz Israels gefährdet erscheint, ist die Erfahrung des Holocaust eine nach wie vor bestehende Grundlage nationaler Gemeinsamkeit.

- Zwischen den Jüdinnen und Juden Israels und denen der Diaspora. Diese ist zumeist eine verlässliche politische, finanzielle und kulturelle Stütze Israels vor allem immer dann, wenn die Legitimität des israelischen Staates infrage gestellt wird und dessen Existenz bedroht erscheint. Es ist nicht primär die Religion, die etwa nordamerikanische Jüdinnen und Juden ohnehin frei praktizieren können, die Israel und die Diaspora aneinanderbindet. Es ist die Gemeinsamkeit der Verfolgung in der Shoah, die noch in der dritten und wohl auch noch in weiteren Generationen Solidarität schafft.

- Zwischen Israel und anderen Staaten vor allem in Europa und Amerika, zwischen dem Judentum und einer nichtjüdischen Öffentlichkeit, die von der historischen Realität des Holocaust tief bewegt ist und dessen Erstmaligkeit zu einer nicht wiederholbaren Einzigartigkeit machen will. US-amerikanische Konservative und schwedische Sozialdemokraten stimmen überein, dass von allen Schrecknissen des 20. Jahrhunderts der Holocaust mehr als alles andere ein „Nie Wieder" begründet.

- Zwischen Israel und Verfolgten und Unterdrückten in den verschiedensten Teilen der Welt, die nur zu oft auf eine prinzipielle Unterstützung durch das Judentum zählen können – wie etwa das Engagement amerikanischer Jüdinnen und Juden in der US-Bürgerrechtsbewegung der 1950er und 1960er Jahre. Dieser Einsatz von Jüdinnen und Juden in globalen oder nationalen Bewegungen, die sich – mehr oder weniger erfolgreich, mehr oder weniger überzeugend – für soziale Gerechtigkeit einsetzten, ist dafür ein Beleg.

Das jüdische Opfernarrativ verleiht Israel einen besonderen Status. In absehbarer Zukunft ist keine deutsche Regierung vorstellbar, die nicht die im Holocaust begründeten spezielle Verantwortung Deutschlands gegenüber Israel betont und so Deutschland zu einer auch und gerade innerhalb Europas vergleichsweise proisraelischen Politik verpflichtet. Und die Holocaust-Gedenkstätten und Museen in allen größeren Städten der USA belegen, dass die proisraelische Politik der USA auch eine ethische Dimension besitzt, die in der Shoah begründet ist.

Doch die Bedeutung des jüdischen Opfernarrativs wird durch das palästinensische Opfernarrativ relativiert. Ist die Geschichte des Judentums über zwei Jahrtausende auch und wesentlich eine Geschichte des Judenhasses und der Judenverfolgung, eine Geschichte, in der die jüdische Rolle die unbestrittene Rolle der Schwächeren ist, so ist im israelisch-palästinensischen Konflikt die jüdische Rolle eine des Stärkeren. Aus dem jüdischen „Underdog" ist, jedenfalls in und rund um Israel, in den Augen nichtjüdischer Beobachter und Beobachterinnen ein „Topdog" geworden: Israel ist gegenüber den Palästinensern nach allen Kriterien der Messung von Macht der mächtigere, der stärkere Akteur.

Das ändert nichts an dem Kernpunkt des israelisch-jüdischen Narrativs. Natürlich kann von Israel nicht erwartet werden, auf die zentrale Bedeutung des Holocaust für seine nationale Existenz und deren Legitimation zu vergessen. Und ebenso wenig kann von Israel (und von allen, die der intellektuellen Redlichkeit verpflichtet sind) erwartet werden, den Holocaust etwa mit dem palästinensischen Opfernarrativ aufzurechnen: mit einer erkennbaren Tendenz zur Gleichsetzung der Flucht und Vertreibung der Palästinenser mit der Ausmordung des europäischen Judentums. Aber Israel ist gut beraten, die langfristigen Folgen seiner – relativen – Stärke zu sehen: das mögliche Verblassen des Holocaust als ein zentrales Motiv für eine besondere Israel-Loyalität in Europa und Amerika.

Auch wenn es für ein solches Verblassen in Europa und Nordamerika erst ansatzweise Anzeichen gibt: Die Boykottaufrufe, die sich gegen israelische Exporte, gegen Investitionen in Israel, gegen wissenschaftliche Kooperationen mit Israels Universitäten richten, könnten verstärkt Wirkung zeigen. Und auch wenn – zurecht – auf die Doppelmoral dieser Boykottpolitik verwiesen wird, ändert das nichts an einer möglichen, für Israel schädlichen Wirkung. Israel ist gerade gegenüber einer Delegitimierungspolitik keineswegs immun – gerade dann nicht, wenn diese nicht den Holocaust leugnet, wenn eine solche antiisraelische („antizionistische") Politik nicht in das Muster von Nazismus und Neonazismus passt.

Das Besondere jüdischer Identität ist auch und vor allem ein Produkt eines mörderischen Judenhasses. Der religiöse und der „rassische" Antisemitismus haben das Bild des Judentums wesentlich bestimmt. Dass dieses nicht auf einer Ebene mit der Methodistenkirche in den USA oder der Gemeinschaft der Sikhs in Kanada wahrgenommen wird, also nicht eine Religionsgemeinschaft wie viele andere auch ist; dass säkulare Juden immer und immer wieder daran erinnert werden, dass sie für einen Teil der Außenwelt nicht eine Normalität in Anspruch nehmen können wie Portugiesen in Luxemburg oder Paschtunen in Pakistan oder auch evangelikale Christen in Deutschland – das ist für Jüdinnen und Juden jedenfalls immer wieder bedrohlich. Sie werden den Davidstern des 20. Jahrhunderts eben nicht so einfach los.

Das Judentum ist durch das größte Verbrechen der Menschheitsgeschichte besonders hervorgehoben, aber eben auch gezeichnet. Daran kann und soll sich nichts ändern. Aber diese so unterstrichene Sonderstellung ist, intellektuell und politisch, überaus ambivalent. Sie ist vor allem für die aus welchen Gründen auch immer als „jüdisch" eingestuften Menschen zumindest zweischneidig, jedenfalls immer auch bedrohlich.

- Intellektuell baut die besondere Hervorhebung des Judentums und jeder jüdischen Besonderheit auf einem Denken, das dem der Nürnberger Rassengesetze entspricht: Jüdinnen und Juden werden zunächst als besonders erfunden dann als anders als die anderen punziert. Dies war 1935, dem Jahr der Nürnberger Gesetze, für alle, die so dem Judentum zugerechnet wurden, existenz- und lebensbedrohlich. Aber dass die Hervorhebung des – scheinbar – spezifisch Jüdischen dieses nicht negativ, sondern positiv interpretiert, ändert nichts am fiktiven Charakter einer solcherart konstruierten, spezifisch jüdischen Identität.

- Politisch verleiht die Betonung eines besonderen jüdischen Schicksals den Jüdinnen und Juden auch etwas Elitäres. Der Vorwurf eines in Anspruch genommenen jüdischen Privilegs findet sich – bösartig verzerrt – im antijüdischen Antikapitalismus der Vergangenheit und in der Gegenwart. Nicht zufällig hat die im Zarenreich gefälschte Legende von den „Weisen von Zion" Juden als übermächtig hingestellt, und die NS-Propaganda hat in der Polemik gegen den „jüdischen" Bolschewismus und die „jüdische" Wall Street ebenfalls das Judentum als eine nach der Weltherrschaft greifende Verschwörung gezeichnet.

- Jean-Paul Sartre hat die Ambivalenz des vom Judentum weder erstrebten noch erwünschten spezifisch Jüdischen auf den Punkt gebracht: Wenn ein Schweizer Kürschner des Betruges schuldig ist, dann ist er ein Kürschner; wenn ein jüdischer Kürschner sich des gleichen Vergehens schuldig macht, dann ist er ein Jude. Juden und Jüdinnen stehen unter Generalverdacht – in positiver Konnotation auch im Philosemitismus. Und dieser Generalverdacht ist die Folge aus einem aggressiven Abgrenzungsbedürfnis des Antisemitismus. Das spezifisch Jüdische ist letztlich immer ein antijüdisches Konstrukt.

Immer wieder haben Antisemiten ein Judentum konstruiert, das in der antisemitischen groben Vereinfachung und einer dümmlichen Denunzierung als Unterfütterung eines politisch äußerst wirksamen Judenhasses diente. Warum sollte Israel eine solche Konstruktion „des Juden" akzeptieren – auch wenn die Konstruktion im Sinne eines Philosemitismus „gut gemeint" ist? Warum sollte Israel sich die Definition eines völkischen, eines biologisch definierten Judentums von den Judenhassern aufzwingen lassen?

Der Staat Israel macht dies auch nicht. Für ihn ist die staatliche Privilegierung von Juden – nur diesen steht Israel als Heimstätte a priori offen – religiös bestimmt. Und es sind Jüdinnen und Juden verschiedener Hautfarbe, verschiedener ethnischer, verschiedener

geografischer Herkunft, die im Schmelztiegel Israel zusammenge-
wachsen sind. Die Grundlagen des Staates Israel sind ganz eindeutig nicht rassistisch. Der von antijüdischen Stimmen mit einem vor-
wurfsvollen Unterton verwendete Begriff vom „auserwählten Volk"
findet in einer religiösen, aber eben nicht einer völkischen Begrifflichkeit Israels eine Entsprechung.

Ebendeshalb ist der erste Schritt in Richtung Normalisierung ohnehin schon getan, war von Anfang an gegeben: Der Staat Israel ist
eine Gründung von Juden für Juden. Aber die diesem Staat zugrun-
deliegende Begrifflichkeit „Juden" ist keine völkische, keine biologische, keine „rassische". Die Stellung des religiös definierten Judentums ist in Israel nicht sehr viel anders als das Staatskirchentum in
den orthodox geprägten Staaten Ost- und Südosteuropas. Und die
Bevorzugung der jüdischen Religion, die – kritisierbar – in Israel gegeben ist, erlaubt den Menschen anderer Konfession in Israel jedenfalls mehr Freiheiten als Nichtmuslimen in den meisten Staaten der
arabischen Welt eingeräumt werden.

Eine solche Normalisierung müsste sich – endlich – auch in der
Wahrnehmung Israels in der Welt von heute niederschlagen. Sobald
Israel nicht primär als ein Staat gesehen wird, der einen besonderen
Opferstatus beansprucht; sondern als ein Staat, der sich erfolgreich
in die Weltwirtschaft integriert hat; als ein Staat, dessen politische
Offenheit ihn als frei und demokratisch ausweist; als ein Staat, der
zeigt, wie anfangs unter extrem ungünstigen Rahmenbedingungen
eine Demokratie entstand, mit Fehlern – wie andere Demokratien
sie auch haben; ein Staat, der unter schwierigen Voraussetzungen
eine von Trockenheit bedrohte, relativ dünn besiedelte Region in
eine dynamische Gesellschaft mit hoher Bevölkerungsdichte ver-
wandelt hat; ein Land, das grundsätzlich nicht nach „Rasse" und
Ethnizität unterscheidet und religiös tolerant ist; wenn also die
Geschichte Israel primär als eine Erfolgsgeschichte des Judentums
nach dem Holocaust gesehen wird und nicht in der Perpetuierung
der jüdischen Opferrolle, dann kann dies nur im Interesse Israels
sein.

In vieler Hinsicht ist Israel weniger Ausnahmestaat als Saudi-Arabien oder der der Iran. Dort, wo Israel den Standards der universellen Menschenrechte nicht voll entspricht, ist es jedenfalls viel näher diesen Standards als es die erklärten Israel-Gegner in seiner Umgebung sind. Die Betonung von Israels Ausnahmestatus läuft letztlich immer auch auf eine Diskriminierung Israels hinaus. Im Iran wird Homosexualität mit dem Tode bestraft. In Saudi-Arabien findet eine grotesk anmutende Debatte darüber statt, ob Frauen ein Auto lenken dürfen. Das und nicht Israel sind die Ausnahme und das eigentliche Ärgernis für eine Welt, die universellen Menschenrechten verpflichtet ist.

Israel hat sich von der Unterstellung, es beanspruche einen spezifischen Status, es sei ein allen anderen gegenüber privilegierter, besonderer Staat, immer distanziert. Aber weitere Schritte weg vom Status eines Ausnahmestaates sind möglich und werden auch und gerade in Israel heftig diskutiert. Das betrifft die Stellung der Religion. Die israelische Gesellschaft ist wie die Gesellschaften und die meisten Staaten Europas und Nordamerikas auch von einem Gemisch aus Säkularismus, der Trennung von Religion und Staat, und gleichzeitig von der Vermengung von Politik und Religion geprägt. Von Israel kann und soll nicht erwartet werden, dass es sich von seinen religiösen Grundlagen abkoppelt. Gerade wenn jüdische Identität nicht völkisch, sondern religiös verstanden wird, ist eine konsequente Separation von Synagoge und Staat nicht vorstellbar.

Dass nahezu alle Religionen, insbesondere die monotheistischen, zum Anspruch tendieren, über das Monopol des Zugangs zum Paradies zu verfügen, sollte den latenten Vorwurf an das Judentum, sich für „auserwählt" zu halten, entscheidend relativieren. Im Christentum herrschte über Jahrhunderte die Vorstellung vor, dass erst durch die Taufe und die damit verbundene Aufnahme in die Gemeinschaft der Gläubigen der Himmel offen stünde. Im Islam gibt es analoge Phänomene: Die ewige Seligkeit steht nur den wahren Gläubigen offen. In allen diesen Religionsgemeinschaften, auch und gerade im Judentum – das keine expliziten Jenseitsvorstellungen vertritt, ist das Ethnische, das Nationale, eben das „Völkische" nicht entscheidend.

Personen steht es frei, sich für die Aufnahme in die Gemeinschaft zu entscheiden – durch Konversion; unabhängig von Herkunft und Sprache und Hautfarbe. Die Stellung und die Funktion des Judentums in Israel ist keine Ausnahme unter den mit Staaten und deren Politik verflochtenen Religionen.

Mit einer Konversion in die andere Richtung – also mit dem Austritt aus der Gemeinschaft – haben sich freilich alle Religionen immer schwerer getan. In manchen moslemischen Staaten ist der Übertritt vom Islam in eine andere Glaubensgemeinschaft strafrechtlich sanktioniert. Das Judentum, das auch anders als das Christentum und der Islam keine Tradition der Missionierung besitzt, unterscheidet sich in seinem Anspruch auf Exklusivität jedenfalls nicht prinzipiell von den Ansprüchen anderer Glaubensgemeinschaften. Das Judentum ist eben nicht besonders – es wird immer nur von außen besonders gemacht.

Israel beansprucht, der Staat für ein als Volk definiertes Judentum zu sein. Aber die Konstruktion dieses Volkes ist nicht biologischer Art; die Konstruktion ist kulturell und damit politisch und historisch wandelbar. Es war die Tendenz des biologischen, im 19. Jahrhundert teilweise an die Stelle des religiösen Antisemitismus tretenden Antijudaismus, das Judentum als „Rasse" zu konstruieren; ihm eine mit dem Begriff „jüdisches Blut" ausgedrückte (negative) Exklusivität zuzuschreiben, die es im Judentum selbst so nie gegeben hat und auch der Position des Staates Israel nicht entspricht. Im israelischen Alltag ist der multiethnische Charakter des Judentums etwa durch die Präsenz der aus Äthiopien stammenden Jüdinnen und Juden sichtbar; und der Respekt vor der Religionsfreiheit wird durch Moscheen in allen großen Städten des Landes und in den Dörfern des Nordens demonstriert, die von einer relevanten Zahl von Muslimen bewohnt werden.

In Nazareth gab es vor einigen Jahren einen Konflikt zwischen muslimischen Arabern, die eine Moschee in unmittelbare Nachbarschaft der großen christlichen Kirche bauen und den christlichen Arabern, die ebendies verhindern wollten. Es war die Regierung des

Staates Israel, die – zögerlich, letztlich aber doch – den Konflikt zu entscheiden hatte. Und Israel entschied zugunsten der christlichen Araber.

In Israel ist das widersprüchliche Nebeneinander von einem dem Säkularismus verpflichteten, religiös neutralen Staat und dem spezifisch jüdischen Charakter ebendieses Staates auffällig, aber nicht unbedingt spezifisch. Gerade auch in anderen, westlichen Demokratien ist eine ähnliche Ambivalenz zu beobachten. Die meisten Staaten und Gesellschaften Europas und Nordamerikas sind ebenfalls von einem oft verwirrenden, weil widersprüchlichen Nebeneinander von der normierten religiös-weltanschaulichen Neutralität des Staates auf der einen, der Politisierung von Religion auf der anderen Seite geprägt. Im Vereinigten Königreich von Großbritannien und Nordirland existiert eine (englische) Staatskirche, deren formelles Oberhaupt das Staatsoberhaupt des Vereinigten Königreiches ist – obwohl alle anderen Religionsgemeinschaften nicht nur toleriert, sondern respektiert werden. In der Türkei wird der Säkularismus à la Atatürk von der Existenz einer staatlichen Administration in Form eines Ministeriums relativiert, das massiv in die Geschicke der Religionsgemeinschaften eingreift – von der Bewilligung oder Nichtbewilligung des Baues von Gotteshäusern bis zur Kontrolle der Ausbildung von Imamen. In der Bundesrepublik Deutschland genießen die römisch-katholische und die evangelische Kirche Privilegien im Erziehungswesen. In Frankreich ist die Frage der staatlichen Unterstützung religiöser Privatschulen ein Thema, das von der Dritten in die Fünfte Republik reicht. Und dass die Befreiung von Paris im August 1944 unter Anwesenheit von Charles de Gaulle in der Kathedrale von Notre Dame gefeiert wurde – in der Kirche, in der wenige Monate davor noch Philippe Pétain vom Kardinal-Erzbischof festlich empfangen wurde, unterstreicht nur, dass auch das Prinzip des Säkularismus in keiner Gesellschaft eine wirklich konsequente Trennung des religiösen vom politischen Element garantiert.

Von Israel kann und soll daher auch nicht erwartet werden, dass es sich von seinen religiösen Grundlagen demonstrativ abkoppelt.

Gerade weil jüdische Identität nicht völkisch, sondern religiös verstanden wird, ist eine konsequente, vollständige Trennung von Synagoge und Staat weder wünschenswert noch vorstellbar.

Dennoch: Für die teils pragmatisch gelösten oder weiterhin ungelösten, immer aber widersprüchlichen Beziehungen zwischen Religion und Politik, Synagoge und Staat sollte eine transparente Systematik gefunden werden. Wer entscheidet darüber, was eine Ehe, was eine Scheidung ist? Wer entscheidet über die Gültigkeit einer Konversion zum Judentum? Und wie steht es mit der israelischen Ankerkennung der Interpretation des Judentums durch das (außerisraelische, vor allem in den USA verankerte) Reformjudentum? Wie lange kann und soll der Vorrang der jüdischen Orthodoxie gegenüber den konservativen und liberalen Interpretationen des Judentums in Israel politisch gesichert werden? Der innerjüdische religiöse Pluralismus in Israel ist eine gesellschaftliche Tatsache – aber die institutionelle Ordnung des Religiösen in Israel entspricht dieser Alltagspluralität nicht.

Dass es immer wieder zu Spannungen in diesem Feld führt – etwa im Zusammenhang mit der Wehrpflicht von Thora-Studenten, zeigt die Lebendigkeit dieses Konfliktfeldes. Doch Israel ist auch hier nicht wirklich anders als die anderen: Im nationalsozialistischen Deutschland und im faschistischen Italien wurden katholische Priester und evangelische Pastoren grundsätzlich nicht zum Wehrdienst in der kämpfenden Truppe eingezogen; in den US-Streitkräften wurden die Amtsträger aller Religionen – auch jüdische Rabbiner – zu Militärkaplänen, aber nicht zu kämpfenden Soldaten; und Studenten der Theologie genossen in den meisten Staaten Europas auch nach 1945 das Privileg, zu dem – inzwischen weitgehend abgeschafften – allgemeinen Wehrdienst nicht eingezogen zu werden.

Die Normalisierung Israels bedeutet nicht das Ende der jüdisch-religiösen Grundlagen des Staates. Israel kann und soll sich nicht von diesen Grundlagen lösen. Aber auf längere Sicht wäre Israels Gesellschaft besser mit einer Annäherung der institutionellen Ordnung des Religiösen an die säkularen gesellschaftlichen Realitäten eines religiösen Pluralismus vorstellbar, eines Pluralismus vor allem im Judentum selbst. Eine größere, offizielle Akzeptanz eines vorhandenen religiösen Pluralismus würde jedenfalls langfristig der Stabilität Israels dienen.

Dass eine solche Annäherung Widerstand provoziert, ist evident. Das konnte auch in den Konflikten der Dritten Französischen Republik über das Prinzip des Säkularismus beobachtet werden wie auch in den Auseinandersetzungen in den USA um das Schulgebet – und im Königreich Italien brauchte es die von Mussolini betriebene und autoritär gefundene Lösung der Lateranverträge, um 1929 den Status der Katholischen Kirche einer jedenfalls zunächst schlüssig erscheinenden Lösung in Form einer Privilegierung der Kirche zuzuführen; einer Ordnung, die nach Jahrzehnten des republikanischen und demokratischen Italien teilweise abgeschafft wurde. Im säkularen Indien ist die Frage eines realen und auch normativen Vorranges des Hinduismus heftig umstritten, und das Ende der Systeme sowjetischen Typs in Europa führte zu einer Renaissance orthodoxer Staatskirchen, die sich oft genug mit den europäischen Standards bürgerlicher Freiheiten reiben.

Israel ist nicht so anders wie viele glauben wollen. Spezifisch jüdisch, spezifisch israelisch ist die Erfahrung des Holocaust; spezifisch ist die geopolitische Lage eines kleinen Staates, der von Feinden umgeben ist. Der Holocaust ist freilich zu einem Thema der Welt geworden – Holocaust-Leugnung ist in vielen Ländern strafbar, und überall, wo es einen freien Diskurs gibt, wird die Shoah als spezifisches Verbrechen gegen die Menschheit wahrgenommen. Über den Holocaust gibt es noch immer neue Forschungsergebnisse. Es gibt aber keinen seriösen Diskurs darüber, ob er stattgefunden hat.

Der Holocaust war aber eben ein Verbrechen an der Menschheit; ein Verbrechen als Folge der Punzierung von letztlich willkürlich als besonders, als spezifisch ausgewählten Menschen. Dass diese Menschen Jüdinnen und Juden waren, war kein Zufall – aber es war Willkür; Willkür, die sich jeder rationalen Begründung entzog.

Die Erinnerung an den Holocaust, die Frage nach dessen Ursachen und Wiederholbarkeit, ist ein globales, ein generell humanes

Thema – und kein ausschließlich jüdisches. Dies zu akzeptieren mag der israelischen Gesellschaft und dem Judentum insgesamt nicht immer leicht fallen. Denn der Holocaust ist – verständlich, richtig – der Gründungsmythos des Staates Israel. Jeder offizielle Staatsbesuch in Israel sieht im offiziellen Programm einen Besuch in Yad Vashem und eine Kranzniederlegung vor. Aber die Betroffenheit als Folge der Einsicht in die Ungeheuerlichkeit des Holocaust darf keine allein jüdische sein, und sie ist es auch nicht.

Israel ist ein Normalstaat: mit einer Demokratie, die Mängel aufweist; mit Narrativen, die auf Erfahrung und deren oft vereinfachender Interpretation beruhen; mit einem Überlebenswillen, der alle antijüdischen Stereotypen der Vergangenheit (und nicht nur dieser) Lügen straft. Israel hat zwar jeden Grund, die jüdische und damit seine Geschichte als Abfolge von Diskriminierung und Massenmord zu sehen. Aber das ist eben nicht alles – und die jüdische Geschichte hat ihre Schwerpunkte nicht nur in der Geschichte der heroischen Opfergänge der Krieger Bar Kochbas und von Masada. Es ist vor allem die Gegenwart Israels, die jenseits aller Opfergefühle den jüdischen Staat selbstsicher machen sollte.

Israel kann sich getrost auf den Weg zur Emanzipation von der Eigendefinition als das Volk der Holocaust-Überlebenden machen. Der Holocaust wird lebendig bleiben – aber nicht wie ein nur von Israel gehüteter, schrecklicher, aber identitätsstiftender Gral. Israel und das israelische Judentum haben sich ja faktisch schon selbst definiert – als dynamischer Normalstaat, der seine großen inneren und äußeren, seine existenzbedrohenden Herausforderungen souverän bewältigt hat. Das ist zwar kein Grund zur Selbstzufriedenheit; denn immerhin ist Israel mit sehr, sehr vielen heutigen und morgigen Gefahren von außen konfrontiert. Aber gemessen an der Situation, in der sich das zionistische Experiment vor und nach dem Ersten Weltkrieg, vor und während und nach dem Zweiten Weltkrieg befand, gemessen an den Zerstörungs- und Vernichtungsansagen unmittelbar bevor und nach der Gründung Israels, hat sich das zionistische Experiment zu einem erstaunlich erfolgreichen Normalstaat gewandelt.

Israel ist auf dem Weg zur Emanzipation von den auferlegten Fremddefinitionen: von dem vom Christentum kommenden Bild der „Gottesmörder"; von dem vom Vulgärdarwinismus abgeleiteten Bild einer „Rasse"; von dem im arabisch-iranischen Raum vorherrschenden Bild einer in der Tradition der Kreuzzüge stehenden Kolonialmacht; von dem grundsätzlich falschen, wenn auch ansatzweise richtigen „antizionistischen" Bild eines Apartheidstaats. Je mehr sich Israel als Normalstaat sieht, je mehr es seine Ansprüche auf eine Sonderstellung reduziert – freilich immer unter Wahrung seiner wohl begründeten Sicherheitsinteressen, desto deutlicher wird Israels Zukunftsfähigkeit unterstrichen: als die Zukunft eines Staates wie alle anderen auch, der eine Fülle von Erfolgen aufzuweisen hat; der freilich immer auch damit rechnen muss, dass diese Erfolge Gegnerschaft provozieren.

In seinem Buch „The Holocaust Is Over" hat der in seiner persönlichen politischen Geschichte mit der Arbeiterpartei (also der Sozialdemokratie) verbundene israelische Journalist Avraham Burg eine innerisraelische Provokation versucht. Der Sohn eines prominenten nationalreligiösen Politikers mit deutschen Wurzeln versah sein erstmals 2007 in Israel erschienenes Buch mit dem Untertitel „We Must Rise From Its Ashes". Sein zentrales Argument ist, dass Israel seine Legitimation durch die Shoah erworben hat, dass aber eben das Beharren auf dieser besonderen Legitimation den Blick auf Israels Zukunft verstellt. Und Burg versucht, die israelische Identitätsdebatte in diese Richtung zu beeinflussen: Der Holocaust war eine ganz spezifische jüdische Erfahrung, aber die Zukunft Israels liegt nicht in der ständigen Betonung eines oder dieses speziellen jüdischen Schicksals. Die Verbrechen am jüdischen Volk waren Verbrechen an der Menschheit. Und die Zukunft Israels kann nicht darin liegen, Israel immer anders als die anderen sehen zu wollen; das Schicksal des Judentums im Holocaust als jüdischen oder jüdisch-israelischen Alleinbesitz in Anspruch zu nehmen.

Israel würde, wenn es seine Sonderrolle betont, das völkische Verständnis des europäischen Antisemitismus duplizieren, indem es

Jüdinnen und Juden zu einem ganz besonderen, quasi ab- und damit auch ausgesonderten Teil der Menschheit macht. Wenn Israel und die Israelis als ganz anders als der Rest der Menschheit gesehen werden, bleibt man dem Denken (besser: der anti-intellektuellen Vorurteilsstruktur) des Nationalsozialismus verpflichtet – wenn auch nicht mit dessen negativer, letztlich mörderischer Konnotation. So würde auch sieben Jahrzehnte nach der Befreiung von Auschwitz die NS-Ideologie die Identität Israels in einer einengenden Form bestimmen.

Die israelische Wirklichkeit zeigt freilich ohnehin das Gegenteil. Israel hat sich nicht als Ausnahmestaat entwickelt, sondern als Normalstaat unter freilich außergewöhnlichen Bedingungen. Israel bestätigt nicht, es widerlegt die Vorstellung vom jüdischen, vom israelischen Anderssein.

Jüdinnen und Juden sind grundsätzlich nicht anders als die anderen. Israel ist es ebenso wenig. Und das ist gut so.

BIBLIOGRAFIE

Aly: Götz Aly, *Unser Kampf. 1968 – ein irritierter Blick zurück.* Frankfurt am Main 2008.

Anderson: Benedict Anderson, *Imagined Communities. Reflections on the Origin and Spread of Nationalism.* London 2006.

Arendt: Hannah Arendt, *Rahel Varnhagen. Lebensgeschichte einer deutschen Jüdin aus der Romantik.* München 1981.

Avineri: Shlomo Avineri, *Theodor Herzl and the Foundation of the Jewish State.* London 2014.

Bauer: Yehuda Bauer, *Rethinking the Holocaust.* New Haven, CT 2001.

Ben-Ami: Jeremy Ben-Ami, *A New Voice for Israel. Fighting for the Survival of the Jewish Nation.* New York 2012.

Bregman: Ahron Bregman, *Cursed Victory. The History of Israel and the Occupied Territories.* London 2014.

Broder: Hernyk M. Broder, *Vergesst Auschwitz! Der deutsche Erinnerungswahn und die Endlösung der Israel-Frage.* München 2012.

Burg: Avraham Burg, *The Holcaust Is Over. We must rise from its Ashes.* New York 2008.

Carter: Jimmy Carter, *Palestine. Peace Not Apartheid.* London 2006.

Finkelstein: Norman O.Finkelstein, *The Holocaust Industry. Reflection on the Exploitation of Jewish Suffering.* London 2000.

Friedman: Thomas L. Friedman, *From Beirut to Jerusalem.* New York 1989.

Harrer: Gudrun Harrer, *Nahöstlicher Irrgarten.* Wien 2014.

Judis: John B.Judis, *Genesis. Truman, American Jews, and the Origins of the Arab/Israeli Conflict.* New York 2014.

Karsh: Efraim Karsh, *Palestine Betrayed.* New Haven, CT 2010.

Koestler: Arthur Koestler, *The Thirteenth Tribe.* London 1977.

Mearsheimer, Walt: John J. Mearsheimer, Stephen M. Walt, *The Israel Lobby and the U.S .Foreign Policy.* New York 2007.

Montefiore: Simon Sebag Montefiore, *Jerusalem. The Biography.* London 2011.

Rauscher: Hans Rauscher, *Israel, Europa und der neue Antisemitismus. Ein aktuelles Handbuch.* Wien 2004.

Said: Edward W. Said, *The End of the Peace Process. Oslo and After.* New York 2001.

Sartre: Jean-Paul Sartre, *Bertachtungen zur Judenfrager.* In: *Drei Essays.* Berlin 1960.

Schnitzler: Arthur Schnitzler, *Der Weg ins Freie.* Frankfurt am Main 1980.

Segev: Tom Segev, *The Seventh Million. The Israelis and the Holocaust.* New York 1993.

Segev: Tom Segev, *1949. The First Israelis.* New York 1998.

Shapira: Anita Shapira, *Israel. A History.* Waltham, MA 2012.

Shapira: Anita Shapira, *Ben Gurion. Father of Modern Israel.* New Haven 2014.

Shavit: Ari Shavit, *My Promised Land. The Triumph and Tragedy of Israel.* New York 2013.

Shindler: Colin Shindler, *Israel and the European Left. Between Solidarity and Delegitimization.* New York 2012.

Steininger: Rolf Steininger (Hg.), *Der Kampf um Palästina 1924 – 1939. Berichte der deutschen Generalkonsuln in Jerusalem.* München 2007.

NAMENSREGISTER

ISRAEL
im Laufe der Zeit

—·—·— 1948 (Britisches Mandat)
——— 1967 (Waffenstillstand / 6-Tage-Krieg)
—·—· 2005 (Rückzug aus Gaza)
———·· Internationale Grenzen

✪ Hauptstadt
◉ Wichtige regionale Zentren
○ Stadt
✈ Flughafen

—·—·— Landesteile – Grenzen
——— Hauptstraße
········ Straßen
·+·+·+· Eisenbahn
·+·+·+· Öl-Pipeline

Anton Pelinka

Nach der Windstille

Eine politische Autobiografie

240 Seiten, 14,8 x 21 cm
€ 21,90
ISBN 978-3-99100-006-8

Die politische Geschichte der Zweiten Republik im Zeit-
raffer – die österreichische Gesellschaft im Visier eines ihrer
profundesten Kenner: Mit *Nach der Windstille* zeichnet Star-
Politologe Anton Pelinka mit spitzer Feder seine politischen
Memoiren auf.

Pflichtlektüre für politisch Interessierte.

Manfred Perterer, Salzburger Nachrichten

braumüller

Anton Pelinka

Europa – Ein Plädoyer

204 Seiten, 14,8×21 cm
€ 19,90
ISBN 978-3-99100-043-3

Brüsseler Bürokratiepaläste, Gurkenkrümmungsverordnungen, Lobbyistenskandale, ein Euro, der zum „Teuro" geworden ist – das sind gängige Assoziationen zur Europäischen Union. Brauchen wir die EU überhaupt?

braumüller

Anton Pelinka

Wir sind alle Amerikaner

Der abgesagte Niedergang der USA

192 Seiten, 14,8 x 21 cm
€ 22,90
ISBN 978-3-99100-099-0

Die jahrzehntelange globale Weltvormachtstellung der USA ist unbestritten. Dies macht sie in seltener Einigung diametraler Pole zum Lieblings-Feindbild radikaler Islamisten wie liberal-intellektueller Europäer. Zeit für Uncle Sam, das Szepter an China oder die BRICS-Staaten weiterzugeben? Oder funktioniert die Annäherung etwa genau umgekehrt: Werden wir alle zu Amerikanern?

Anton Pelinka hat eine leicht lesbare und dennoch lesenswerte Analyse der USA und ihres Einflusses auf eine Welt vorgelegt, die sie weiterhin dominieren. Ganz so selbstverständlich, wie es aktuell trotz Irak und Afghanistan aussehen mag, ist dies nicht.

Bücher am Sonntag, NZZ am Sonntag

braumüller